Lothar Müller-Kohlenberg (Hrsg.)

LÜBBES-BERUFSBÜCHER

80 künstlerische und
gestalterische Berufe

— Band 4 —

BASTEI-LÜBBE-TASCHENBUCH
Band 66 065

Autoren der Einzelbeiträge:
Dieter Albertsmeier · Renate Bölingen · Ulrike Brandt
Inge Brockhaus · Heinz Combüchen · Karin M. Erdtmann
Peter Fobian · Norbert Göttinger · Walter Hennig
Gabriele Hiltl · Willy Hönen · Rüdiger Hoffmann
Renate Ibelgaufts · Jutta Jeschke · Doris Klersy
Ulrike Merkel · Dr. Renate Morell · Peter Nesvora
Angela Neuburger · Dieter Ortmann · Dr. Günther Schauenberg
Dieter Schulz · Hedwig Teiner · Dr. Udo Wagner
Klaus Wanning

Originalausgabe
© 1984 by Gustav Lübbe Verlag GmbH, Bergisch Gladbach
Printed in Western Germany
Einbandgestaltung: Ratschinski & Ratschinski
Titelbild: dpa
Satz: ICS Computersatz, Bergisch Gladbach
Herstellung: Ebner Ulm
ISBN 3-404-66 065-X

Der Preis dieses Bandes versteht sich
einschließlich der gesetzlichen Mehrwertsteuer

INHALT

Einführung 5

Architekt/-in, Dipl.-Ing. 7

Bekleidungstechniker/-in 10
Bekleidungstechnische(r)
  Assistent/-in 187
Bildhauer/-in 13
Bildtechniker/-in 17
Bühnenbildner/-in 20

Cutter/-in 23

Damenschneider/-in 26
Direktrice 29
Dirigent/-in 31
Dramaturg/-in 34
Drechsler/-in 37

Elfenbeinschnitzer/-in 37

Film-Designer/-in 39
Filmtricktechniker/-in 96
Film- und Videolaborant/-in 41
Florist/-in 44
Florist/-in, staatlich
  geprüfte(r) 46
Foto-Designer/-in 39
Fotograf/-in 48
Friseur/-in 51

Gestaltungstechniker/-in 53
Gewandmeister/-in → Kostüm-
  bildner/-in
Glastechniker/-in 55
Goldschmied/-in 57
Grafiker/-in, freie(r) 13
Grafik-Designer/-in 59

Graveur/-in 63
Gürtler/-in und
  Metalldrücker/-in 65

Herrenschneider/-in 26
Hohlglasfeinschleifer/-in 68
Holzbildhauer/-in 70
Holzblasinstrumenten-
  macher/-in 73
Holztechniker/-in 75

Industrie-Designer/-in 78
Innenarchitekt/-in,
  Dipl.-Ing. 82
Inspizient/-in 84
Instrumentalmusiker/-in 86

Juwelengoldschmied/-in 89

Kamera-Assistent/-in 92
Kameramann/-frau für Real-
  aufnahme 92
Kameramann/-frau für Trick-
  aufnahme 96
Keramiker/-in 97
Kerammaler/-in 101
Kerammodelleur/-in 103
Kirchenmusiker/-in 105
Klavier- und Cembalo-
  bauer/-in 107
Komponist/-in 109
Konditor/-in 111
Kostümbildner/-in 114
Kürschner/-in 117

Lehrer/-in für rhythmisch-
  musikalische Erziehung 120

Maler/-in 13
Maler/-in und Lackierer/-in 123
Maskenbildner/-in 127
Mode-Designer/-in 129
Modelleur 29
Modist/-in 132
Möbelrestaurator/-in 156
Musikalienhändler/-in 134
Musiklehrer/-in an allgemein-
 bildenden Schulen 137
Musiklehrer/-in an
 Musikschulen 141
Musiklehrer/-in im freien
 Beruf 141
Musiktherapeut/-in 143
Musikwissenschaftler/-in 145

Orchestermusiker/-in 86
Orgel- und Harmonium-
 bauer/-in 147

Pelzwerker/-in 117
Produktionsleiter/-in 84

Raumausstatter/-in 150
Regisseur/-in 153
Restaurator/-in 156
Restaurator/-in, Diplom- 156

Sänger/-in 160
Schauspieler/-in 163
Schauwerbegestalter/-in 165
Schilder- und Lichtreklame-
 hersteller/-in 160
Schmucksteinfasser/-in 171
Schriftsetzer/-in 173
Silberschmied/-in 176
Sozialpädagog(e)/-in, Diplom-,
 Musiktherapie 178

Steinmetz und Steinbild-
 hauer/-in 181
Sticker/-in 183

Techniker/-in für Raumgestal-
 tung und Innenausbau 185
Technische(r) Assistent/-in, Fach-
 richtung Gestaltung 187
Textil-Designer/-in 189
Textilmustergestalter/-in 192
Textiltechnische(r)
 Assistent/-in 187
Tischler/-in 194
Tonmeister/-in 197
Tontechnik, Dipl.-Ing. für 201
Tontechniker/-in 17

Weber/-in 204

Zahntechniker/-in 206

Grafische Übersicht zu den
 künstlerischen und
 gestalterischen Berufen 209

Gesamtinhaltsverzeichnis 213

EINFÜHRUNG

Berufswahl – Griff in die Lostrommel? Nicht der Zufall sollte darüber entscheiden, ob jemand als Kapitän oder Kanalbauer, als Erzieher oder Ernährungswissenschaftler, als Redakteur oder Raumausstatter sein Brot verdient. Um den Zufall »in den Griff zu bekommen«, braucht man Überblick und Einblick, muß Bescheid wissen über die verschiedenen beruflichen Tätigkeiten, Aufgaben und Anforderungen. Hierfür gibt es in LÜBBES BERUFSBÜCHERN anschauliche und konkrete Informationen, die berufliche Entscheidungen unterstützen und erleichtern können.

Ausgehend von den wichtigsten beruflichen Interessengebieten gliedern sich LÜBBES BERUFSBÜCHER in folgende acht Bereiche:

Band 1: Technische Berufe I: Metall, Elektro, Bau, Bergbau
Band 2: Technische Berufe II: Holz, Textil, Chemie
Band 3: Medizinische und pflegerische Berufe
Band 4: Künstlerische und gestalterische Berufe
Band 5: Wirtschaft und Verwaltung
Band 6: Mathematische und naturwissenschaftliche Berufe
Band 7: Pädagogische und soziale Berufe ·
Band 8: Medien- und Sprachberufe

Alle Bände der Reihe geben einen umfassenden Überblick über das jeweilige Berufsfeld, gleichgültig, ob zunächst mit einer praktischen Ausbildung begonnen werden soll oder mit einem Studium an Fachhochschule oder Universität.

Da sich manche Berufe auf mehrere Interessenbereiche beziehen, werden sie dementsprechend auch in mehreren Bänden behandelt. Um die einzelnen Bereiche jedoch überschaubar zu halten, wurde darauf verzichtet, sehr selten vertretene Ausbildungsberufe aufzuführen, die meist auch nur in bestimmten Regionen vorkommen.

Jeder Band von LÜBBES BERUFSBÜCHERN enthält eine umfassende grafische Übersicht über das jeweilige Berufsfeld. Aus ihr geht hervor, welche Berufe sich mit dem jeweiligen Bildungsabschluß erreichen lassen bzw. in welchen Einrichtungen (Betrieb, Berufsfachschule, Fachschule, Fachhochschule oder Universität) eine Ausbildung für die angestrebte Tätigkeit möglich ist.

Die Berufsbeschreibungen geben jeweils Einblick in:

- Tätigkeiten und Aufgaben
- Anforderungen
- Ausbildungsvoraussetzungen, -inhalte, -dauer
- Weiterbildungsmöglichkeiten
- Beschäftigungsaussichten.

Ausdrücklich sei darauf hingewiesen, daß die meisten Berufe heute Frauen ebenso wie Männern zugänglich sind. Im Text wird dies nicht laufend betont. Der Einfachheit halber wird die Berufsbezeichnung meist in der männlichen oder in der weiblichen Form verwendet – dies sagt nichts über geschlechtsspezifische Einschränkungen aus, die ja tatsächlich von Fall zu Fall bestehen.
Berufe verändern sich sehr rasch. Autoren und Herausgeber haben sich um eine aktuelle Darstellung bemüht. Dennoch kann keine Gewähr für Richtigkeit oder Vollständigkeit aller hier zusammengetragenen Informationen übernommen werden. Änderungs- und Ergänzungshinweise werden dankbar entgegengenommen; sie erreichen den Herausgeber über den Verlag.
Die Texte sollen dazu einladen, zu »schmökern« und sich etwas mehr in der Welt der Berufe umzusehen. Vielleicht fällt der Blick dabei auch auf Berufe, an die man bisher noch gar nicht gedacht hat oder die noch absolut unbekannt waren. Damit wäre ein wichtiges Ziel erreicht, das sich mit der Herausgabe von LÜBBES BERUFSBÜCHERN verbindet.

Architekt/-in, Dipl.-Ing.

Gebaute Umwelt — ein lebenswichtiges Anliegen

Hochhaus reiht sich an Hochhaus. Straßen und Plätze, spärliche Grünflächen und trostlose Winkel. Eine Utopie? Ein Ausschnitt aus einem Zukunftsroman? Nein, keineswegs. Anstatt Lebensraum nach menschlichen Bedürfnissen und Entfaltungsmöglichkeiten zu gestalten, entstanden vielerorts in den letzten drei Jahrzehnten einfallslose, eintönige Wohn- und Verwaltungsgebäude; die Fehlplanungen von damals sind heute kaum wiedergutzumachen.

Inzwischen hat sich im Wohnungs- und Städtebau ein erheblicher Wandel vollzogen. Formen und Farben, Häuserhöhen, Haus- und Dachgestaltung sowie die Straßenführung sollen zu einem ansprechenden Gesamtbild beitragen. Denn im Unterschied zu (beweglichen) Konsumgütern stehen Bauten in einer oft unerwartet starken Wechselwirkung zu ihrer Umgebung: Der Standort kann maßgeblich zur positiven Wirkung eines Gebäudes beitragen, er kann aber auch stark von einem Bauwerk geprägt werden. Bebauungs- und Nutzungspläne orientieren sich heute zunehmend an den Lebens-, Wohn-, Arbeits- und Verkehrsformen, um sie zu bereichern und zu unterstützen, statt sie einzuengen oder zu gefährden. Kinder und Senioren, Körper- und Sehbehinderte beispielsweise brauchen unter Umständen Berücksichtigung schon beim Bauplan.

Es ist der berufliche Auftrag des Architekten, den Menschen zum Maßstab seiner Umgebung werden zu lassen, und zwar nicht nur den einzelnen zahlungskräftigen Bauherrn, sondern auch den Menschen in der Gemeinschaft.

Die Planung baut sich von außen nach innen auf. Angefangen mit den Planungsräumen Land, Region und Stadt bzw. Gemeinde setzt sich das Tätigkeitsfeld von Architekten fort bis zur planerischen (Neu-)Gestaltung von ganzen Ortsteilen und natürlich bis zur eigentlichen Gebäude- und Innenraumplanung, hier teilweise unter Mitwirkung von Innenarchitekten.

Eine der zentralen architektonischen Aufgaben neben dem Hochbau ist die Planung des innerstädtischen Freiraumes und auch — in gewissem, gesetzlich geregeltem Umfang — der freien Landschaft. Städteplanung bezieht sich unter anderem auf Fußgängerzonen und -bereiche, Einkaufs- und Sportzentren, verkehrsberuhigte Zonen, Grünzüge, Freiflächen an privaten und öffentlichen Gebäuden, Friedhöfe, Parkanlagen usw. Hier sucht der Architekt die Zusammenarbeit mit Raumplanern, Sozialwissenschaftlern und Bürgervertretern, die die Lebensgewohnheiten der Bevölkerung zutreffend beurteilen können. Hieraus hat sich ein architektonisches Spezialgebiet entwickelt: das des Garten- und Landschaftsarchitekten.

Der Architekt arbeitet selten allein. Im Team können umfassende und unterschiedliche Themenbereiche konstruiert, planerischer und gestalterischer Art leichter bewältigt werden.

Um Architektentätigkeit zusammenfassend zu beschreiben, hat der Bund Deutscher Architekten folgende Punkte herausgearbeitet:

1. Der Architekt ermittelt oder befaßt sich mit Grundlagen der Planung.
2. Mit Hilfe von Zeichnungen und Modellen (Vorentwürfen, Entwürfen, Bauvorlagen, Ausführungszeichnungen verschiedenen Maßstabs) plant er Bauwerke oder Nutzgelegenheiten.
3. Durch Baubeschreibung, Kostenvoranschläge, Leistungsverzeichnisse, Ausschreibungen und Auftragsvergaben an Bau- und Zulieferbetriebe bereitet er somit die technische Ausführung des Bauwerks vor.
4. Die gesamte Herstellung wird vom Architekten geleitet, überwacht und geprüft.
5. Der Architekt faßt die Ergebnisse zusammen, prüft die Rechnungen, nimmt die Leistungen ab und überprüft schließlich die Eignung und den Sinn des Resultats.

In einem ständigen Spannungsfeld von Terminzwängen und explodierenden Kosten steht der Architekt als der maßgebliche Projekt-Manager, der die vielfältigen (teilweise gegeneinanderlaufenden) Interessen unter einen Hut bringen und das Bauwerk schließlich schlüsselfertig dem Bauträger bzw. Bauherrn übergeben muß.

Laut Bund Deutscher Architekten kann daher als entscheidende Eigenschaft des erfolgreichen Architekten die Fähigkeit gelten, komplexe Probleme zu durchdringen und Konzeptionen zu entwickeln, in denen die vielfältigen Teilbereiche (von der Baustatik bis zur Feuerwehr-Zufahrt) zu einem überzeugenden (nicht nur ästhetisch überzeugenden!) Gesamten verschmolzen sind. Beides ist dabei wichtig: Systematik und Intuition, um die unverzichtbaren gestalterischen und künstlerischen Elemente mit den äußeren und inneren, den technischen und den wirtschaftlichen Bedingungen zusammenzubringen. Exakt und kleinlich genau bis ins Detail, dabei aber die Gesamtlinie niemals verlierend. Kooperativ und flexibel im Umgang mit den fast unüberschaubar vielen Geschäftspartnern, Auftraggebern und -nehmern, privaten und behördlichen Partnern und Kontrahenten, aber auch hartnäckig, wachsam und zielstrebig.

Voraussetzung für ein Studium an Hochschulen ist das Abitur. Fachhochschulen verlangen die Fachhochschulreife. An Universitäten dauert das Studium acht bis zehn Semester, an Fachhochschulen mindestens sechs (in Bayern und Baden-Württemberg acht) Semester.

Eine wesentliche Aufnahmevoraussetzung besteht in einem Praktikum von drei bis zwölf Monaten vor bzw. (teilweise) während des Studiums.

Die Praktikumsbestimmungen variieren von Land zu Land; es empfiehlt sich daher, eine entsprechende Anfrage bei der geplanten Hochschule. Die Zulassung zum Studium läuft derzeit ausschließlich über die Zentralstelle für die Vergabe von Studienplätzen in Dortmund.

Inhalte des Architekturstudiums sind:
Gebäudeplanung (Entwurf, Baukonstruktion), Entwerfen, Gebäudekunde, Städtebau und Siedlungswesen, Geschichte und Architekturtheorie, Darstellung und Gestaltung (Zeichnen, Farbe, plastisches Gestalten), soziale, rechtliche und ökonomische Grundlagen, Technik und Konstruktion (Tragwerkslehre, Baustoffe, Installationstechnik, Heiz- und Raumlufttechnik) sowie Baukostenplanung.

Jede Uni setzt hierbei andere Schwerpunkte. Weitere Fach- bzw. interessenbezogene Wahl- und Aufbaufächer stehen zur Verfügung.

Das Grundstudium dauert in der Regel vier Semester (teilweise Vordiplomprüfung), das Hauptstudium schließt mit der Diplomprüfung ab.

Erreichter Ausbildungsgrad ist Diplom-Ingenieur.

An Unis kann ein Vertiefungsstudium oft mit abschließendem Doktortitel folgen.

Nach mindestens zwei Jahren beruflicher Praxis kann man in die Liste der Architektenkammer des Bundeslandes eingetragen werden. Erst dann darf man die Berufsbezeichnung Architekt führen.

Etwa ein Drittel der Architekten ist selbständig, es folgt als nächstgrößere Gruppe die der angestellten und der beamteten Architekten.
Sie sind beschäftigt in Architekturbüros, Verwaltungen, in Schul- und Hochschulbereich und im Baugewerbe. Die Beschäftigungslage ist abhängig von der Konjunkturlage im privaten und öffentlichen Baugewerbe. In Zeiten sogenannter Bauflauten steigt die Zahl der nichtbeschäftigten Architekten stark an.
Weitere Auskünfte erteilt:
Bundesarchitektenkammer, Königswinterer Straße 709, 5300 Bonn 3.
Ergänzende Literatur:
Bundesarchitektenkammer (Hrsg.): *Architektenausbildung;* H. Klotz: *Architektur in der BRD,* Ullstein; Le Corbusier: *Städtebau,* Deutsche Verlagsanstalt Stuttgart;
Bund Deutscher Architekten (Hrsg.): *Architektur.* Informationsschrift für Studienanfänger, 4. überarbeitete Fassung 1982 (erhältlich beim BDA, Ippendorfer Allee 14 b, 5300 Bonn 1).

Bekleidungstechniker/-in

Kleider machen Leute

Ein wenig stolz war sie schon, als am Ende der Modell- und Modenschau noch einmal alle Mannequins den Laufsteg betraten. Unter großem Beifall war die neue Damenmoden-Kollektion für die nächste Sommersaion vorgestellt worden. Sie fühlte sich nicht als Modeschöpferin und sie war auch keine. Als Bekleidungstechnikerin in einem Betrieb, der Damen-Oberbekleidung fertigt, hatte sie, angelehnt an die gegenwärtigen Modetrends namhafter Entwerfer, eine Musterkollektion entwickelt, die offensichtlich auch unter den kritischen Augen der Kunden bestehen konnte. Ob diese Kollektion wirklich Erfolg haben würde, das würden allein die Auftragsbücher in den nächsten Wochen zeigen. Ihre Kunden waren nicht einzelne modebewußte Damen, sondern Bekleidungshäuser, Boutiquen und Versandhäuser. Zweimal im Jahr, für die Frühjahrs-/Sommer- und die Herbst-/Winterkollektion, bestand für die Textiltechnikerin eine wesentliche berufliche Herausforderung darin, Mode zu entwerfen und Modelle anzufertigen, die später von breiten Käuferschichten abgenommen werden sollten.

Von diesen Modellen hing es ab, ob Aufträge eingingen. Wie schnell konnte es passieren, daß am Käufergeschmack vorbeientworfen wurde. Deshalb war sie auch ständig auf internationalen Messen, orientierte sich auf Modeschauen und pflegte Kontakt zu wichtigen Modemachern. Marktforschung und Marketings sind für einen Textiltechniker, der im Entwurf und in der Gestaltung arbeitet, maßgebliche Grundlage für den Erfolg.

Doch bestimmten diese Aufgaben nur *einen*, wenngleich sehr wichtigen Teil ihres Tätigkeitsfelds. Als Assistentin des Betriebsleiters war ihr Aufgabenbereich wesentlich breiter angelegt. Die Grundlagen für ihren interessanten Beruf hatte sie sich durch eine fundierte dreijährige Berufsausbildung als Bekleidungsschneiderin und anschließend mehrjährige Berufserfahrung erworben. Als gute Facharbeiterin hatte sie aber vorwärtskommen und sich beruflich weiterentwickeln wollen und deshalb vier Semester lang eine Technikerschule besucht.

Damals hatte sie übrigens feststellen können, daß es für tüchtige Fachkräfte aus dem Berufsfeld Bekleidung eine ganze Reihe von Fortbildungsmöglichkeiten gibt. Auch die vielen Fachschulen, die im Bundesgebiet Bekleidungstechniker ausbilden, weisen in ihren Ausbildungsschwerpunkten erhebliche Unterschiede auf. Sie hatte sich für einen Allround-Studiengang, der Kenntnisse von der industriellen Fertigungstechnik über Schnitt-Technik bis hin zu Entwurf und modischem Gestalten vermittelte, entschieden. Andere Technikerschulen bieten Schwerpunktstudiengänge an wie Fertigungstechnik, Gestaltung, Gestaltung und Fertigung, Schnittechnik für Damen- und Herrenbekleidung und ähnliches. Die Wahl ihrer Studienfachrichtung war entscheidend gewesen für ihr heutiges umfassendes Arbeitsfeld in einem Betrieb mittlerer Größe. Mit der Abschlußprüfung als staatlich geprüfte Bekleidungstechnikerin hatte sie gleichzeitig auch eine Zusatzprüfung zur Erlangung der Fachhochschulreife abgelegt. Falls sie sich später noch einmal zu einem Ingenieurstudium entschließen wollte, so hatte sie durch die Belegung von Zusatzunterricht während ihrer zweijährigen Vollzeitausbildung dafür die Grundlage geschaffen.

Die Modenschau wurde ein Erfolg, denn die Aufträge gingen ein. Zuvor hatte die Textiltechnikerin mit zahlreichen Kunden schwierige Verhandlungen über

Bestellmengen, Stoffqualität, Liefertermine und Konfektionsgrößen zu führen und differenzierte Preisangebote auszuarbeiten gehabt.
Nun begann die nüchterne Aufgabe, alle diese Vertragsbedingungen zu erfüllen und die Produktion anlaufen zu lassen. Sie leitete Mitarbeiter an, vergrößerte und verkleinerte die Modellschnitte auf die gewünschten Konfektionsgrößen. Sie wählte Stoffe aus und bestellte Zutaten wie Futterstoffe, Knöpfe, Gürtel und anderes mehr. In Absprache mit Fachkräften, Vorarbeitern und Meistern legte sie die Schnittechniken fest, sorgte für sachgerechten Zuschnitt und überwachte dabei die sparsame Ausnutzung der großen Stoffbahnen. Rationelle Arbeitsplatzgestaltung und die Festlegung von Akkordwerten auf der Grundlage ergonomischer und ökonomischer Erkenntnisse waren entscheidend für die Preisgestaltung und die Einhaltung der Auslieferungstermine. Die Fertigung an modernsten Nähmaschinen mußte anlaufen, die Näherinnen und Bekleidungsfertiger eingewiesen und überwacht werden. Qualitätskontrollen und immer wieder die Terminüberwachung gehörten zu ihrer täglichen Arbeit. Selbst der sachgerechte Versand der bestellten Kleidungsstücke wurde von ihr festgelegt.
So umfassend wie ihr Technikerstudium, so umfassend war auch ihre Aufgabenstellung im Betrieb. Andere Kollegen ihres Berufes meist in größeren Betrieben arbeiteten häufig spezialisierter in bestimmten Teilaufgabengebieten. Sie kannte Studienkollegen, die als Bandleiter nur für einen rationellen Produktionsablauf verantwortlich waren. Einige waren anschließend als Entwurfs- und Gestaltungstechniker beschäftigt oder befaßten sich hauptsächlich mit dem Anfertigen von Schnitten. Auch die Art der Konfektion bringt eine gewisse Spezialisierung mit sich; Damen-, Herren- oder Kinderoberbekleidung, Berufs-, Freizeit- oder Sportbekleidung oder Maschenmoden, das sind oftmals eigenständige Spezialgebiete, in denen Textiltechniker ihre Aufgaben wahrnehmen.
Ihre sehr breit angelegte Tätigkeit verlangte von unserer Technikerin den ganzen Einsatz, aber sie war auch interessant und vielseitig. Die Wahl, sich zu spezialisieren, konnte sie immer noch treffen.
Nachdem die Produktion voll in Gang gesetzt war und die Auslieferung der ersten Bekleidungsstücke bereits lief, standen schon

wieder Vorbereitung und Planung der nächsten Kollektion für die kommende Wintersaison bevor, und wieder würde die Musterkollektion in einer Modenschau den Händlern und Einkäufern vorgestellt werden. Inzwischen kauften dann die ersten Kundinnen in Boutiquen und Bekleidungshäusern die Sommermode, die unsere Bekleidungstechnikerin vom Entwurf über die Produktion bis zum Verkauf so entscheidend beeinflußt hatte.

Für diesen interessanten Fortbildungsgang können sich nahezu alle Facharbeiter oder Gesellen aus der Bekleidungsindustrie oder dem Handwerk entscheiden, wenn sie über einen Hauptschul- und erfolgreichen Berufsschulabschluß verfügen. Unterschiedliche Praxiserfahrung, mindestens über zwei Jahre hinweg, sollte nachgewiesen werden. Wer in der industriellen Stufenausbildung nur die zweite Stufe, also den Bekleidungsfertiger, erreicht hat, kann nach entsprechend längerer Berufserfahrung auch zum Studium zugelassen werden.

Derzeit werden Studiengänge zum Bekleidungstechniker nur in Vollzeitbildungsgängen angeboten. Wer dabei finanzielle Schwierigkeiten sieht, sollte sich dennoch nicht von seinem Ziel abbringen lassen. Über Zuschüsse und Darlehen zu den teilweise sehr unterschiedlichen Lehrgangsgebühren, zu Lernmittelkosten, Fahrkosten oder Kosten zum Lebensunterhalt sollten Interessenten mit dem Arbeitsberater beim Arbeitsamt sprechen.

**Freie(r) Grafiker/-in
Bildhauer/-in
Maler/-in**

Die »brotlose« Kunst

Endlich ist es soweit — der Eröffnungsabend der so lange angestrebten Ausstellung steht bevor. Der Künstler — ein Maler — wirkt etwas nervös, angespannt. Hat ihn doch die Vorbereitung dieser Ausstellung viel gekostet! Viel Geld — für Rahmen, Passepartouts, Einladungskarten —, aber vor allem viel Kraft, Geduld, Zeit, Selbstdisziplin. Wie ein Besessener hat er gearbeitet in den letzten Monaten. Jetzt wird sich zeigen, ob sich die Mühe gelohnt hat. Kommen seine Arbeiten an? Wird er über diese Galerie einige Bilder verkaufen können?

Ein Künstler — ganz gleich ob Grafiker, Bildhauer oder Maler — arbeitet auf ein oft selbstgestecktes Ziel hin. Nur selten möchte er seine Arbeit im Verborgenen halten, vielmehr wird er die Öffentlichkeit suchen, denn er ist auf Anerkennung angewiesen und nicht zuletzt hängt von einem gewissen Bekanntheitsgrad in der Regel seine wirtschaftliche Existenz ab. Der Weg dorthin ist in den allermeisten Fällen lang und steinig.

Ein geeigneter Raum, ein Atelier oder eine Werkstatt muß gefunden, die Einrichtung finanziert sein. Dabei hat der Bildhauer einen größeren Platzbedarf als ein Maler oder ein Grafiker. Gute Lichtverhältnisse sind ebenfalls ausschlaggebend.

Mitunter sind recht teure Materialien anzuschaffen: neben den Öl-, Pastell- oder Aquarellfarben auch die Hilfsmittel zu verschiedenen Druckverfahren.

Wenn die genannten Bedingungen optimal erfüllt sind, fängt die Arbeit erst an. Oft fehlt die zündende Idee. Gibt es für ein Bild eine thematische Vorgabe, macht das die Sache nicht unbedingt einfacher, denn das freie Spiel der Phantasie ist nicht mehr möglich.

Der Maler versucht, seinen Ideen und damit auch seinen Gefühlen und Eindrücken durch Öl-, Pastell- oder Aquarellfarben Ausdruck zu verleihen, zeichnet auch häufig in seine Bilder hinein. Er kann sich verschiedener Drucktechniken bedienen, wie zum Beispiel bei einer Radierung oder einer Lithographie. Das Blatt wird häufig zunächst mit dünnen Bleistiftstrichen eingeteilt, um die perspektivisch richtige Raumaufteilung der Fläche zu gewährleisten.

Der Grafiker steht grundsätzlich vor ähnlichen Problemen, bevorzugt in der Regel jedoch als Arbeitsmaterial Kohle, Kreide, Tusche oder Bleistift. Hinzu kommen häufig Farbe und Drucktechniken. Damit ergeben sich Überschneidungsbereiche zwischen den Tätigkeiten des Malers und des Grafikers.

Auch der Bildhauer überlegt sich zunächst, was eine Skulptur darstellen soll. Er legt entweder die Struktur des Materials zugrunde, oder er fertigt eine Skizze, aus der zu ersehen ist, wie die zu fertigende Plastik einmal aussehen wird. Sein Handwerkszeug besteht — je nach zu bearbeitendem Material — aus Hammer, Meißel, Schleifmaschine, Bohrer und Stecheisen. Es ist schließlich ein großer Unterschied, ob Sandstein, Marmor, Bronze, Kupfer oder Holz verarbeitet wird.

Bei jeglicher künstlerischen Tätigkeit wird ein hohes Maß an Abstraktionsfähigkeit und Kreativität vorausgesetzt. Der Künstler muß *sehen* und das Gesehene mit viel Phantasie darstellen können. Dazu benötigt er ausgeprägtes Konzentrationsvermögen und viel Ausdauer, gepaart mit Handgeschick und künstlerischer Ausdrucksfähigkeit.

Für wen arbeitet ein Künstler nun eigentlich?

Jeder Kunstschaffende hofft auf Aufträge, die jedoch in den meisten Fällen nur sehr spärlich eingehen. Darum muß ein Künstler seine Arbeiten anbieten:

- Er korrespondiert mit Verlagen und Zeitschriften, um eventuell ein Buch oder eine Reportage illustrieren zu können;
- er nimmt an Wettbewerben teil, bei denen häufig immer wieder dieselben Namen auftauchen;
- er beteiligt sich vielleicht auch an den Ausschreibungen wie die »Kunst am Bau«. Beim Neubau öffentlicher Einrichtungen muß ein geringer Prozentsatz der Bausumme in »Kunst« (Skulpturen, Bilder, Reliefs und anderes) investiert werden.

Mancher Grafiker arbeitet auch als freier Mitarbeiter für die Werbung, wobei anzumerken ist, daß solche Aufgaben schwer zu bekommen sind.

Was bleibt sonst? Viele Maler versuchen ihr Glück über Galerien, stellen ihre Arbeiten also aus und hoffen auf ein gutes Verkaufsgeschäft. Die Zahl der festangestellten Künstler, etwa an einer Hochschule oder im Theater, ist verschwindend gering. Die große Masse der Künstler arbeitet auf eigenes Risiko, lebt also auch hart am Existenzminimum. Reichtümer erwerben nur wenige mit der Kunst.

Um den eigenen Lebensunterhalt bestreiten zu können, arbeiten etliche Künstler als Arbeitnehmer in ganz beliebigen anderen Berufen und beschäftigen sich lediglich nach Feierabend mit ihrem eigentlichen Interessengebiet – der Kunst. Wirtschaftlich gesehen hat man also mit der Berufsrichtung Kunst keine allzu rosigen Aussichten.

Wer sich dennoch nicht abschrecken lassen will, muß zur Erreichung seines Berufsziels ein sieben- bis zehnsemestriges Studium an einer Kunstakademie oder -hochschule absolvieren.

Bevor der Bewerber jedoch die Zulassung zum Studium erhält, muß er sich einer Aufnahmeprüfung zur Feststellung seiner künstlerisch-gestaltenden Begabung unterziehen.

Zunächst muß jeder Bewerber ei-

ne Mappe mit eigenen Arbeiten (bei Bildhauerei: Fotografien von eigenen Skulpturen) einreichen. Die Werke werden von einem Dozentengremium der Hochschule beurteilt. Etwa zwei bis vier Monate vor Studienbeginn wird der Bewerber dann zur Prüfung an die Hochschule eingeladen. Hier werden nun praktisch-künstlerische Fähigkeiten anhand der Bearbeitung eines gestellten Themas oder Motivs getestet. Diese Arbeiten werden nach folgenden Kriterien beurteilt:
— Abstraktionsfähigkeit,
— differenzierte Beobachtungsgabe,
— Darstellung eigener Ideen,
— Phantasie und Vorstellungsvermögen,
— technisches Verständnis.

In den letzten Jahren hat jeweils einer von zehn bis fünfzehn Bewerbern die Aufnahmeprüfung bestanden und somit einen Studienplatz erhalten. Ein Numerus clausus existiert nicht. Wichtiger als gute Schulnoten oder ein bestimmter Bildungsabschluß ist in jedem Fall die künstlerische Begabung.

An jeder Hochschule werden unterschiedliche Arbeitsschwerpunkte, Arbeitsmethoden und künstlerische Auffassungen vertreten und gepflegt. Frühzeitiges Kennenlernen der angestrebten Hochschule ist daher sehr empfehlenswert. Dazu steht dem angehenden Künstler die Studienberatung am jeweiligen Hochschulort zur Verfügung.

Im Studium selbst werden die ersten beiden Semester häufig als Probezeit aufgefaßt. An den meisten Hochschulen wird eine klassenbezogene Ausbildung angeboten. Innerhalb dieser Fachklassen müssen selbstbestimmte Arbeiten angefertigt werden, deren Betreuung mit zunehmender Semesterzahl abnimmt. Grundlagenfächer sind immer die Elementarlehren im Zeichnen, Malen, plastischen Gestalten und in der Materialkunde. Ergänzungsfächer wie Kunstgeschichte, Perspektive und die Verarbeitung von Holz, Metall, Textil und Keramik kommen hinzu. In den höheren Semestern wird eine Vertiefung in den Bereichen Malerei, Plastik, Gebrauchsgrafik usw. je nach Neigung vorgenommen.

Nach der Beendigung seines Studiums muß der Künstler versuchen, seinen Platz zu finden — bei harter Konkurrenz; er muß versuchen, origineller, einfallsreicher zu sein als andere. Nur so kann es ihm gelingen, als Künstler wirtschaftlich zu überleben.

Bildtechniker/-in
Tontechniker/-in

*Bild und Ton —
und das synchron*

Mittagsmagazin. In der Sendezentrale herrscht geschäftiges Treiben. Im Moment läuft Musik. An der Sendung arbeitet auch eine Tontechnikerin mit. Nebenher verfolgt sie die Aussteuerungsanzeigen mehrerer Geräte, während sie sich bereits auf ihre nächste Aufgabe konzentriert: ein Interview, das live in die Sendung eingeblendet werden soll. Sie schaltet sich in das bereits laufende Vorgespräch der Redakteure ein, ist froh, das sie bis zum Ende des Musikstücks noch etwas Zeit hat. Über Kopfhörer verfolgt sie nicht den Inhalt, sondern nur den Tonfall der Gesprächspartner. Mit Knöpfen und Schiebeschaltern versucht sie, störende Nebengeräusche wegzufiltern. Plötzlich sind sie verschwunden; dies gelang dem Kollegen, der, irgendwo im Übertragungswagen sitzend, den Fehler ebenfalls bemerkt, aufgespürt und beseitigt hatte. Auf ihn, den sie gar nicht kennt, muß sie sich jetzt auch verlassen. Während die Sendung läuft, wird jede fast automatisch von ihr vorgenommene Tonkorrektur ausgelöst durch das, was sie über Kopfhörer oder durch Kontrollanzeigen wahrnimmt. Mit Ende der Einblendung befaßt sie sich bereits mit dem nächsten Punkt des Sendeplans. Die ständige Umstellung auf Neues, das konzentrierte Arbeiten unter Zeitdruck und der ständige Umgang mit der Technik belasten sie nicht ernstlich.

Ursprünglich hatte sie nach dem Abitur den Beruf der elektrotechnischen Assistentin erlernt. Für ihren jetzigen Beruf hätte sie das Abitur nicht unbedingt gebraucht. Aber die Allgemeinbildung kam ihr ebenso zugute wie ihre zweijährige Berufstätigkeit in einer Nachrichtengerätefirma. Auf ihren jetzigen Beruf kam sie durch einen Informationsprospekt einer Rundfunkanstalt. Die technische Mitarbeit in einem Team reizte sie, ebenso das Aufzeichnen, Zusammenstellen und spätere Abspielen von Sprach- und Musiksendungen, der tägliche Umgang mit den technischen Geräten ebenso, wie das schnelle Feststellen und Beheben von Funktionsstörungen, besonders wenn es unter Zeitdruck geschehen muß.

Nachrichten, Sportsendungen, Informations- oder Unterhaltungssendungen gehören ebenso zum täglichen Arbeitsprogramm der Bild- oder Tontechniker wie Hör- bzw. Fernsehspiele; auch bei Unterhaltungssendungen werden Bild- oder Tontechniker ge-

Bildtechniker/-in

braucht, wenn es zum Beispiel darauf ankommt, die Stimme von Udo Jürgens in ihrer Lautstärke so auf den gleichzeitigen »Background-Chor« abzustimmen, daß das Publikum Udo gut hören kann.

Wie sieht nun die Arbeit des *Bildtechnikers* konkret aus? Er geht mit Farbfernsehkameras, Lichtstellenanlagen, Fernseh-Regieanlagen um, wobei Einstellen, Justieren und Mischen, also die technische Vorbereitung der Anlagen, ihre Inbetriebnahme und ihre Bedienung seine Hauptaufgaben sind. Meistens geschieht diese Arbeit in den Studios der Fernsehgesellschaften. Ein Großteil der Sendungen wird als Aufzeichnung während des Tages hergestellt. Live-Sendungen erfordern die Anwesenheit des Bildtechnikers zu jedem Sendezeitpunkt. Bei Außenübertragungen sind zu allen Tageszeiten Übertragungswagen oder tragbare Aufnahmegeräte im Einsatz.

Der *Tontechniker* hat ein ganz ähnliches Aufgabenfeld, nur eben beim Hörfunk. Die Geräte, mit denen er umzugehen hat, sind etwas bekannter: Tonbandgeräte und Plattenspieler, Kassettenrecorder und Mikrophone hat wohl jeder schon einmal bedient. Als Studioanlagen sind solche Geräte jedoch mit anderen Möglichkeiten ausgestattet als es im Heimgebrauch üblich ist (Überspielmöglichkeiten, Aussteuerungsgenauigkeit usw.). Hinzu kommt der Umgang mit drahtlosen und drahtgebundenen Übertragungseinheiten, zum Beispiel für Konferenzschaltungen bei Fußballspielen aus mehreren Stadien gleichzeitig.

Unregelmäßige Arbeitszeit im Schichtdienst ist der Normalfall. In einer Rundfunkanstalt wird ohnehin täglich oft bis spät in die Nacht, im Hörfunk sogar teilweise durchgängig gesendet. Und gerade an Sonn- und Feiertagen soll das Programm besonders ausgedehnt und vielseitig gestaltet sein. Männer und Frauen sind in diesem Beruf gleichermaßen vertreten. Im Außendienst sind Frauen allerdings nur selten im Einsatz, da hier beim Anlagenaufbau körperlich anstrengendere Arbeiten anfallen.

Für das Erlernen dieser Berufe sind technisches Verständnis, Grundkenntnisse sowie Fingerspitzengefühl im Umgang mit unterhaltungselektronischem Gerät erforderlich. Daneben ist aber auch künstlerisches Interesse gefragt. Musik wird beispielsweise anhand von Noten verfolgt, um zu einem bestimmten Punkt den richtigen Bildwechsel vollziehen zu können. Über die Bereitschaft zum Dienst zu unüblichen Zeiten wurde schon gesprochen. Hektik muß man ertragen können: Wer die Umgebung Frank Elstners einmal beobachtet hat, wenn dieser die Sendezeit um eine halbe Stunde überzogen hat, weiß, was gemeint ist. Menschen, die sich leicht nervös machen lassen, sind für diesen Beruf also nicht geeignet. Man muß auch wissen, daß Bild- und Tontechniker größtenteils auf Anweisung arbeiten, der eigene Spielraum also begrenzt ist. Tätigkeitsmöglichkeiten außerhalb der Rundfunkanstalten sind nur sehr vereinzelt zu finden, zum Beispiel an Theatern, bei Filmproduktionsgesellschaften, oder auch in der Industrie, wenn dort Bild- oder Tonprodukte hergestellt werden. Für solche Tätigkeiten sind meistens auch Reparaturkenntnisse gefragt, die man am besten durch eine zusätzliche handwerkliche Ausbildung (Radio- und Fernsehtechniker) erhält.

Die Ausbildung zum Bild- oder Tontechniker erfolgt ausschließlich an der Schule für Rundfunktechnik, Wallensteinstraße 121, 8500 Nürnberg 80, und dauert neun Monate. Davon werden die ersten zweieinhalb Monate als Praktikum an einer Rundfunkanstalt absolviert, die sechseinhalb Monate Theorie dann in der Schule in Nürnberg vermittelt.

Mitte Juni und Anfang November beginnen jeweils die Kurse, denen eine Aufnahmeprüfung vorausgeht. Hierbei wird eine ärztliche Untersuchung durchgeführt und die Eignung getestet (Mathematik, Physik, einwandfreies Hören und Sehen). Als Vorbildung ist das Abitur erwünscht, bei Bewerbern ohne Abitur wird eine abgeschlossene Berufsausbildung zum Beispiel als Radio- und Fernsehtechniker, elektrotechnischer oder physikalisch-technischer Assistent verlangt, die durch eine mindestens halbjährige intensive Einarbeitung in die besonderen tontechnischen Aufgaben einer Sendeanstalt ergänzt wird.

Das 18. Lebensjahr muß vollendet sein. Aufnahmeprüfungen finden außer in Nürnberg auch in Hamburg und Köln statt.

Für die Dauer der Ausbildung wird eine Ausbildungsvergütung gezahlt.

Die Berufsaussichten für Bild- und Tontechniker sind unter zwei Aspekten zu sehen. Die erste Schwelle wird bei der Bewerbung um eine Ausbildung deutlich. Die Zahl der Bewerber ist um ein Vielfaches höher als die zur Verfügung gestellten Ausbildungsplätze. Die Auslese ist scharf, nur wirklich geeignete Bewerber erhalten eine Ausbildungschance.

Die Anzahl der Auszubildenden

entspricht dann aber etwa dem Bedarf bei den Rundfunkanstalten an Bildtechnikern und Tontechnikern. Das bedeutet natürlich keine Anstellungsgarantie, aber die meisten Absolventen der Schule für Rundfunktechnik finden eine Anstellung bei den Rundfunkanstalten. Bei geringerem Nachwuchsbedarf führt die Schule gegebenenfalls nur einen Ausbildungslehrgang pro Jahr durch.

Sollte es in Zukunft zu einer Ausweitung des Senderangebots in Deutschland kommen, werden sich zusätzliche Arbeitgeber finden, die auf qualifizierte Bildtechniker, zum Teil auch auf Tontechniker, angewiesen sind. Die Chancen sind zur Zeit daher verhältnismäßig gut, wenn man die Ausbildung abgeschlossen hat.

Nähere Informationen enthält ein von der Nürnberger Schule für Rundfunktechnik herausgegebenes Merkblatt.

Bühnenbildner/-in

Vergängliche Kunstwerke

Wer außer Fachleuten kennt schon Namen wie Roller, Brückner oder Galli-Bibiena? Und doch waren sie alle berühmte bildende Künstler ihrer Zeit. Ihre Werke sind uns aber heute allenfalls noch als Modelle oder auf Fotografien zugänglich; denn sie sind im wahrsten Wortsinn abgespielt worden. Ihren Schöpfern war die Liebe zum Theater, zur darstellenden Kunst eigen und vielleicht manchmal auch ein Hang zum Monumentalen. Sie schufen lebensgroße Bildräume, in denen sich lebendige Menschen bewegten. Sie waren Bühnenbildner oder – wie es früher hieß – »Dekorationsmaler«.

Die Bühnen des Theaters und die Studios von Film und Fernsehen sind heute die häufigsten Arbeitsorte des Bühnenbildners. Bevor er jedoch dort jeweils mit der Realisierung seiner Entwürfe beginnen kann, ist bereits erhebliche vorbereitende Arbeit geleistet. Die Vorüberlegungen beginnen mit der ersten Stückbesprechung im Team der Verantwortlichen: Regisseur, technischer Direktor, Beleuchtungsmeister, Kostümbildner, Maskenbildner, Dirigent usw. Die Regiekonzeption und deren Gestaltwerdung im Bühnenbild müssen sorgfältig aufeinander abgestimmt sein. Jede Bühne verfügt über andere technische Möglichkeiten; auch das Licht bildet den Raum mit. Kostüme, Maske und Bühne bilden stilistisch eine Einheit.

Erst jetzt gewinnen die Vorstellungen Gestalt. Bauproben im Bühnenraum lassen Dimensionen und Proportionen deutlich werden. Zahlreiche Skizzen, Entwürfe, Zeichnungen helfen den anderen Beteiligten, sich die Ideen plastisch vorzustellen.

In den Werkstätten beginnt die Arbeit. Schreinereien, Malerwerkstätten, Schlossereien produzieren Versatzstücke nach Anleitung des Bühnenbildners. Es ist vorteilhaft, wenn dieser die Materialverarbeitung selber praktisch beherrscht. Die fertigen Teile werden dann auf die Bühne gebracht, wo sie bühnentechnisch installiert werden. Nun kann durch Lichtwirkungen erstmalig der Originaleindruck hergestellt werden.

Wenn sich der Vorhang zur Premiere hebt und der erste Applaus dem Bühnenbild gilt, hat der Bühnenbildner ein Arbeitsziel erreicht.

Dieser hier beschriebene Weg von der Idee zum Bühnenbild verläuft natürlich nur unter günstigen Bedingungen so. Häufiger ist der Bühnenbildner zu Kompromissen gezwungen. Meistens ist es das Geld, an dem großartige Konzeptionen scheitern. Aber auch den Regisseur kann sich der Bühnenbildner nur selten aussuchen.

Wer sich als Bühnenbildner versuchen will, muß zunächst Kunstsinn besitzen. Dieser scheinbar nichtssagende Begriff, etwas feiner auch als ästhetisches Empfinden umschreibbar, trifft jedoch die verlangte Eigenschaft besser als jede Spezialisierung. Denn es geht nicht nur um die bildende Kunst, und hier nicht nur um die der Fläche oder um die Plastik, der Bühnenbildner muß ja auch in die Sprache und die Literatur, gegebenenfalls in die Musik »hineinfühlen« und sie mit scharfem Verstand analysieren können. Auf der Bühne entstehen heutzutage »Gesamtkunstwerke«, soviel wurde von Richard Wagner oder Adolphe Appia gelernt.

Handwerkliche und technisch-praktische Fähigkeiten sind für den Bühnenbildner von großem Nutzen. Ein großer Apparat, wie es Bühnenwerkstätten meist sind, stellt neuen und ungewöhnlichen Ideen auch manchmal die Ausrede »nicht machbar« entgegen. Wer dann praktisch vormachen kann, was er erstellt haben will, setzt sich viel leichter durch.

Menschenführung, verstanden als die Fähigkeit, andere mit ihren jeweiligen Fertigkeiten im eigenen Sinne anzuleiten, ist eine weitere Anforderung, die dieser Beruf mit sich bringt. Und nicht zu vergessen: Starke Nerven sind nötig. Die Verantwortung, zu einem bestimmten Termin (Premiere) alles fertig haben zu müssen, die Eigenschaft mancher Theaterwerkstätten, von heute auf morgen zu produzieren, vor allem die unerwarteten Malheurs (wenn sich bei der Generalprobe herausstellt, daß ein Umbau 180 Sekunden dauert, die Verwandlungsmusik aber maximal 120 Sekunden hergibt) bringen oft größte Hektik in den Theater- und Studiobetrieb.

Für Bühnenbildner gibt es spezielle Ausbildungsrichtungen:

An einigen Kunstakademien und -hochschulen sind spezielle Klassen für Bühnenbild eingerichtet. Das Studium an einer derartigen Einrichtung hat den Vorteil, daß kunst-, musik- und theaterhistorische Bezüge unmittelbar im Studienplan enthalten sind. Für die Aufnahme in eine solche Klasse ist zunächst Talent und Technik vonnöten. In unterschiedlichen Aufnahmeverfahren wird stets geprüft, ob der Aspirant künstlerisch veranlagt ist, und ob er sich in der Schulzeit schon um die technische Vervollkommnung bemüht hat. Es sind meistens zunächst Mappen mit eigenen Entwürfen und Zeichnungen einzureichen, die beurteilt werden und dann eine Zulassung zur praktischen, schriftlichen und mündlichen Aufnahmeprüfung erwirken. Die Auswahlkriterien sind eher streng.

Ein anderer Weg zum Bühnenbildner wird in der Praxis manchmal erwähnt. Sehr erfolgreiche Bildende Künstler (Maler, Bildhauer) oder Architekten werden zuweilen für einzelne Inszenierungen um ihre Mitarbeit gebeten. Dieser Weg ist jedoch eher ein Weg des Zufalls.

Neben dem Studium muß man an Bühnen oder in Fernsehstudios hospitieren, nach dem Studium sollte man eine Assistenz antreten. Da für Bühnenbilder auch Steuergelder ausgegeben werden, sind Theaterintendanten in der Regel sehr vorsichtig, ehe sie jungen, weniger erfahrenen Leuten die Verantwortung für einen eigenen Entwurf überlassen; die Assistenzzeiten sind daher oft sehr lang.

Durch die strenge Vorauswahl beim Zugang zur Akademieausbildung ist die Konkurrenzsituation bei Bühnenbildnern nicht ganz so groß wie zum Beispiel bei Regisseuren. Doch ist auch bei diesem Beruf die Unsicherheit über die eigene Zukunft ein prägendes Element. Die Laufzeit von Verträgen (Bühnennormalvertrag) beträgt in den Anfangsjahren ein bis zwei Jahre. Häufig wird auch mit Stückverträgen gearbeitet. Dies ist durchaus im Sinne des Zuschauers, der verschiedene Handschriften kennenlernen will, erfordert aber vom angehenden Bühnenbildner ein hohes

Maß an regionaler Mobilität und an Risikobereitschaft. Ob sich eine Karriere aufbauen läßt, wird von Produktion zu Produktion immer wieder neu dem Urteil der Öffentlichkeit überantwortet, die auf nachlassende Kreativität oft übersensibel reagiert.
Zur weiterführenden Lektüre sei empfohlen: Rischbieter, Henning (Hrsg.) *Bühne und bildende Kunst im 20. Jahrhundert*, 1968; Sydow, Annegret/Schlischewsky, Alexander: *Arbeitsfeld Theater*, Wilhelmshaven 1982

Cutter/-in

Schneider ohne Tuch und Faden

Noch zwanzig Minuten bis zum Beginn der »Aktuellen Stunde«! Soeben wurde noch ein Film in den Schneideraum gebracht, der tagsüber gedreht worden war: Dokumentaraufnahmen von der Eröffnung einer Ausstellung, normale Abspieldauer: circa fünfzehn Minuten. Kurz zuvor hatte die Regie angerufen und mit der Cutterin besprochen: Zusammenschnitt auf drei Minuten zwanzig Sekunden, dabei Großaufnahmen von drei wichtigen Persönlichkeiten und jeweils längere Passagen über zwei Ausstellungsbereiche, das alles in bestimmter Reihenfolge, passend zum Kommentartext, der — eingeteilt in Sprechsekunden — als Arbeitsgrundlage beigefügt war. Und so macht sie sich an die Arbeit. Das Einlegen des Films in die Schneidemaschine ist reine Routinearbeit. Es folgt der Schnelldurchlauf. Zunächst müssen die besten Szenen, die »Takes«, ausgewählt werden. Im abgedunkelten Raum verfolgt sie auf dem Bildschirm Stück für Stück, macht kurze Notizen, merkt sich diese und jene Kleinigkeit. Rücklauf, und wieder los: Nun werden die gewünschten Szenen herausgeschnitten, jeweils etwa auf die Länge der entsprechenden Textpassage. Sodann ergänzt sie das Ganze noch auf die erforderliche Gesamtlänge mit nach ihrer Meinung typischen Szenen, die das Besondere der Ausstellung gut zum Ausdruck bringen und den Beitrag beleben. Das Zusammenkleben der Takes ist wieder Routine. Ein letzter Schnelldurchlauf und ein erleichtertes »O.K.« beenden diese Arbeit: der sendefertige Film kann abgeholt werden.
Die Ausbildung zum Cutter ist nicht einheitlich geregelt. Sie erfolgt bei Filmgesellschaften, Rundfunk- und Fernsehanstalten. Schulische Voraussetzung ist mindestens der mittlere Bildungsabschluß, erwünscht ist häufig das

Abitur, denn der angehende Cutter muß über eine gute Allgemeinbildung verfügen. Er arbeitet zwar überwiegend auf Anweisung des Regisseurs, aber nicht jede Kleinigkeit wird hier vorgeschrieben. Seiner eigenen Kreativität ist mancher Freiraum eröffnet. Ein erfahrener Cutter, der sich gut in die Vorstellungen des Regisseurs einfühlen kann, kann durchaus eigene Ideen mit in eine endgültige Filmfassung einbringen. Handwerklich-technisches Verständnis und Geschick sind ebenso unverzichtbar wie ein ausgeprägtes Detailwahrnehmungsvermögen für kleine Feinheiten und ein optisches Gedächtnis. Sehr gefragt ist auch die Fähigkeit, unter Zeitdruck ruhig und zuverlässig arbeiten zu können. Aber der Cutter arbeitet nicht nur mit dem Bild, sondern auch mit dem Ton, insbesondere beim Synchronisieren von Sprache und Beigeräuschen. Seine Partner sind hier Synchronsprecher und Toningenieure bzw. Tonmeister, bisweilen auch die Schauspieler selbst.

Angesichts der technischen Anforderungen ist eine Ausbildung als Film- und Videolaborant, mindestens aber ein einschlägiges Praktikum dienlich.

Als Hauptaufgabenfeld des Cutters kann die Arbeit an Spiel- und Unterhaltungsfilmen angesehen werden. Die anstehenden Aufgaben bewältigt er hier zusammen mit seinen Assistenten: Sichten und Ordnen des Materials, Erstellen einer ersten Fassung anhand des Drehbuches, Abstimmung von Handlungs- und Spannungselementen, Gestaltung von Bild- und Tonteil gemäß der Gesamtintention des Films und schließlich der Schnitt der endgültigen Fassung, bei dem Bild, Sprache, Nebengeräusche und Musik von unterschiedlichen Aufzeichnungsträgern zur Endmischung vereinigt werden. Es versteht sich von selbst, daß eine solche Arbeit nicht an einem Tag zu leisten ist, sondern sich oft über Wochen, ja Monate erstrecken kann.

Weniger kreativ arbeitet der Cutter beim Synchronisieren bereits fertiger ausländischer Spiel- und Unterhaltungsfilme. Dafür sind hier die Anforderungen an seine Konzentrationsfähigkeit besonders hoch, dies in erhöhtem Maße dann, wenn unter extremen Zeitdruck zu arbeiten ist; und das ist keineswegs die Ausnahme.

Vom Umfang her kleinere Aufgaben stellen sich bei industriellen oder sonstigen Dokumentarfilmen. Hier muß ein guter Schnitt häufig die sparsame oder gar nicht vorhandene Handlung ersetzen, um einen Film interessant zu machen.

Eine besondere Zielsetzung hat der Werbefilm. Da er meist sehr kurz, also komprimiert gehalten sein muß, arbeitet der Cutter bereits bei der Aufnahme mit und gibt Anregungen, wie bestimmte werbewirksame Effekte erreicht werden können.

Abschließend sei das Aufgabenfeld des Fernseh-Cutters erwähnt. Zwischen Aufnahme, Schnitt und Sendung liegen hier in der Regel nur kurze Zeiträume. Hinzu kommt die ungeheure Vielfalt der Themen, zu denen Filme gedreht und gesendet werden, wodurch an die Allgemeinbildung und geistige Beweglichkeit hohe Anforderungen gestellt werden. Auch liegen selten Schnittpläne vor, lediglich die meist knapp bemessene und genau einzuhaltende Zeit ist vorgegeben, eventuell ist ein Manuskript oder ein Sprachband vorhanden. Nur wo das Fernsehen selbst Unterhaltungs- und Spielfilmsendungen produziert, ergeben sich Parallelen zum genannten Hauptaufgabenfeld. Auf diesem Hintergrund wird deutlich, daß an den Fernseh-Cutter vielfältigere Erwartungen gerichtet werden als an einen Spezialisten eines bestimmten Gebietes. Dies gilt insbesondere, wenn man sich vergegenwärtigt, daß neben der herkömmlichen Filmtechnik hier inzwischen modernste elektronische Technologie ihren Einzug gehalten hat, mit der auch er auf du und du stehen muß.

In diesem Zusammenhang sei der »Bildmischer« erwähnt, ein besonderer Spezialist, den man als Cutter bei Life-Sendungen beschreiben kann. Da er in Sekundenbruchteilen entscheiden muß, was über den Sender geht, kann man sein Können und seine Verantwortung nicht hoch genug ansetzen.

Eine schulische Ausbildung zum Cutter gibt es nicht. Je nach Vorkenntnis wird die Ausbildung sehr individuell gestaltet. Sie erfolgt überwiegend im Schneideraum unter Anleitung erfahrener Berufsvertreter und wird ergänzt durch Ausbildungsabschnitte in der Filmkopie, der Filmbild- und Filmtontechnik sowie der Tricktechnik. Theoretischer Unterricht und das Kennenlernen von Grafik, Ausstattung und Besonderheiten des Außendienstes ergänzen die ansonsten sehr praxisorientierte Ausbildung.

Ausbildungsträger sind die großen Rundfunk- und Fernsehanstalten. Die Ausbildungsdauer beläuft sich auf achtzehn bis vierundzwanzig Monate.

Während dieser Zeit erhalten die Cutter-Praktikanten beziehungsweise -Volontäre eine Ausbildungsvergütung zwischen DM

800,— und DM 1000,—. Das erste halbe Jahr gilt hierbei als Probezeit, da vorab nicht festgestellt werden kann, ob der angehende Cutter allen Anforderungen entspricht. Vieles zeigt hier erst die tägliche Praxis. Nach der Ausbildung beginnt die eigentliche Berufstätigkeit als Cutter-Assistent. Sie erstreckt sich meist über mehrere Jahre. Erst dann ist ein selbständiges Arbeiten als Cutter denkbar.

Berufsmöglichkeiten eröffnen sich wiederum bei den Rundfunk- und Fernsehanstalten, aber auch bei Filmgesellschaften und filmproduzierenden Studios unterschiedlicher Zielsetzung. Vielfach sind Cutter auch projektbezogen als freie Mitarbeiter tätig. Auch Halbtagstätigkeit ist möglich. Die Aufstiegsmöglichkeiten und Einsatzfelder in benachbarten Arbeitsgebieten hängen wesentlich von der umfassenden Bildung und dem pragmatischen Können des einzelnen Cutters ab. Sicher spielen hier auch manchmal der glückliche Zufall und Beziehungen eine Rolle, die darüber entscheiden, ob man plötzlich einen Namen in der Branche hat, der einem besondere Aufträge einbringt.

Der Frauenanteil in diesem Beruf ist besonders hoch.

Schließlich sei aber noch darauf hingewiesen, daß der Andrang in diesen Beruf weitaus höher ist als die faktisch zur Verfügung stehenden Arbeitsplätze.

Damenschneider/-in
Herrenschneider/-in

Kleider machen Leute

Maria hat Karriere gemacht. Als gelernte Herrenschneiderin ist sie nach einigen Jahren Berufserfahrung nun freiberuflich tätig und ständig im In- und Ausland unterwegs. Für ein deutsches Industrieunternehmen überwacht sie die Auslandsproduktion von Herrenanzügen.

Rosi hat keine Karriere gemacht. Nach ihrer Lehr- und Gesellenzeit als Damenschneiderin hat sie geheiratet und Kinder bekommen. Ihre Kleider und die Sachen der Kinder näht und ändert Rosi selbst. Und spart so eine Menge Geld. Eins verbindet diese beiden Frauen, deren Leben so unterschiedlich ist. Sie haben einen Beruf gelernt, mit dem sie heute zufrieden sind.

Der Schneiderberuf ist einer der klassischen Handwerksberufe. Passende Kleidung war und ist immer gefragt. Mit der Industrialisierung hielt zwar der Anzug von der Stange Einzug in die Kleiderschränke, und bis heute ist die

Bekleidungsindustrie eine gewisse Bedrohung für die Handwerksbetriebe geblieben, aber nach wie vor gibt es genug Leute, die maßangefertigte Kleidung tragen. Sie sind die Kunden im Schneiderbetrieb.

Im Schneiderhandwerk gibt es zwei Berufe, die einander ähneln: den Damen- und den Herrenschneider. Diese Berufe sollen deshalb gemeinsam hier vorgestellt werden.

Der *Damenschneider* fertigt Damenoberbekleidung: Mäntel zum Beispiel oder Jacken, Tages- und Abendkleider, Röcke und Blusen. Der Damenschneider ändert aber auch getragene Kleidung. Schon manch einer hat sich gewundert, mit welcher Raffinesse ein erfahrener Damenschneider aus einem veralteten Folklorekleid einen pfiffigen, modernen Rock zu machen versteht.

In einigen Betrieben stellt der Damenschneider Volkstrachten her oder Sportkleidung, Karnevals- und Trachtenkostüme.

Herrenschneider fertigen Hosen, Sakkoanzüge, Sportkombinationen und Mäntel. Im Gegensatz zum Damenschneider verarbeitet der Herrenschneider kaum sogenannte leichte Stoffe wie Baumwolle, sondern in erster Linie Stoffe aus Wolle und wollähnlichen Tierhaaren. Aber auch Seide und Leinen gehören zu den gebräuchlichen Stoffarten. Wer später einmal in einem Spezialbetrieb arbeitet, stellt dort Uniformen, Theatergarderoben, Amtstrachten oder Priestergewänder her.

Wie läuft die Arbeit eines Schneiders ab? Zunächst einmal kommt der Kunde ins Geschäft und erklärt, was er haben möchte. Man bespricht mit ihm Material, Schnitt und Verarbeitung des gewünschten Kleidungsstückes. Der gute Blick dafür, was dem Kunden steht und wie er beraten werden muß, wird dem Schneider seine Kundschaft erhalten. Getreu den Körpermaßen des Kunden entwirft der Schneider mit Maßband, Lineal, Winkel und Schere ein Schnittmuster aus Papier, dessen Einzelteile mit Schneiderkreide auf den Stoff übertragen werden. Damit das neue Kleidungsstück eine gute Paßform bekommt, wird der Zuschnitt in der Regel vom Meister oder Zuschneider ausgeführt. Bis der Kunde das gute Stück dann zum ersten Mal anprobieren kann, hat der Schneider viele Arbeitsstunden an der Nähmaschine, am Bügeltisch und mit Handnäharbeiten verbracht — oft unter Termindruck, wenn das Ballkleid unbedingt bis Samstag fertig sein soll. Der Schneider arbeitet zudem im Sitzen oder Stehen. Deshalb sollte er neben guten Augen auch eine gesunde Wirbelsäule besitzen. Bei Nackenschmerzen, einer geradezu klassischen Begleiterscheinung des Berufs, helfen oft Massagen oder körperliche Bewegung.

In kleineren Schneiderwerkstätten zu arbeiten macht unter Umständen mehr Spaß, weil die Arbeit vom Zuschnitt bis zur Anprobe in einer Hand liegt. Größere Betriebe sind aus wirtschaftlichen und arbeitstechnischen Gründen zur Arbeitsteilung übergegangen.

Für den Beruf des Damen- oder Herrenschneiders ist gesetzlich keine bestimmte Schulbildung vorgeschrieben. In den einzelnen Betrieben werden unterschiedliche Bildungsvoraussetzungen gefordert.

Die Ausbildung dauert drei Jahre – gegliedert in einjährige Grund- und zweijährige Fachbildung. Vor Ende des zweiten Ausbildungsjahres findet eine Zwischenprüfung statt. Die Gesellenprüfung wird vor der Handwerkskammer abgelegt.

In der Ausbildung beginnt man mit einfachen Nähübungen auf verschiedenen Stoffmusterstücken. Man lernt die gebräuchlichen Grundnäharten kennen, das Nähen mit der Maschine, das Messen, Zeichnen und Anfertigen von kleineren und größeren Kleidungsstücken. In der Berufsschule wird der theoretische Hintergrund vermittelt.

Wer über die Ausbildung hinaus weiterkommen will, kann an Zuschneidelehrgängen oder Vorbereitungskursen für die Meisterprüfung teilnehmen. Auf Fach- oder Technikerschulen kann man eine Fortbildung zum Bekleidungs- oder Textiltechniker absolvieren.

Im Beruf selbst wird man sich meist auf ein Teilgebiet spezialisieren, zum Beispiel im Theater- oder Kostümschneiderhandwerk. Natürlich hat man auch die Möglichkeit, sich später selbständig zu machen.

Die Berufsaussichten im Schneiderhandwerk sind – wie die Verdienstmöglichkeiten übrigens auch – nicht besonders rosig. In den letzten Jahren ist die Zahl der Herrenschneiderbetriebe merklich zurückgegangen. Ihnen, wie den Damenschneiderbetrieben, macht die Bekleidungsindustrie natürlich große Konkurrenz. Doch wird es immer Leute geben, die maßangefertigte Kleidung kaufen. Sei es, weil sie für ihre Körpermaße im Kaufhaus keine Kleidung finden, sei es, weil sie individuelle Wünsche haben, die eben nur ein Handwerksbetrieb erfüllen kann.

Direktrice/Modelleur

Mode-Impressionen aus aller Welt

Paris, Mailand, New York, Berlin — hier finden die jährlichen großen Fachmessen statt! Auf ihnen bewegt sich auch — längst selbstverständlich — Fräulein H., die kleine Direktrice aus Leutersdorf. Geht umher und schaut, stiehlt ein bißchen mit den Augen, prägt sich ein. Fragen über Fragen! Welcher Trend? Welche Stoffe? Welche Farben? Welche Linie? Welche Schnitte? Was kommt an? Was ist tragbar? Was kann man wie kopieren, wie variieren?

Frl. H. arbeitet für die Firma Wagner & Sohn. Eine Firma, die sich auf Kinderbekleidung spezialisiert hat. Fräulein H. wurde als Entwurfsdirektrice eingestellt. Das entspricht auch ihrer Ausbildung, aber in dieser kleinen Firma muß sie sich auch um die Schnitte und den reibungslosen Produktionsablauf kümmern. Normalerweise nicht ganz das, wofür sie ausgebildet wurde. Aber sie hat sich reingearbeitet — und es macht ihr Spaß. Sie kann recht selbständig arbeiten, ist nur dem Chef — Herr Wagner ist der Firmeninhaber — verantwortlich. Mit ihm bespricht sie die Zusammenstellung der Kollektion, die Aufträge und Preise.

Die Entwürfe zeichnet sie selbständig, holt sich Anregungen durch Modejournale (wie »vogue«, »Chic« etc.), besucht auch hier und da weitere Messen wie die »Internationale Messe Kind und Jugend« in Köln.

Wie gesagt, die Modelle zeichnet sie selbst und bestimmt auch die zu verarbeitenden Materialien. Bei Kindermoden bevorzugt sie gut waschbare Stoffe wie zum Beispiel Baumwolle und Baumwoll-Gemische. Neben den immer wechselnden Schnitten, Farben und Stoffen ist aber auch das Machbare einzuplanen — nämlich inwieweit der Entwurf, der als Erstschnitt verwirklicht wird, kostengünstig in Serie zu produzieren ist.

Ist der Entwurf genehmigt, geht's ans Umsetzen in den Schnitt. Das wäre nun eigentlich Aufgabe der (bei Fa. Wagner und Sohn eingesparten) *Schnittdirektrice*. Fräulein H., mittlerweile auch auf diesem Sektor fit, erstellt nicht nur den Erstschnitt, sondern vergrößert beziehungsweise verkleinert die Schnitte auch. Beispiel: Erstschnitt für eine Röhren-Jeans Größe 128 kann bis Größe 110 verkleinert und bis Größe 140 vergrößert werden — das heißt, der eine Hosen-Entwurf kann von der Größe 110 bis zur Größe 140 nach den entsprechenden Mustern zugeschnitten und gefertigt werden.

Da auch in diesem Bereich die elektronische Technik Einzug gehalten hat, mußte sich Frl. H. mit einem Schnittbildcomputer anfreunden, der – ist er einmal programmiert – einen großen Teil ihrer Schnittarbeit übernimmt.

Und dann ist da noch der Fertigungsablauf! Die Frage, wann welcher Auftrag gefertigt werden muß, die Frage der Preise – der Kalkulation, die Frage, ob durch den Einsatz von Teilautomaten im Endeffekt nicht kostengünstiger gearbeitet werden kann.

Man sieht, unser Fräulein H. hat eine ganze Menge unterschiedlicher Aufgaben zu bewältigen. Um das zu schaffen, muß sie sehr wendig und belastbar sein und darüber hinaus unterschiedliche Voraussetzungen mitbringen:

Für den Entwurf
vor allem eigene Ideen, modisches Einfühlungsvermögen, großes Zeichentalent.

Für den Schnitt
logisches Denk- und räumliches Vorstellungsvermögen, gute Kenntnisse in Geometrie, exakte Arbeitsweise.

Für den Fertigungsablauf
Organisationstalent, gewisse Führungseigenschaften (als Vorgesetzte der Bekleidungsnäher, -fertiger und -schneider), gute Rechtschreibe- und Kenntnisse der Grundrechenarten (Büroarbeit und Kalkulation).

Die Ausbildung findet an staatlichen und staatlich anerkannten privaten Berufsfachschulen statt. Die staatlichen Schulen sind in der Regel schulgeldfrei; bei den privaten entstehen Kosten. Zum Beispiel an der Bekleidungsfachschule Aschaffenburg fallen pro Semester Gebühren von DM 2160,– an, Aufnahmegebühr DM 60,–, Prüfungsgebühr DM 120,– sowie Kosten für Lernmittel circa DM 200,– (Stand September 1982).

Die Ausbildungsvoraussetzungen sind bundeseinheitlich nicht geregelt, können aber in den Sekretariaten der Schulen oder bei der Berufsberatung im zuständigen Arbeitsamt erfragt werden. Als Anhaltspunkt soll die Zulassungsvorschrift der Bekleidungsfachschule Aschaffenburg dienen, die entweder eine dreijährige Ausbildung zum Bekleidungsschneider und anschließend mindestens zwei Jahre einschlägige Berufserfahrung oder eine zweijährige Ausbildung zum Bekleidungsfertiger und anschließend drei Jahre Berufserfahrung verlangt.

Die Ausbildung dauert in der Regel vier Semester = zwei Jahre.

Eine finanzielle Förderung kann bei Vorliegen der Voraussetzungen vom Arbeitsamt (nach dem

AFG) oder vom Amt für Ausbildungsförderung (BAföG) übernommen werden.
Fachschulen für die Ausbildung zur Direktrice beziehungsweise Modelleur befinden sich neben Aschaffenburg in Naila, Reutlingen, Bielefeld, Bönnigheim, Frankfurt/Main, Stuttgart, Düsseldorf und zwei weitere in München.
Die Anschriften der Schulen sowie weitere Informationen zum Beruf lassen sich den Blättern zur Berufskunde (Bestellziffer: 2-IQ 23), herausgegeben von der Bundesanstalt für Arbeit, entnehmen.
Noch eine Anmerkung zu den Berufsaussichten: Qualifiziert ausgebildetes Personal wird nach wie vor in der einheimischen Bekleidungsindustrie gesucht; andererseits wird dieser nach den Konkursen der letzten Jahre geschrumpfte Industriezweig nach neuen Wegen suchen müssen, um konkurrenzfähig bleiben zu können. Ein solcher Weg könnte im Ankauf von fertigen Entwürfen und Schnitten von darauf spezialisierten Agenturen bestehen. Sollte sich dieser Weg auf breiter Basis durchsetzen, würden logischerweise viele Stellen für Entwurf- und Schnittdirektricen in den Betrieben einfach entfallen!

Dirigent/-in

»Cis — meine Damen und Herren!«

Welcher Musikliebhaber hat nicht schon einmal beim Hören seines Lieblingsstückes die Augen geschlossen, ist in Gedanken in einen Frack geschlüpft und hat die Rolle des Pultvirtuosen übernommen? Wenn er sich dann für den frenetischen Beifall der Zuhörer mit einem milden Lächeln bedankt, wird ihm dieser Beruf, der soviel Glanz und Ansehen verleiht, als äußerst erstrebenswert erscheinen. Die harte Arbeit und der steinige Weg, die vor dem Ruhm stehen, werden allerdings nur selten gesehen.
Dirigenten sind in allen musikalischen Sparten tätig. Opern- und Konzertdirigenten machen dabei den Hauptanteil aus; Rundfunkanstalten und Stadtverwaltungen treten als Arbeitgeber in diesem Bereich auf. Für die Künstler der leichten Muse kommen Tanz- und Operettenorchester in Frage, deren Zahl aber ständig zurückgeht. Die Kurorchester in größeren Kurorten bieten ein weiteres Betätigungsfeld. Reine Chorleiter sind selten professionell tätig. An Opernhäusern und bei den Rundfunkanstalten sind natürlich Chordirektoren engagiert. Die meisten Chöre werden jedoch von

Dirigent/-in

Laien, Kirchenmusikern oder von Dirigenten im Nebenamt geleitet. Die Arbeit des Dirigenten beginnt schon vor der Probe. Der erste Kontakt mit Notentexten kann eine Neubegegnung sein; in den meisten Fällen ist das Werk jedoch in einer Vielzahl von Interpretationen von Kollegen bekannt. Nun gilt es für den Dirigenten, seine spezifische künstlerische Idee in dem Werk zu verwirklichen, aber auch, es den Unvollkommenheiten des eigenen Orchesterapparates anzupassen. Diese Tätigkeit nennt man »Einrichten«.

Dann geht es in die Probe: 20 bis 200 eigenwillige Instrumentalsolisten, jeder einzelne ein Könner und Kenner der Materie, wollen unter einen Takt gebracht sein. Hierzu gehört gutes Wissen über die spielerischen Möglichkeiten der einzelnen Instrumente. Allen Beteiligten müssen die Absichten des Kapellmeisters, muß seine Werksicht nahegebracht werden. Dann werden die Tempi, die Lautstärken, die Klangfarben geprobt. Aus dem Geflecht der Stimmen muß jeder Dirigent falsche Töne heraushören können; in der Probe kann er sie noch korrigieren.

Die Probezeit aber ist meistens zu kurz bemessen; dann naht schon der Abend des Konzerts. Hier zeigt es sich, ob die Musiker das in den Proben Erarbeitete behalten haben und eine geschlossene, inspirierte Interpretation zu Wege bringen.

Bevor die Anmeldung zur Aufnahmeprüfung an einer Musikhochschule erfolgt, sollte eine kritische Prüfung der eigenen Fähigkeiten hinsichtlich der Anforderungen des Berufes vorgenommen werden. Dies sind:

1. *Musikalische Praxis:*
   - Gutes, sicheres Klavierspiel (Beethovensonate)
   - Vom-Blatt-Spiel einer leichten Orchesterpartitur (Haydn-Sinfonie) und eines Klavierauszuges auch in alten Schlüsseln
   - Gutes musikalisches Gehör (absolutes Gehör ist nicht erforderlich)
   - Anfangskenntnisse in einem weiteren Instrument (erwünscht).
2. *Musiktheorie:*
   - Harmonielehre (Aussetzen bezifferter Bässe, Harmonisieren einer Melodie)
   - Musikgeschichte
   - Formenlehre
   - Werkkenntnisse des Standardrepertoires.
3. *Psychologische Anforderungen:*
   - Interesse am Umgang mit vielen Menschen,
   - Durchsetzungskraft und Überzeugungsvermögen

- Freude am Auftreten vor Publikum (positives »Lampenfieber«)
- Hohes Konzentrationsvermögen

4. *Körperliche Anforderungen:*
   - Gute körperliche Kondition
   - Keine Wirbelsäulenschwäche.

Die beiden ersten Anforderungsbereiche werden vor der Aufnahme in eine Musikhochschule oder ein Konservatorium geprüft. Formale Bildungsvoraussetzungen gibt es hier nicht, aber die meisten Bewerber haben das Abitur abgelegt.

Das Studium dient vor allem der Vervollkommnung dessen, was der Student schon zur Aufnahmeprüfung kennen muß; sein Hauptnutzen liegt in der Möglichkeit, sich mit allen Ausbildungsrichtungen vertraut zu machen und erste praktische Versuche, zum Beispiel in Zusammenarbeit mit der Opernchorschule, zu unternehmen. Das Studium schließt formal nach circa acht bis zehn Semestern mit der künstlerischen Reifeprüfung ab. Diese Abschlußprüfung wird aber nur von einem geringen Prozentsatz der Studierenden tatsächlich abgelegt.

Der Übergang vom Studium in den Beruf ist in den meisten Fällen gleitend. Um Praxis zu erhalten und Schlagtechnik üben zu können, sucht der Student Kontakt zu Chören und Orchestern neben dem Studium. Über diese Praktika kommt man dann meist zur ersten Korrepetitorenstelle.

Wegen hoher Fluktuation ist es meist möglich, bei den Theatern eine dieser für Dirigenten üblichen Lehrstellen zu bekommen. Korrepetitoren begleiten während der Proben am Klavier, üben mit den Solisten, illustrieren die Proben des Regisseurs. Natürlich dient diese Zeit auch der Erweiterung der Repertoirekenntnisse.

Wer nach längerem Zuwarten die Chance erhält, sich eigenständig bewähren zu dürfen, wird oftmals enttäuscht sein, an welch trivialem Werk er seine ersten Sporen verdienen muß.

Bald scheiden sich die Wege der hoffnungsvoll gestarteten Kapellmeisteraspiranten. Da es für diesen Beruf keinen Arbeitsmarkt im üblichen Sinne gibt, sondern neben fachlichen Kriterien irrationale Vorlieben, Geschmacks- und Persönlichkeitskomponenten die Nachfrage bestimmen, müssen viele, die keine Chance erhalten, in artverwandte Berufe abwandern (zum Beispiel Musikkritiker, Musiklektor etc.). Wer einen einjährigen Vertrag als Korrepetitor an einem Opernhaus hatte und diesen verlängert bekam, erhält vielleicht einmal die Möglichkeit, selbständig zu dirigieren. Das Ziel einer Karriere ist bei den meisten die Anstellung als Generalmusikdirektor, den es an Opernhäusern, bei kommunalen Orchestern und bei Rundfunkanstalten gibt. Rund 250 solcher Positionen sind in der Bundesrepublik vorhanden; Vakanzen ergeben sich natürlich auch durch den Wechsel von Chefdirigenten ins Ausland, aber auch die Konkurrenz auf dem deutschen Markt ist durch viele ausländische Künstler verschärft. Auf der anderen Seite gilt für Dirigenten keine Altersgrenze, so daß aus Pensionierungsgründen normalerweise kein Nachwuchsbedarf entsteht.

Dramaturg/-in

Theater am Schreibtisch

Wem Lesen eine Lieblingsbeschäftigung ist, der mag an dieser Stelle weiterlesen. Auf dem Schreibtisch des Dramaturgen wird sich nämlich stapelweise Papier finden, das gelesen sein will. Dramaturgen können beim Rundfunk, Fernsehen und Film, bei Bühnenverlagen, vor allem aber am Theater beschäftigt sein. In mittelgroßen Theatern gibt es heute neben dem Chefdramaturgen Fachdramaturgen für die Sparten Oper, Operette und Schauspiel. Ein Blick auf die Arbeit eines Schauspiel-Dramaturgen mag beleuchten, worum es in der Dramaturgie geht. Sie hat zwei Schwerpunkte: Zum einen ist sie Lektorenarbeit, die nach innen, auf die Gestaltung des Spielplans und die Rollenbesetzungen gerichtet ist. Zum andern ist es eine publizistische Arbeit, die nach außen, auf Besucher, Presse und andere Medien einwirken will. Zur Lektorenarbeit gehört, daß sich der Dramaturg einen Überblick über spielplanrelevante Stücke verschafft. Was das an Lektüre-Arbeit mit sich bringt, wird deutlich, wenn man weiß, daß jedes Jahr etwa sechzig neue deutsche Schauspiele und noch einmal ebensoviele Übersetzungen erscheinen. Die vorhandenen klassischen oder modernen Stücke darf der Dramaturg dabei ebensowenig vergessen wie Neuübersetzungen zum Beispiel eines Shakespeare-Dramas, dessen dramatische Inszenierung besonders interessant sein könnte. Außerdem gehen Theater in jüngster Zeit dazu über, von Autoren Stück-Konzepte entwickeln zu lassen beziehungsweise literarische Vorlagen zu Theaterstücken bearbeiten zu lassen. Den Kontakt zu den Autoren wird dann ebenfalls der Dramaturg halten. Lesen, Einschätzen, Vergleichen, Ideen aufgreifen und schließlich einen Spielplan-Entwurf zusammenstellen, so sieht also die Lektorenarbeit des Dramaturgen in vereinfachter Übersicht aus.

Dabei entscheidet der Dramaturg natürlich nicht nur nach eigenen Vorlieben. Er muß die programmatische Tradition eines Theaters, Publikumswünsche, die Struktur des Ensembles und dessen Besetzungsansprüche sowie natürlich die Ideen des/der Regisseur(e) bei der Stückauswahl für eine Spielzeit berücksichtigen. Die endgültige Entscheidung fällen dann Intendanz, Regisseure und Chefdramaturg.

Zur Öffentlichkeitsarbeit, die der Dramaturg zu leisten hat, kann eine Menge unterschiedlicher Aufgaben gehören; zum Beispiel die redaktionelle Gestaltung von Programmheften und Theaterzeitungen, spielplanbegleitende Veranstaltungen wie Dichterlesungen, Matineen und Publikumsdiskussionen, auch die Organisation von Werbekampagnen, neue Abonnenten und Besucher zu gewinnen, was sehr unterschiedliche Aktivitäten, vom Bühnenball über das Kinderfest bis zur Kostümversteigerung einschließen kann.

Wenn der Spielplan steht und die konzeptionellen Vorbereitungen für die einzelnen Inszenierungen beginnen, ist der Dramaturg für die Beschaffung von Literatur und anderen Materialien zum historischen Hintergrund eines Stücks zuständig, wenn Regisseur und Schauspieler dies brauchen.

Die beruflichen Anforderungen ergeben sich aus den genannten Tätigkeiten. Ein hohes Maß an geistiger Flexibilität steht dabei an erster Stelle. Interesse an der Kunstform »darstellende Kunst« ist ebenso Voraussetzung wie die theoretische Auseinandersetzung mit ihrer Geschichte, Theorie und Ästhetik. Der Dramaturg sollte wach und offen gegenüber politisch-sozialen Fragestellungen und Tendenzen der Bewußtseinsentwicklung in der Gesellschaft sein, in der er lebt.

Dazu kommen Kontaktfreudigkeit und Verhandlungsgeschick im Umgang mit Menschen. So ist zum Beispiel folgende Situation für seine Arbeit typisch:

Er hat einem Autor mit Zustimmung der Intendanz die Zusage für die Uraufführung eines Stückes erteilt. Doch die finanzielle Situation verschlechtert sich und ein ländlicher Besucherring wehrt sich publizistisch gegen das »modernistische Zeug« im Theater. Der Intendant fällt unter diesem Druck um. Der Dramaturg steht nun vor der Alternative, entweder den Chef davon zu überzeugen, gegen seine wirtschaftlichen Einsichten stark zu bleiben, oder die Diskussion mit dem Autor und dessen Verlag durchzustehen, was dann schlimmstenfalls vor einem Zivilgericht enden kann.

Ein in der Regel acht- bis zehnsemestriges Hochschulstudium hat die Mehrzahl aller Dramaturgen abgeschlossen. Literatur- und Theaterwissenschaften stehen dabei an erster Stelle. Romanistik und Anglistik sind ebenfalls gute Grundlagenfächer wegen der häufigen Übersetzungsvergleiche. Sie sollten ergänzt werden durch ein breites Spektrum von Nebenfächern wie Psychologie, Soziologie, Kunstgeschichte, Volkskunde, Publizistik und ähnliche. Für das Musiktheater ist die Musikwissenschaft als Hauptfach gut geeignet.

Das Studium erfordert an den meisten Universitäten die Wahl eines Haupt- und zweier Nebenfächer. Abgeschlossen wird es nach mindestens acht Semestern mit der Magisterprüfung, seltener direkt mit Promotion.

Wer allerdings nach abgeschlossenem Studium einfach so am Theater nach einer Dramaturgenstelle nachfragen würde, stieße sicher auf Unverständnis ob seiner Naivität. Gleichermaßen wichtig wie das Hochschulstudium sind persönliche Kontakte und praktische Erfahrungen im Theaterbetrieb selbst. Wenn die Möglichkeit besteht, sollte man seine Freizeit in Theatern verbringen: neben dem Studium als Statist, in den Semesterferien als Regie- oder Dramaturgie-Assistent. Auch unbezahlte Hospitanzen sind Möglichkeiten, Praxisluft zu schnuppern, ohne die ein Berufsstart nicht möglich ist! Und auch dann, wenn man selbst ein gehöriges Engagement an den Tag gelegt hat, gehört bei diesem Beruf genauso wie bei dem des Regisseurs das berühmte Quentchen Glück dazu.

Die Nachwuchssituation auf dem Arbeitsmarkt der Dramaturgen ist durch eine scharfe Konkurrenzsituation gekennzeichnet, wobei übrigens Frauen nicht weniger oder mehr Chancen haben als Männer. Die erschwerte Arbeitsmarktlage in allen anderen geisteswissenschaftlichen Berufen, zum Beispiel auch bei Lehrern, erhöht das Konkurrenzpotential für die insgesamt nur etwa 500 Dramaturgenstellen an deutschen Theatern.

Im Anstellungsvertrag, den der Dramaturg mit einer Bühne abschließt, werden wesentliche Bestimmungen wie Gage, Gastierurlaub, Zeitdauer der Anstellung ausgehandelt. In der Regel ist der Dramaturg, ebenso wie Schauspieler und Regisseur, nur für ein bis drei Jahre fest verpflichtet.

Literatur:
Steinbeck, D., *Einleitung in die Theorie und Systematik der Theaterwissenschaft*, Berlin 1970; Sydow, Annegret/Schlischefsky, Alexander, *Arbeitsfeld Theater*, Wilhelmshaven 1982.

Drechsler/-in (Elfenbeinschnitzer/-in)

Eine runde Sache ...

Das Hochzeitsgeschenk erregte allgemeine Aufmerksamkeit: ein achtzig Zentimeter großer Kerzenhalter aus elegant gemasertem Palisander-Holz. Glatt und absolut gleichmäßig geformt, beeindruckte er jeden Betrachter. Ein einmalig schönes und einzigartiges Geschenk — es kam aus einer Drechsler-Werkstatt.

Bevor sich der Drechsler an die Drehbank stellt, greift er erst einmal zum Bleistift. Die maßstabgetreue Zeichnung des jeweiligen Stücks ist der erste wichtige Arbeitsschritt. Anschließend wird das grob auf die späteren Maße zugeschnittene Stück Holz (der Rohling) fest in die von einem Elektromotor getriebene Drehbank eingespannt.

Mit verschiedenen Eisen arbeitet der Drechsler dann Grob- und Feinformen aus dem sich rasch drehenden Holzstück heraus. Neben sicherer Hand und gutem Auge erfordert diese Tätigkeit vor allem Konzentration! Formschwankungen sind nicht erlaubt, Fehler nicht auszugleichen! Sehr viel Übung ist erforderlich, bis alle Techniken beherrscht werden.

Die Arbeit an der Drehbank ist eine runde Sache. Bei allen Drehteilen gleich ist die im Querschnitt runde Form. Erreicht wird dies durch die Drehbewegung in der Waagerechten: sie ist die Voraussetzung für die gleichmäßige Fertigung aller gedrechselten Werkstücke. So entstehen Schalen, Leuchter, Möbelteile, Pfosten für Treppengeländer, Verzierungen, Schmuckstücke, Pfeifenteile, Einzelteile für Musikinstrumente, Kinderspielzeug und vieles andere. Für solche oft sehr anspruchsvollen Produkte muß der Drechsler sich mit den unterschiedlichen Holzarten, -qualitäten und deren Eigenschaften genauso auskennen wie mit den verschiedenen Bearbeitungsmethoden. Er muß im praktischen Umgang sicher und erfahren sein beim Schneiden und Zurichten an den Maschinen, beim Verleimen sowie bei der Oberflächenbehandlug (Schleifen, Polieren und Lackieren).

Die Möglichkeit, in diesem Beruf künstlerisch tätig zu sein und mitunter hochwertige Produkte herzustellen, läßt die auftretenden Belastungen vielleicht etwas erträglicher erscheinen: Der Drechsler braucht vor allem Stehvermögen, das heißt Füße und Beine müssen gesund, kräftig und belastbar sein. Auch sind Belästigungen durch Staub- und Spanentwicklung unvermeidlich. Die Herstellung von wirklich individuell entworfenen Einzelstücken ist jedoch nicht an der Tagesordnung. Groß-, Mittel- und Kleinserien prägen heutzutage den größten Teil der Produktion. Damit hat die technische Entwicklung auch vor diesem Handwerk mit all seiner Tradition nicht haltgemacht: Drehautomaten, die nach einer vorgegebenen Schablone automatisch die Werkstücke herausarbeiten, übernehmen immer mehr die Serienfertigung. Dies gilt vor allem für die Zulieferbetriebe der Möbelindustrie. Hier wird der ausgebildete Drechsler trotz seiner handwerklich-gestalterischen Fähigkeit als Maschinenbediener eingesetzt. Individueller und mit erheblich mehr Gestaltungsfreiheit, Kreativität und Formensinn wird in den Betrieben gearbeitet, die sich auf die Bearbeitung von Elfenbein, Horn, Bernstein und anderen selteneren Naturmaterialien spezialisiert haben.

Die dreijährige Ausbildungszeit läßt sich je nach vorher erreichter Schulbildung verkürzen. Bei recht guten Leistungen im Betrieb und in der Berufsschule kann eine vorzeitige Zulassung zur Gesellenprüfung bei der Handwerkskammer beantragt werden.

Ende 1982 waren im Bundesgebiet insgesamt nur 128 Nachwuchskräfte in Ausbildung, davon immerhin 24 weibliche Auszubildende. 86 Ausbildungsbetriebe wurden insgesamt gezählt.

Frühestens nach einer fünfjährigen Gesellenzeit und gegebenenfalls besuchten Vorbereitungskursen kann die Meisterprüfung abgelegt werden, die dazu berechtigt, sich als selbständiger Handwerksmeister eintragen zu lassen und selbst Lehrlinge auszubilden, sofern das 24. Lebensjahr vollendet ist. Nach der Handwerksordnung dürfen auch nur geprüfte Handwerksmeister eventuell dem Nebenbetrieb eines größeren Unternehmens fachlich vorstehen.

Auftragslage und Beschäftigungsmöglichkeiten sind regional und im Mehr-Jahres-Vergleich alles andere als einheitlich oder ausgeglichen. Allerdings läßt sich in gewissem Umfang gegenwärtig ein Trend zum Kunsthandwerk und auch eine Rückkehr zu den Naturmaterialien beobachten, was belebende Wirkungen für diesen Handwerkszweig mit sich bringt. Die Berufsberatung des Arbeitsamtes und die örtlich zuständige Kreishandwerkerschaft beziehungsweise die Handwerkskammer können Auskunft über Drechslerbetriebe in der Region geben. Grundsätzliche Anfragen zum Beruf wären zu richten an den Verband des Deutschen Drechslerhandwerks, Fürther Freiheit 6, 8510 Fürth.

Film-Designer/-in
Foto-Designer/-in

Werben mit Foto und Film

Teambesprechung in einer Werbeagentur. Zur Diskussion steht der Autrag einer Industriefirma, die Einführung eines neuen Produktes auf den Markt mit entsprechenden Kampagnen effektiv zu unterstützen. Noch sind Art der Verpackung und Strategie der Werbung nicht festgelegt. Nur der Termin des Starts und das kalkulierte Kostenvolumen sind bekannt.

Das Produkt ist ein Gebrauchsartikel, also soll mit Hilfe verschiedener Werbeträger dafür geworben werden: Fernsehwerbung, Plakat- und Anzeigenwerbung. Produkt-Designer haben dem Artikel eine ansprechende Form, Grafik-Designer zur Auswahl mehrere flotte Verpackungen gegeben.

Heute ist auch der Foto-Designer anwesend, denn seine Meinung ist gefragt, wenn es um die Abstimmung der gesamten Werbekampagne geht, da er hauptsächlich die Fernsehwerbung in die Hand nehmen, aber auch bei der Plakatwerbung mitwirken soll. Auch muß noch ein zügiger Slogan gefunden werden, der sprachlich ein verbindendes Glied darstellt und das Produkt einhämmert. Nach längerem Abwägen einigt man sich auf einen kurzen Satz: »Nicht wie bisher! . . . schafft mehr!«. Damit ist gleichzeitig das Konzept für die Werbung umrissen. Es sollen typische Situationen aus dem Alltag gezeigt werden, in denen man mit herkömmlichen Geräten Schwierigkeiten hat und wo durch das neue Produkt Abhilfe geschaffen werden soll.

Für den Foto-Designer heißt das, daß er nun auf die Suche nach solch typischen Situationen gehen muß, die er mit überschaubarem Aufwand fotografisch und filmisch festhalten kann und die sich eignen zur Demonstration des neuen Produkts. Natürlich tut er dies nicht allein. Kollegen unterschiedlicher Fachgebiete – von der Schminke über die Kamera bis zur Beleuchtung – und natürlich auch ein Firmenvertreter für das Produkt werden ihn begleiten. Was immer herauskommt, eins steht fest: von ihm werden eindrucksvolle Bilder zu einem festen Termin erwartet. Foto- und Film-Design gehört zusammen mit Grafik-Design in den Bereich der »Visuellen Kommunikation«. Während dem Grafik-Designer die allgemeine optische Gestaltung von Informationsträgern unterschiedlicher Art und Zielsetzung obliegt, fallen die speziell fotografischen und filmischen Gestaltungsaufgaben in das besondere Arbeitsgebiet des Foto-Designers. Auch seine Tätigkeit ist weitgehend fremdbestimmt. Das Was steht nicht zur Debatte, lediglich das Wie, hier allerdings hat er im Rahmen seiner technischen Möglichkeiten einigen Freiraum, den er auch künstlerisch-kreativ nutzen kann.

Für seine Vorbildung gelten die gleichen Voraussetzungen wie für den Grafik-Designer, allerdings wird bei allen praktischen Anforderungen erhöhter Wert auf fotografische und filmische Kenntnisse und Fertigkeiten gelegt. So sind bei der Prüfung seiner gestalterischen Begabung zur Aufnahme in die (Fach-)Hochschule auch Fotografien oder Filmbeiträge erwünscht. Mit den Augen einer Kamera sieht manches eben doch ganz anders aus, als es normalerweise wahrgenommen wird. Hinsichtlich der geforderten Praktika werden bei ihm Tätigkeiten oder Berufsabschlüsse in foto- und filmorientierten Bereichen gern gesehen. Seine technischen und fotochemischen Kenntnisse übersteigen bei weitem das Maß des ansonsten für Grafik-Designer geforderten Einblicks in diese Materie.

Foto-Design wird an Fachhochschulen, Gesamthochschulen, Hochschulen für bildende Künste und private Fachschulen angeboten. Allerdings sind die Angebote dieser Spezialrichtung zahlenmäßig geringer und an bestimmten Einrichtungen zentriert. Das zum Studium beim Grafik-Designer Ausgeführte kann mit entsprechender inhaltlicher Abwandlung auf den Bereich Foto und Film auch für den Foto-Designer gelten.

Fragt man nach den möglichen Arbeitsfeldern von Foto-Designern, so genügt ein Blick in unsere Medienwelt, um die inhaltliche Breite zu erschließen. Als wichtigste Gebiete seien genannt: Werbung, Öffentlichkeitsarbeit, Berichterstattung, Dokumentation, Lehrmittelerstellung, Illustration. Und in jedem Gebiet spannt sich der Bogen vom einfachen Alltagsgeschehen bis zur wissenschaftlichen Forschung, vom Einmaligen bis zum täglich Wiederkehrenden.

Foto- und Filmagenturen, Presse sowie Rundfunk- und Fernsehanstalten haben einen ständigen Bedarf an fest angestellten und freien Mitarbeitern dieser Ausbildung; wobei der Bedarf allerdings die zur Verfügung stehenden Etats meist weit übersteigt.

Aufstiegsmöglichkeiten eröffnen sich für erfolgreiche Berufsvertreter, die Einfühlungsvermögen in das Denken anderer Menschen, Anpassungsfähigkeit, aber auch Risikobereitschaft und Mut zu neuen Wegen neben all ihrer Fachkenntnis und Berufserfahrung mitbringen. Auch Übergangsmöglichkeiten in benachbarte Berufsfelder der Foto- und Filmbranche sind vorhanden. Frauen sind unterrepräsentiert.

Film- und Videolaborant/in

Aus Eins mach Vier

Endlich ist der neue Film über die Firma fertiggeworden. Die Geschäftsleitung fand ihn informativ und in der Gestaltung gut. Auch die ersten Besuchergruppen, denen er vorgeführt worden war, zeigten sich sehr beeindruckt. Jetzt sollte er in allen vier Zweigwerken eingesetzt werden. Dazu mußte er noch dreimal kopiert werden.

»Drei Kopien!« steht auch auf dem Arbeitsauftrag, den der Film- und Videolaborant in der Kopieranstalt zusammen mit dem Original vorfindet. Er beginnt seine Arbeit damit, daß er sich den Film zunächst einmal anschaut. Allerdings tut er dies ganz anders, als man gewöhnlich einen Film betrachtet. Er untersucht den Streifen auf bestimmte optische und technische Eigenschaften hin, die das Kopieren beeinträchtigen könnten. Hier muß er möglicherweise noch Korrekturen vornehmen, um gute Qualität sicherzustellen. Er kennt die technischen, optischen und fotochemischen Möglichkeiten seiner Geräte und Hilfsmittel und kann sie handhaben. Zwar arbeiten die Geräte weitgehend automatisch, aber vor dem Kopiervorgang muß er Beleuchtung, Geschwindigkeit und einzelne chemische Bäder genau bestimmen und sie dann während des Kopierens überwachen. Das ständige Warten der Geräte gehört ebenso zu seinen Aufgaben wie die Bearbeitung der Originale vor der Kopie. Dabei kann es sich gleicherweise um Negativ- und Positivmaterial, um Schwarz-Weiß- und Buntvorlagen, um Bild- und Tonaufzeichnungen handeln. Besonders das Reinigen der Originale erfordert höchste Sorgfalt. Gegenüber dem früheren Beruf des »Filmkopienfertigers« ist die Handhabung der elektronischen Geräte bei der Aufzeichnung und Wiedergabe von Bild und Ton hinzugekommen. Da das Tonträgermaterial unterschiedliche Formate und Produkte vielfältiger Firmen des In- und Auslandes umfaßt, muß er sich immer wieder auf andere Gegebenheiten und Techniken umstellen.

Der Beruf ist staatlich anerkannt und zentral in einer am 1. August 1983 in Kraft getretenen Ausbildungsverordnung geregelt.

Schulische Voraussetzung der Ausbildung ist in der Regel die mittlere Reife, wobei auf gute Noten in Mathematik, Physik und Chemie besonderer Wert gelegt wird. Hinzu kommen ein sicheres Sehvermögen, uneingeschränkte Farbtüchtigkeit und die Fähigkeit, auch kleinste optische und bisweilen sogar akustische Gegebenheiten wahrzunehmen und gedächtnismäßig zu speichern. Aber alle geistigen Fähigkeiten reichen nicht aus, wenn sie nicht ergänzt werden durch handwerklich-technisches Geschick und feinmechanische Fertigkeiten.

Sieht man einmal von der nur bisweilen vorkommenden Aufgabe ab, Filmtitel selbst zu gestalten und aufzunehmen, so ist der Beruf des Film- und Videolaboranten rein labortechnisch orientiert. Der Umgang mit Menschen beschränkt sich auf Kollegen und Vertreter; exakte Arbeit mit Geräten und Chemikalien rangiert vor Kreativität.

Die bereits genannten Aufgabenfelder lernt er unter den besonderen Gegebenheiten seines Ausbildungsbetriebes kennen. Nicht jeder Betrieb kann alle technischen Verfahren durchführen, dazu wäre der benötigte Apparatepark viel zu umfangreich. Der Film- und Videolaborant wird also an den vorhandenen Geräten Arbeitsmethoden erlernen, die er möglicherweise später einmal auf andere Einrichtungen übertragen können muß. Das hierzu erforderliche Fachwissen wird in der Berufsschule vermittelt. Ein Blick auf die Prüfungsgebiete der Abschlußprüfung mag den Umfang des hier Erwarteten verdeutlichen:

Praktische Prüfung: Abziehen von Aufnahmeoriginalen mit Überblendungen nach Schnittkopievorlagen, einfache Titelaufnahmen nach Vorlage am Tricktisch, Schwarz-weiß-Lichtbestimmung von Aufnahmematerial, Prüfen und Beurteilen eines Positivfilms mit mindestens zehn Fehlern, Vorbereiten und Kopieren bestimmten Aufnahmematerials, Vorbereiten und Überspielen eines Films auf Videoband mit Hilfe eines einjustierten Filmgebers.

Theoretische Prüfung:
Technologie: Arbeitsschutz und Unfallverhütung, Farbmetrik, Optik, Aufbau und Einsatz filmtechnischer Geräte, Tricktechnik, Sensitometrie, Fotochemie und Filmmaterial, Grundlagen der Elektronik, der elektronischen Bildtechnik und der Tontechnik, Regeneriertechnik und Befund, Qualitätskontrolle und Konfektionierung; Technische Mathematik: Volumen- und Mischungsrechnen, Berechnungen aus der Optik, von Filterwerten, aus der Sensitometrie, der Elektrizitätslehre, der Tontechnik und der elektronischen Bildtechnik und natürlich Kosten- und Verbrauchsberechnungen bezüglich Material, Geräten und Arbeitszeit.

Wirtschafts- und Sozialkunde: Kenntnis von politischen und wirtschaftlichen Institutionen und Abläufen im In- und Ausland, von zu beachtenden Rechtsvorschriften und sogenannten Tabus, das heißt von Spielregeln, die in keiner Vorschrift erwähnt werden und trotzdem von jedem Berufsvertreter eingehalten werden, der für sich den Anspruch der Seriosität erhebt. Denn der Film- und Videolaborant kommt natürlich auch mit Dokumenten und Informationen in Berührung, die Geheimhaltung oder höchste Diskretion verlangen. Nachlässigkeiten auf diesem Gebiet sind in der Regel beruflich tödlich.

Und dann folgt noch ein kleiner Satz in der Ausbildungsverordnung, der die Schwerpunktverteilung deutlich macht: »Innerhalb der Kenntnisprüfung hat das Prüfungsfach Technologie gegenüber jedem der übrigen Prüfungsfächer das doppelte Gewicht.« Als Einsatzbereiche kommen für den Film- und Videolaboranten naturgemäß in erster Linie die Kopieranstalten in Betracht. Diese können selbständig betrieben, aber auch bestimmten Firmen der Foto- und Filmindustrie, Filmgesellschaften, Rundfunk- und Fernsehanstalten und sogar politischen Einrichtungen zugeordnet oder angeschlossen sein. Da Film- und Videoprodukte häufig ein internationales Publikum erreichen sollen und eine reibungslose Zusammenarbeit auch mit Auftraggebern aus dem Ausland möglich sein muß, sind ausreichende Fremdsprachenkenntnisse, zumindest in (technischem) Englisch, unabdingbar.

Sicherlich hängen die Beschäftigungsaussichten auch von der per Prüfung ausgewiesenen fachlichen Qualifikation ab. Doch nicht nur darauf kommt es an, gefragt ist hier wie in allen technischen Berufen die Fähigkeit, erlerntes Wissen rationell, ökonomisch und persönlich verantwortlich einbringen zu können.

Nicht zufällig wird die Berufsausbildung »Film- und Videolaborant« als erwünschte Vorbildung einer Reihe von Berufen im Bereich der Medien gern gesehen, so bei Kameraleuten, Cuttern, Ton- und Bildtechnikern. Führt man sich vor Augen, wie umfangreich unser Leben zunehmend von der Medientechnik begleitet wird, so kann dem/der qualifizierten Berufsvertreter/in vorausgesagt werden, daß beruflich viele Türen offenstehen. Inwieweit er/sie sich den Zutritt erschließt, das dürfte auch hier neben der Fachkenntnis in nicht unerheblichem Maße abhängen von der beruflichen Beweglichkeit.

Florist/-in

Blumen, Blüten, Bäume . . .

»Weiße Rosen aus Athen«, »Tulpen aus Amsterdam« oder »blaublühender Enzian aus den Alpen«: Blumen wegen besungen und ihrer Anmut, Symbolkraft und Vergänglichkeit werden verehrt. Daß es nicht nur saisonbedingt grünt und blüht, daß auch in unseren Breiten exotische Pflanzen sprießen, dafür sorgt der Florist.

Für ihn beginnt der Tag in der Regel damit, daß er die frische Ware in Vasen arrangiert. Einheimische und aus fremden Ländern eingeführte Blumen müssen geputzt und beschnitten werden. Anschließend kommt die bunte Pracht ins Wasser – ins lauwarme wohlgemerkt, denn kalte Duschen vertragen Blumen nicht sehr gut. Topfblumen warten ebenso auf ihre notwendige Pflege. Noch bevor der erste Kunde durch die Ladentür tritt, müssen die Blumen gut sichtbar im Laden und im Schaufenster ausgestellt werden. Da der Florist auch aus dem Angebot im Fenster verkauft, wird die liebevoll ausgedachte Dekoration meist mehrfach am Tag verändert.

Der Florist ist ein Spezialberuf des Einzelhandels, der sich aus der Kunst des Blumenbindens entwickelt hat. Früher betrieben die Gärtnereien neben der Aufzucht auch den Handel mit Blumen und Pflanzen; später entwickelten sich immer mehr selbständige Blumengeschäfte.

Gelegenheit zum Blumenkauf bietet sich immer. Blumen gibt es zum Jubiläum, zur Kommunion oder zur Hochzeit; im Todesfall ebenso wie bei der Geburt. Hochsaison haben die Floristen beispielsweise vor den Totengedenktagen im Herbst, in der Adventszeit, zu Ostern, an Muttertag und zu Weihnachten. Überstunden bleiben dann nicht aus. Die Arbeit mit dem schönen, aber empfindlichen Material richtet sich nicht nach der Stechuhr. »Die Blumen können wir nach einem Acht-Stunden-Tag nicht einfach stehen lassen«, erzählt eine dazu befragte Geschäftsinhaberin. »Da hätten wir am nächsten Tag nur noch vertrocknetes Gras in den Auslagen«. Eine große Rolle im täglichen Aufgabenkreis spielt die Beratung der Kunden. Der Verwendungszweck beeinflußt die Auswahl der Ware. Blumengestecke müssen mit passenden Gefäßen aus Holz, Glas, Keramik, Porzellan oder Metall kombiniert werden.

Das wichtigste für den Floristen ist ein sicheres Gefühl für Form und Farbe. Er weiß, daß jede Blume ihren eigenen Raum beansprucht. Es gibt Blumen, die ausschwingen; sie kommen an den Rand. Helle Blüten werden in die Mitte gesteckt, nach außen hin wird der Strauß immer dunkler. »Wichtig ist auch«, erklärt die Floristin, »daß ich nicht feuchtigkeitsliebende Blumen mit solchen, die trocken stehen wollen, auf engstem Raum zusammenpflanze. Natürlich muß außerdem der Preis stimmen. Und nie darf man bei der Beratung die Geduld verlieren, auch nicht bei einem schwierigen Kunden.«

Über größere Entfernungen werden Blumenbestellungen durch internationale Organisationen (zum Beispiel Fleurop) durchgeführt. Entsprechende Aufträge müssen vom Floristen angenommen und vermittelt werden. Außerdem werden auch einfache kaufmännische Arbeiten wie Kalkulation, Führung des Kassenbuches und der Lagerkartei verlangt. Wichtigstes Handwerkzeug sind die eigenen Hände, auch wenn es schon einige Maschinen gibt (zum Beispiel eine Kranzbindemaschine, eine Maschine zum Bedrucken der Schleifen, eine Maschine, die Laub und Dornen von den Stielen der Schnittblumen entfernt). Kränze werde auf Strohrömer gebunden; es wird mit Draht und Nylonfaden, Schere, Bast, Schnüren, Holzplatten und Papier gearbeitet. »Geschickte Finger bekommt man mit der Zeit. Nur darf man sich nicht daran stören, daß sie meistens zerstochen oder vom Harz verklebt sind.«

Der Florist hält sich mit Rücksicht auf die Blumen meist in kühlen Räumen auf. Da fast alle Arbeiten im Stehen ausgeführt werden, dürfen keine Wirbelsäulenschäden, Krampfadern oder Bindegewebsschwächen vorliegen.

Um die botanischen Pflanzennamen behalten zu können, muß der Florist ein gutes Gedächtnis haben. Kontaktfähigkeit und gute, verständliche Ausdrucksweise sind angesichts des ständigen Umgangs mit Kunden äußerst wichtig.

Geeignet ist der Beruf für Mädchen und Jungen gleichermaßen, dennoch überwiegt der Anteil der weiblichen Floristen. Das Ausbildungsstellenangebot ist in der Regel geringer als die Bewerberzahl. Als schulische Voraussetzung erwarten die Betriebe mindestens einen guten Hauptschulabschluß, teilweise wird auch schon der mittlere Bildungsabschluß verlangt.

Die Ausbildungszeit, die auch den Besuch der Berufsschule einschließt, dauert drei Jahre. Danach wird die Abschlußprüfung vor dem Prüfungsausschuß der zuständigen Industrie- und Handelskammer abgelegt.

Der Florist kann später Fortbildungskurse besuchen, die ihm für verschiedene Arbeitsgebiete (zum Beispiel Blumenbinder, Kranzbinder, Hydrokultur-Florist) Spezialkenntnisse vermitteln. Nach mehrjähriger Berufspraxis kann die Meisterprüfung abgelegt werden. Der Florist kann sich selbständig machen oder auch in größeren Betrieben zum Filial- und Geschäftsleiter aufsteigen.

Nur bei ständiger Weiterbildung und Bereitschaft zum Wohnortwechsel können die Beschäftigungsaussichten als günstig bezeichnet werden.

Die Arbeitszeit richtet sich nach den üblichen Geschäftszeiten. Manche Betriebe haben jedoch auch an Sonn- und Feiertagen einige Stunden geöffnet.

Florist/-in, staatlich geprüfte(r)

Exkursion ins Hochmoor

Eine Gruppe von zwanzig Personen wartet auf den Bus, um eine Exkursion ins nächstgelegene Hochmoor zu unternehmen. Das Wetter ist günstig: es ist Juni, der Tag verspricht sonnig und klar zu werden.

Dieses etwas ungewöhnliche Ausflugsziel hat einen durchaus ernsthaften Anlaß. Das Vegetationsgebiet soll besichtigt werden, um die Entwicklung der entsprechenden Pflanzen »in natura« kennenzulernen.

Die Teilnehmer der Fahrt verbinden damit berufliches Interesse, denn sie alle besuchen seit einiger Zeit die Fachschule für staatlich geprüfte Floristen.

Das Ziel dieser weiterbildenden Schule besteht darin, binnen zwei Jahren ihre Absolventen dazu zu qualifizieren, daß sie im Floristenbetrieb eine leitende Position einnehmen oder selbständig einen

Spezialbereich – wie zum Beispiel die Dekoration – führen können und auch zur Ausbildung junger Floristen fähig sind.

Im Vergleich zur Ausbildung zum Floristenmeister, die bisher ein Jahr dauerte, werden an der Fachschule ein ausgeprägterer Theorieanteil (zwei Drittel), aber auch ausführliche praktische Übungen (ein Drittel) gelehrt und vollzogen.

Um die Fachschule besuchen zu können, sind verschiedene Voraussetzungen zu erfüllen:

1. der Hauptschulabschluß (Tendenz zum mittleren Bildungsabschluß);
2. der Berufsabschluß als Florist/-in und eine zweijährige Berufserfahrung (drei Jahre, um die Förderungsvoraussetzungen zu erfüllen);
3. das Bestehen der Aufnahmeprüfung (die sich nach den Anforderungen der Gehilfenprüfung richtet).

In Ausnahmefällen entscheidet die Regierung von Oberbayern über die Aufnahme.

Die genannten Voraussetzungen sollen ein erforderliches Mindestniveau garantieren. Hinzugefügt werden muß, daß momentan die Zahl der Bewerber größer ist als die Zahl der angebotenen, freien Plätze pro Jahr (im Durchschnitt rund 40–45 Anmeldungen für 20 Plätze). Abgesehen von den formalen Voraussetzungen sowie einer positiven beruflichen Laufbahn sollte der zukünftige staatlich geprüfte Florist insbesondere künstlerisch – gestalterisches Geschick, eigene Ideen und Interesse an Biologie mitbringen.

Die Unterrichtsfächer mögen ein genaueres Bild über den Fortbildungsweg geben:

Pflanzenkunde, Gestaltungslehre, (zum Beispiel Symmetrie, Proportionen, Akzentbildung), Farbenlehre, Architektur-, Raum- und Gartenkunst, Zeichnen und Entwerfen, Naturstudien, Werkübungen wie blumenbinderische Werkstücke der Verkaufsbinderei, Betriebswirtschaftslehre, Rechnungswesen, Wirtschafts- und Sozialkunde, Werken, Deutsch, Berufs- und Arbeitspädagogik.

Durch das letzte Fach wird bei Bestehen der schulinternen Prüfung und nach Entrichtung einer Gebühr an die Industrie- und Handelskammer die Ausbildereignung zuerkannt.

Falls die mittlere Reife gleichzeitig nachgeholt werden soll, können außer Deutsch noch die Fächer Englisch und Mathematik belegt werden.

Zusammenfassend kann gesagt werden, daß der Schulbesuch nicht nur eine vertiefte künstlerisch-gestalterische Ausbildung vermittelt, sondern daß auch botanisches Wissen wie kaufmännische Kenntnisse eine große Rolle spielen.

Bei der Abschlußprüfung, der die Maßstäbe der Technikerprüfung zugrunde gelegt sind, wird schriftlich und mündlich in vier Fächern — zum Beispiel einem kaufmännischen, pflanzenkundlichen, zeichnerischen und gestalterischen Fach — geprüft. Vierzehn Tage vor der Prüfung werden diese Fächer dem Schüler bekannt gegeben.

Die Prüfung erfolgt vor dem entsprechenden Referat der Regierung von Oberbayern, die dazu vom Kultusministerium beauftragt wurde.

Der Schulbesuch ist kostenlos, allerdings sind derzeit DM 1200,— im Jahr für Exkursionen und Lehrmittel aufzubringen.

Achtzig Prozent aller Absolventen gehen wieder in Floristenbetriebe zurück; andere streben durch weitere, zusätzliche Qualifikationen wie die Tätigkeit eines Berufsschullehrers an.

Zur Zeit gibt es im Bundesgebiet nur eine Fachschule für staatlich geprüfte Floristen, unter deren Adresse weitere Informationen erfragt werden können: Staatliche Fachschule für Blumenkunst, Lange Point, 8050 Freising.

Fotograf/-in

»Bitte recht freundlich«

Jeder kennt die Bitte des Fotografen, beispielsweise an eine Hochzeitsgesellschaft, die sich gerade zum unvermeidlichen Gruppenfoto versammelt hat. Im Alltag eines Fotografen bilden solche Aufnahmen jedoch nur einen kleinen Ausschnitt.

Ob die neue Industrieanlage für die firmeneigene Mitarbeiterzeitung dokumentarisch im Bild festgehalten werden soll, die neue Frühjahrsmode für den Kaufhauskonzern bundesweit in Katalogen, Zeitschriften und Plakaten werbewirksam zu präsentieren ist oder spannende Sportwettkämpfe in aktuellen Bildern zu dokumentieren sind, immer ist der Fotograf mit seinem Blick für das Interessante und Wesentliche gefragt; immer geht es darum, für den Betrachter etwas ins rechte Licht beziehungsweise Bild zu rücken!

Nicht vergleichen kann man die Aufnahmen eines Hobbyfotografen mit den Ergebnissen professioneller Fotografie. Ob auf der Baustelle, im Theater oder bei großen Pferderennen, immer darf man vom Fotografen eine perfekte Bildleistung erwarten. Diese ist um so höher einzuschätzen, als sie häufig unter Zeitdruck erbracht werden muß.

Fotografieren heißt Gestalten. Jedem »Klick« geht die Überlegung voraus: Was will ich zeigen? Was will ich in den Vordergrund stellen? – die Bildidee also. Aus der Vorstellung des fertigen Bildes müssen Folgerungen hinsichtlich angemessener Beleuchtung (auf den Punkt konzentriertes Scheinwerferlicht oder weichere Flächenausleuchtung), Vorder- und Hintergrund, Belichtungszeiten und so weiter gezogen werden. Dann folgt die Auswahl von Aufnahmematerial, -verfahren und -gerät. Im Bereich der Porträtfotografie wird – vor allem für Paßaufnahmen in letzter Zeit häufig das Sofortbildverfahren eingesetzt.

Auch bei Sach- und Werbeaufnahmen kann dieses Verfahren sinnvoll sein, wenn eine unmittelbare Beurteilung des Arbeitsergebnisses erforderlich ist. Weiterhin werden Kleinbild-, Mittelformat- und Großbildkameras je nach Anforderung verwandt. Beleuchtungseffekte jeder Art sind durch moderne Blitzgeräte möglich.

Die Reproduktion von Bildern, wie von Gemälden, Zeichnungen, stellen ein weiteres Aufgabengebiet des Fotografen dar. Technik und Wissenschaft, auch die Medizin benötigen oft Fotografien als dokumentarische Hilfe. Die Video-Technik ist wohl das jüngste Kind der Fotografie und zeigt, wie neuere Entwicklungen einen Beruf beeinflussen können.

Nun ist die Arbeit des Fotografen, wenn die Aufnahmen »im Kasten« sind, noch längst nicht erledigt. Die Filme müssen entwickelt werden. Dann stellt sich heraus, ob präzise und den Wünschen des Kunden entsprechend gearbeitet wurde. Je nach verlangter Qualität beziehungsweise Auftrag wird der Film weiterverarbeitet, zum Beispiel retuschiert, kopiert und vergrößert.

Vielfältig sind Aufgaben und Tätigkeiten des Fotografen, entsprechend breit auch die Anforderungen an Fachwissen, Interesse und persönliches Verhalten.

So ist Geduld und freundliche Zuwendung auch dann noch erforderlich, wenn der kleine Markus selbst beim siebten Versuch Oma nicht anlächeln will. Geduld, gepaart mit einem Schuß Gelassenheit und Einfühlungsvermögen, ist ebenfalls gefragt, wenn der Kunde die Werbeaufnahmen gerne schon vorgestern gehabt hätte.

Sportaufnahmen und sonstige Schnappschüsse erfordern neben blitzschnellem Erkennen der Situation auch reaktionsschnelles Auslösen im richtigen Moment. Einwandfreies Farbsehen und ein Gefühl für die Wirkung von Farben sind weitere wichtige Eignungsgesichtspunkte. Bei seiner Tätigkeit geht der Fotograf ständig mit technischem Gerät um, was in diesem Bereich detaillierte Fachkenntnisse erfordert. Auch Optik und Chemie sollten zu seinen besonderen Interessen gehören.

Das Transportieren von Aufnahmegeräten (zum Beispiel zum Sportstadion), nicht selten Nachtarbeit, auch Streßsituationen, setzen eine gewisse körperliche Belastbarkeit voraus.

Entscheidend sind für den Fotografen der ausgeprägte Sinn für bildmäßiges Gestalten, Phantasie und die Fähigkeit, sich in die Eigenart des Objekts eindenken, es begreifen zu können, und danach die Entscheidung über die Aufnahmeart zu treffen. Neben diesen wichtigen gestalterischen Fähigkeiten muß die Technik beherrscht werden; immer sind aber auch kaufmännische Gesichtspunkte zu berücksichtigen. Vereinfacht könnte man sagen, der Fotograf ist Künstler, Techniker und Kaufmann in einer Person.

Die Ausbildung im Fotografen-Handwerk dauert drei Jahre. In den meisten Bundesländern findet eine sogenannte Blockbeschulung statt (zusammenhängender Unterricht von mehreren Wochen in überregionalen Berufsschulen).

Die wichtigsten Inhalte der Ausbildung sind:
— Kenntnisse des Ausbildungsbetriebes und des Wirtschaftsbereiches Fotografie; Arbeitsschutz; Unfallverhütung;
— Einsatz, Pflege und Instandhaltung von Maschinen und Arbeitsgerät sowie Ansetzen fotochemischer Bäder und Lösungen;
— Handhabung lichtempfindlicher Materialien, Entwickeln, Kopieren und Vergrößern in Schwarzweiß und Farbe, sowie Korrigieren von Negativen und Positiven;
— Anwendung der Beleuchtungs- und Filtertechnik, Reproduktionen in Schwarzweiß und Farbe, Anwendung fotografischer Aufnahmetechniken, Gestalten von Bild und Objekt sowie Fotografieren in Schwarzweiß und Farbe im Studio und außerhalb.

Die Ausbildung zum Fotografen kann in den Schwerpunkten
A — Fotografie
  (zum Beispiel in Studios für Porträt-, Werbe- oder Industriefotografie) oder
B — Fotolabortechnik
  (zum Beispiel in Fachlabors oder Ateliers mit Fachlabors)
vertraglich vereinbart werden. Im Schwerpunkt A stehen neben der Technik besonders Gestaltung

und Ideenentwicklung im Vordergrund, bei B besonders labortechnische Feinarbeit.

Entsprechend dem gewählten Schwerpunkt erfolgt im letzten Halbjahr eine spezialisierte Ausbildung und danach die Gesellenprüfung.

Neben der Ausbildung im dualen System (Betrieb und Berufsschule) gibt es in Berlin und München Schulen, die zu einem anerkannten Abschluß führen. An diesen herrscht jedoch starker Andrang. Auch fallen Schulgeld und Materialkosten an.

Fotograf/-in ist ein noch relativ junger Beruf, dessen Entwicklung sicher noch nicht abgeschlossen ist. Neue Verfahren erfordern ständige Anpassung. Als Beispiele mögen hier die Sofortbildfotografie und die elektromagnetische Bildaufzeichnung auf Band und Bildplatte dienen. Ein Traumberuf ist die Fotografie wohl nur in den illusionären Vorstellungen mancher Außenstehender. Besonders die frühzeitige Festlegung auf eine bestimmte Richtung, zum Beispiel Modefotografie, ist wenig realistisch. Immer im Blick behalten sollte man die Vielfalt der Tätigkeiten und Anforderungen. Wer sich ausschließlich »als Künstler verwirklichen« möchte, dürfte in diesem Beruf wahrscheinlich kaum klarkommen. Sichere Beherrschung der technischen und chemischen Verfahren, Aktivität und Initiative sowie kaufmännisches Gespür spielen eine nicht zu unterschätzende Rolle und sind in erheblichem Umfange maßgebend für den Berufserfolg. Nach mehrjähriger Praxis kann der Fotograf die Meisterprüfung ablegen und sich gegebenenfalls selbständig machen. Zur Vorbereitung werden Lehrgänge angeboten. Ebenfalls kann eine Fortbildung zum Techniker erfolgen.

Mit der Fachhochschulreife ist an Fachhochschulen ein Studium in den Bereichen Fotodesign und Fotoingenieurwesen möglich.

Friseur/-in

Beichtvater mit Stehvermögen

Die alte Dame ist sechsundsiebzig und hat sich in den Kopf gesetzt, wie Marilyn Monroe auszusehen. Die Friseurin fährt alle Geschütze ihrer Geduld auf, um ihr zu zeigen, daß Strohblond bestimmt nicht die passende Haarfarbe für sie ist. Sie schlägt vor, die Haare silber-weiß zu tönen und eine flotte, pflegeleichte Fönfrisur zu schneiden. Die Kundin läßt sich überzeugen und verläßt schließlich dankbar und gutgelaunt den Friseursalon mit der Gewißheit, gut beraten worden zu sein.

Friseur/-in

Beratung steht in der Arbeit mit dem Kunden an erster Stelle. Gemeinsam gilt es Form, Farbe und Schnitt der Haare zu überlegen, ebenso Fragen der Kopf- und Gesichtshaut, Behandlung, Nägelpflege und so weiter. Ist der Kunde mit den Vorschlägen zufrieden, beginnt die eigentliche Arbeit. Waschen, Schneiden, Frisieren und Färben der Haare gehören ebenso zu den täglichen Aufgaben wie die Bartpflege des stärkeren Geschlechts. Oft muß auch ein Haarersatzteil angepaßt werden.

Die handwerkliche Ausbildung dauert drei Jahre. Ein bestimmter Bildungsabschluß ist nicht vorgeschrieben, oft wird jedoch ein Hauptschulabschluß gefordert. Ausbildungsorte sind neben dem jeweiligen Friseurbetrieb die Berufsschule (Unterricht an einem oder zwei Tagen in der Woche beziehungsweise Blockunterricht) und in der Regel einige Wochen im Jahr die überbetriebliche Lehrwerkstatt. Während der Ausbildung werden Zwischenprüfungen abgelegt und zwar je eine nach dem ersten und dem zweiten Ausbildungsjahr. Die abschließende Gesellenprüfung besteht aus einem mündlichen, einem schriftlichen und einem praktischen Teil. Inhalte der Ausbildung sind:

1. Kenntnis der gebräuchlichen Werkzeuge, Geräte und Maschinen sowie deren Pflege; Ordnung und Sauberkeit am Arbeitsplatz sowie Arbeitsschutz und Unfallverhütung
2. Umgang mit Kunden, Kundenberatung und Verkaufstechnik
3. Kenntnis der kosmetischen Haut-, Haar- und Nagelbehandlung sowie Pflege der Kopf- und Gesichtshaut, Zusammensetzung und Wirkung anzuwendender Präparate und Chemikalien
4. Verfahren und Techniken der Haarreinigung, Pflege der Kopfhaut, des Haarschneidens, Rasierens und der Bartformung, Frisieren, Dauerwellen legen
5. Anfertigung, Pflege und Instandsetzung von Perücken und Toupets
6. Farben- und Formenlehre sowie Stilkunde (spielen eine Rolle bei der farbverändernden Haarbehandlung, der Frisurengestaltung und der dekorativen Kosmetik).

Trotz der Einführung neuer Maschinen und Techniken ist der Friseurberuf ein Handwerk, das wohl kaum der Automatisierung zum Opfer fallen wird. Denn es gibt nur wenige Berufe, bei denen es so sehr darauf ankommt, mit einem Blick das Individuelle des Kunden zu erkennen und seine persönliche Note zu unterstreichen. Auch das notwendige Einfühlungsvermögen wird ein Computer nicht bieten können. Geduld muß man als Friseur aufbringen, wenn der Kunde über Eheprobleme, Kindersorgen oder Liebeskummer klagt: Nicht selten wird der Friseur zum Beichtvater seiner Kunden. Verschwiegenheit ist dabei selbstverständlich.

Einiges sollte man jedoch beachten, bevor man sich zu diesem Beruf entschließt. Wegen der Verwendung von Chemikalien (Färbemittel, Haarfestiger, Sprays) sind Hautallergien mit dem Beruf unvereinbar. Auch gesunde Atmungsorgane sind wichtig. Das Arbeiten mit erhobenen Armen kann zu Verspannungen im Bereich der Schultern und des Rückens führen. Auch verlangt der Friseurberuf gesunde Füße, auf Stöckelschuhe wird man schnell verzichten. Ein Beruf mit Stehvermögen, sozusagen.

In den meisten Friseurgeschäften wird auch samstags gearbeitet, dafür ist aber dann der Montag frei. Und last not least: Reich wird man in diesem Beruf allenfalls als Eigner eines Betriebes. Die tariflich vereinbarten Vergütungen für Auszubildende und Angestellte sind relativ niedrig.

Nach der Ausbildung ist eine Spezialisierung möglich oder eine Weiterbildung zum Maskenbildner oder Theaterfriseur. Ein beruflicher Aufstieg wird mit der Meisterprüfung erreicht. Danach ist eine Anstellung als Meister (zum Beispiel im Friseursalon eines Kaufhauses, eines Hotels oder Sanatoriums) oder auch die Gründung eines eigenen Betriebes möglich.

Eine Berufspause ist angesichts häufiger Modeänderungen und wechselnder Schnitt- und Behandlungsverfahren problematisch, eher ist Teilzeitarbeit möglich. In wirtschaftlich schwierigen Zeiten ist der Beruf des Friseurs wenig krisenanfällig. Denn es liegt ja in der Natur des Menschen, möglichst vorteilhaft und gepflegt aussehen zu wollen. Persönliche und berufliche Erfolge können davon abhängen.

Gestaltungstechniker/-in

Schön — brauchbar — kostengünstig

Zur bevorstehenden Haushaltsmesse möchte die Besteckfabrik ein neues, formschönes Salat-Besteck auf den Markt bringen. Der entsprechende Auftrag beschäftigt den Gestaltungstechniker bereits seit ein paar Wochen. Skizzen über Skizzen hat er schon gefertigt und ebenso schnell — aus ganz unterschiedlichen Gründen

– verworfen. Entweder paßte die Form nicht oder das Besteck wurde als nicht handlich genug eingeschätzt oder die Produktionskosten lagen zu hoch.

Auch die Entwürfe, die der Gestaltungstechniker selbst für wirklich überzeugend hielt, lösten bei der Geschäftsleitung den Einwand aus, die Kundschaft würde solch modernes Styling niemals annehmen . . .

Aufgabe von Gestaltungstechnikern ist es, Gegenstände und Geräte so zu gestalten, daß Funktionstüchtigkeit mit ansprechender äußerer Form verbunden ist und wirtschaftlich gefertigt werden kann. Gestaltungstechniker entwerfen, planen und entwickeln industrielle und handwerkliche Erzeugnisse bis zur Serienreife: Telefone, Haartrockner, Rasierapparate, Kaffeemaschinen, Käsehobel, Zuckerzangen, Staubsauger und so weiter. Außerdem erarbeiten Gestaltungstechniker Werbemittel, -konzeptionen und -symbole.

Die genannten unterschiedlichen Arbeitsschwerpunkte lassen sich auf der Grundlage verschiedener Ausbildungsberufe erreichen, denen die Bildungsinhalte der speziellen Technikerschulen schwerpunktmäßig angepaßt sind. Für den Schwerpunkt Farbe, Raum, Werbung gilt als Zugangsvoraussetzung eine abgeschlossene Ausbildung in den Berufen Maler und Lackierer, Schauwerbegestalter, Schilder- und Lichtreklamehersteller, Vergolder, Raumausstatter oder Kerammaler. Für das Berufsfeld Metallgestaltung wird eine abgeschlossene Berufsausbildung in den Berufen Graveur, Gold- oder Silberschmied, Gürtler und Metalldrücker, Formen- oder Modellbauer vorausgesetzt. Im Schwerpunkt Farbe besteht die Möglichkeit, auch ohne Gesellenbrief nach mindestens fünfjähriger Berufspraxis im Berufsfeld Farbe ausnahmsweise (über die zuständige Schulbehörde) zugelassen zu werden. Grundsätzlich werden aber mindestens drei Jahre Praxiserfahrung verlangt, um an dem aufwendigen praktischen und theoretischen Unterrichtsangebot mit Erfolg teilnehmen zu können. Der Unterricht an den verschiedenen Fachschulen in Lahr/Schwarzwald, Osnabrück, Solingen und Stuttgart dauert zwei Jahre. Er findet ausschließlich in Vollzeitform statt und kostet mindestens DM 2000,– an Gebühren, zusätzlich fallen noch Kosten für Lernmittel (etwa DM 600,– pro Halbjahr) an. Über die Möglichkeiten einer finanziellen Förderung auf der Grundlage des Arbeitsförderungsgesetzes sollte man sich im Arbeitsamt von einem Arbeitsberater informieren lassen. Die genannten Fachschulen bieten teilweise auch die Gelegenheit, sich nebenher auf eine Ergänzungsprüfung vorzubereiten, die der Erlangung der Fachschul- beziehungsweise Fachhochschulreife dient. Damit eröffnet sich der Weg zu einem Ingenieur-Studium oder Design-Studium an einer Fachhochschule.

Glastechniker/-in

Zerbrechliches — in jeder Form

Wohl mancher hat sich vielleicht schon einmal darüber Gedanken gemacht, was sich hinter dem Etikett »Handgearbeitet« auf einem — bisweilen kunstvoll gestalteten — Glasgegenstand an handwerklicher Leistung verbergen mag. Tatsächlich ist die Entstehung etwa einer Glaskaraffe aus einem glühenden, zähflüssigen Tropfen Glasmasse ein faszinierender Prozeß. Dabei entscheidet die Zusammensetzung dieser Glasmasse über Qualität und Reinheit der späteren Produkte. Diese jeweils sehr genau berechnete Zusammensetzung ist denn auch oft streng gehütetes Betriebsgeheimnis. In Kürze skizziert, vollzieht sich der Entstehungsprozeß einer Glaskaraffe dann so:

An einem langen Rohr hängend, werden aus der glühenden Rohmasse die Glasgefäße (mit dem Mund) in Holzformen geblasen. Nach vielen Bearbeitungsstufen erhält die Karaffe ihren Schliff, der sie besonders wertvoll macht (Flächenschliff, Olivenschliff und so weiter).

Auf allen Herstellungsstufen, von der Glasschmelze bis zur Glasveredelung, trägt der Glastechniker fachliche Verantwortung.

Sein Aufgabenbereich umfaßt demnach:
- Einkauf und Lagerung von Rohstoffen und Kontrolle ihrer Qualität;
- Leitung der gesamten Herstellung des Gemenges, das heißt der richtigen Mischung der Rohstoffe;
- Überwachung des Schmelzprozesses und der technischen Anlagen;
- Formenentwurf sowie Überwachung des Formenbaus (unter anderem gedrechselte Holzformen);
- Leitung der Formengebung;
- zeitliche und mengenmäßige Steuerung der Nachbearbeitung (Absprengen, Abschleifen, Waschen, Polieren, Schneiden, Sägen, Beschichten und so weiter);
- Überwachung der Veredelungsvorgänge wie Sandstrah-

len, Schleifen, Gravieren, Ätzen, Malen, Vergolden;
- Kontrolle der Qualität der fertigen Glasprodukte;
- Überwachung des Versands.

In einem handwerklich geprägten (kleineren) Betrieb bietet sich zwangsläufig mehr Gelegenheit zur gestalterischen Betätigung. Dank seines umfassenden Überblicks über den gesamten Herstellungsprozeß kann der Glastechniker die jeweiligen Wirkungen der verschiedenen Bearbeitungsverfahren genau aufeinander abstimmen. Farbe, Form, und Veredelungsverfahren bestimmen letztendlich gemeinsam über Ausdruck und Schönheit des Produkts.

Die Aufgaben des Glastechnikers in einem industriellen Großbetrieb mit Massen-Glasproduktion (zum Beispiel: Bierflaschen, Marmeladengläser, Autoscheiben, hitzebeständiges Glasgeschirr, Pressgläser) beziehen sich dagegen stärker auf die Überwachung der Produktion: Planung, Steuerung, Kontrolle der Produktion, jeweils orientiert an vorher festgelegten Vorgabewerten.

In beiden Bereichen (Handwerk und Industrie) hat der Glastechniker für rationellen Umgang mit Rohstoffen und Energie zu sorgen, für optimalen Personaleinsatz, für die Einhaltung der Qualitätsanforderungen, Minimierung von Ausschuß sowie für kostenbewußte Fertigung und auch tatsächlich kostendeckende Kalkulationen.

Die Fortbildung zum Glastechniker setzt eine einschlägige Berufsausbildung (Glaser, Glaswerker, Maschinenglasmacher, Hohlglasfeinschleifer, Glasmaler, Glasätzer, Glasgraveur) sowie ein-, zwei- oder dreijährige Berufserfahrung voraus, je nach Lehrgangsstätte und Schwerpunkt: Glashüttentechnik in Zwiesel; Glasbau, -veredelung und Glasinstrumentenbau in Hadamar/Hessen; Glasveredelung in Rheinbach (bei Bonn).

In Zwiesel und Hadamar besteht die Möglichkeit, durch Zusatzunterricht und eine zusätzliche Prüfung die Fachschulreife (= mittlerer Bildungsabschluß) zu erwerben und damit die Voraussetzung für den Erwerb der Fachhochschulreife, die wiederum zu einem Studium an Fachhochschulen oder Kunsthochschulen berechtigt.

Glas hat Konjunktur — sowohl im Blick auf seine vielseitige Verwendbarkeit als variationsfähiger Werkstoff, als auch ob seiner künstlerischen Gestaltungsfähigkeit. Glastechniker, die für beide Bereiche Verständnis und Einsatz zeigen können, dürften kaum Anlaß zur Sorge um einen angemessenen Arbeitsplatz haben. Allerdings sind die beruflichen Möglichkeiten regional beschränkt.

Goldschmied/-in

Es ist nicht alles Gold, was glänzt

Der Schreck fuhr der jungen Frau durch alle Glieder. Ihr Trauring war nicht mehr da. Beim Hantieren im kalten Wasser war er ihr vom Finger gerutscht. Zwar fand sie ihn schnell wieder, entschloß sich aber daraufhin, am nächsten Tag endlich einen Goldschmied aufzusuchen, der den Ring enger machen sollte. Nicht noch einmal wollte sie solch einen Verlust riskieren. Ganz individuell hatten sie seinerzeit die Eheringe vom Goldschmied in Handarbeit anfertigen lassen. Die Schmuckwarenindustrie bot zwar auch eine Fülle von Trauringmodellen an, aber sie hatten in diesem Fall ganz bewußt die persönliche Handarbeit vorgezogen, auch wenn es sich dabei um schlichte Ringe handelte.

Handwerkliches Können und gestalterische Fähigkeit prägen denn auch im wesentlichen die Goldschmiedearbeit. Der Goldschmied stellt als Einzelstück Ring, Brosche, Armband, Ohrring, Manschettenknopf und anderes aus dem vorgegebenen Rohmaterial bis zum fertigen Stück selbst her. Der Werkstattleiter, meist ein Goldschmiedemeister, übergibt ihm eine Entwurfszeichnung und teilt ihm die erforderliche Goldmenge zu. Gold ist teuer, auch in Form von Spänen, Feilung oder anderen Resten. Nach jeder Fertigstellung muß deshalb über das verwendete Gold wieder abgerechnet werden. Ein geringer Verlust wird dabei einkalkuliert.

Alle Goldschmiede in einer Werkstatt, auch Meister und Lehrlinge, sitzen zumeist im Halbkreis um einen Tisch, Werkbrett genannt. Dieses Werkbrett steht wegen des günstigeren Lichts zumeist am Fenster. Jeder Arbeitsplatz hat eine Einbuchtung in der Tischplatte und darunter ist eine Art Schürze befestigt, um alles aufzufangen, was bei der Bearbeitung der Edelmetalle abfällt. Das Handwerkszeug liegt griffbereit in bestimmter Anordnung am Arbeitsplatz. Säge, Zangen, Feilen, Hammer, Lötrohr und auch ein Stück Holzkohle als Lötunterlage. Der Goldschmied kommt mit relativ wenig Maschinen aus. Eine Bohrmaschine mit biegsamer Welle hängt für alle erreichbar meist über dem Werkbrett. Ein Poliermotor, um den Schmuckstücken den letzten Schliff und den erforderlichen Glanz zu geben, ist auf einem Wandbrett befestigt, und eine Walze, die mit einer Handkurbel bedient wird, steht in der Mitte der Werkstatt. Ein Schmelzofen mit Gebläse steht in einem Nebenraum. Gold, Silber und Platin wird zumeist in Form von Blech oder Draht und in den gewünschten Farbtönungen von einer Schneideanstalt bezogen. Jedes Einzelteil, das später zu einem Schmuckstück zusammengesetzt und verlötet wird, wird von Hand gefertigt. Ein Blättchen oder eine Blüte wird ausgesägt, der Rand fein säuberlich verfeilt und mit Hilfe von Punzen auf entsprechender Unterlage dann in eine plastische Form gebracht. Draht wird dünner gezogen, weich geglüht und mit einer Zange zu Spiralen, Ösen, Schnörkeln und anderen Formen gebogen. Ein längliches vierkantiges Stück Gold wird gebogen, an beiden Enden zusammengelötet und dann auf einem konisch verlaufenden Rundeisen zu einer kreisrunden Ringschiene geschmiedet und auf die richtige Größe gebracht. Es werden Schlösser für Ketten, Scharniere für Armbänder und Clips für Ohrringe gefertigt. Jedes einzelne Teilstück, und sei es noch so klein, wird in Handarbeit hergestellt. Aber auch alte Stücke werden wieder aufgearbeitet, zerbrochener Schmuck repariert und manches wird auch umgearbeitet.

Gearbeitet wird nach vorgegebenen Modellen, nach eigenen Entwürfen beziehungsweise den Wünschen des Kunden.
Ein Goldschmied muß alle Edelmetalle und ihre Eigenschaften kennen. Er muß für den Schmelzvorgang Feingehalt und Legierungsanteile selbst bestimmen können. Er muß Schmuck und Edelsteine beurteilen und sie nach ihrer chemischen Zusammensetzung bestimmen und er muß echte von synthetischen Steinen oder auch von anderen Imitationen unterscheiden können. Kenntnisse über Härte, Druck- oder Säureempfindlichkeit spielen bei der Bearbeitung von Schmuck und Edelsteinen eine große Rolle und sind nicht zuletzt auch für die Kundenberatung von Bedeutung. Schließlich muß der Goldschmied auch in der Lage sein, einfachere Fasserarbeiten selbst auszuführen. Ziselieren, Granulieren und auch Emaillieren sind Techniken, die man zusätzlich erwerben und auf die man sich spezialisieren kann.
Feinhandgeschick, gestalterische Fähigkeiten, zeichnerische Begabung und viel Geduld sind Grundvoraussetzungen für das Erlernen dieses Berufes. Eine besondere körperliche Eignung ist nicht unbedingt erforderlich, wenn man einmal davon absieht, daß der

Goldschmied seine Tätigkeit überwiegend im Sitzen ausübt und daß er in Anbetracht der Zierlichkeit der Objekte, mit denen er ständig zu tun hat, über eine gute Sehkraft verfügen muß.

Der Umgang mit Edelmetallen und mit Edelsteinen hatte schon immer etwas Faszinierendes. Der Goldschmiedeberuf war daher immer recht attraktiv und ist es auch heute noch. Die Nachfrage nach entsprechenden Ausbildungsstellen beweist das.

Die Ausbildung dauert dreieinhalb Jahre und endet mit der Gesellenprüfung. Bei besonderen Leistungen kann die Prüfung vorzeitig abgelegt werden. Die dafür erforderlichen theoretischen Kenntnisse und praktischen Fertigkeiten müssen allerdings in einer Zwischenprüfung nachgewiesen werden. Unbedingt erforderlich ist sicher der Hauptschulabschluß. Ein großer Teil aller Bewerber sowie der in Ausbildung befindlichen Jugendlichen verfügt sogar über den mittleren Schulabschluß, in Einzelfällen bewerben sich auch Abiturienten.

Nach erfolgreich abgelegter Gesellenprüfung und anschließend fünfjähriger praktischer Tätigkeit besteht die Möglichkeit zum Ablegen der Meisterprüfung. Um leitende Tätigkeiten etwa als Werkstattleiter auszuüben oder auch zur Eröffnung eines eigenen Betriebes ist der Meisterbrief notwendig; für die Ausbildung des Nachwuchses ist die Meisterprüfung vorgeschrieben.

Nach Erwerb der Fachhochschulreife kann eine Fachhochschule für Gestaltung besucht werden. Hier kann, wer über besondere gestalterische Begabung und zeichnerisches Talent verfügt, seine Ausbildung in einem Studium fortsetzen und mit einer staatlichen Prüfung abschließen. Für Designer bestehen zum Beispiel Möglichkeiten in Entwurfsateliers der Schmuckindustrie oder bei großen Juwelieren.

Grafik-Designer/-in

Werbung planen und entwerfen

Er hat eigentlich gar keine Lust, heute arbeiten zu gehen. Seine Gedanken kreisen noch um den gestrigen Unfall, bei dem sein neuer Wagen zwar nur geringfügig, aber immerhin beschädigt worden war. Und zu alledem goß es in Strömen. Aber es half nichts, er mußte sich auf den Weg in die Werbeagentur quälen; es waren noch dringend einige Entwürfe zu skizzieren für eine Werbekampagne, die dann abends mit dem Auftraggeber besprochen werden sollte. An einem Tag wie diesem sollte er auch noch kreativ sein und seine Vorschläge von den Kollegen kritisieren lassen! Viel lieber hätte er sich an eine Routinearbeit gesetzt.

Aber das war nun einmal sein Beruf: Arbeit im Auftrag und für andere — Arbeit, die in die Öffentlichkeit dringt und deren Wert an der Höhe des Absatzes der Ware, um die es geht, abgelesen werden kann —, Arbeit, die ständiger Kritik unterliegt und die immer terminbestimmt ist. Etwas anders hatte er sich den Beruf des Grafik-Designers damals, vor der Entscheidung zur Ausbildung, schon vorgestellt, schicker, von modischem Flair umgeben.

Natürlich hatte er auch gute Tage, da sprühte er vor guten Einfällen und ihre Durchführung ging nur so von der Hand. Aber heute war es eben anders. Heute mußte er sich verlassen auf sein in langjähriger Ausbildung und Berufsausübung erworbenes Fachwissen und Können. Er hatte von Haus aus eine gute künstlerisch-handwerkliche und grafisch-gestalterische Begabung mitgebracht, die im Studium weiter gefördert worden war und ihn auch jetzt nicht im Stich ließ. Seine Allgemeinbildung und sein Gespür für das Denken und Empfinden anderer Menschen versetzten ihn in die Lage, im Zusammenwirken mit Auftraggebern und Kollegen durchaus Lösungen zu finden, die von allen akzeptiert werden konnten; außerdem wußte man, daß seine Ideen bei den Kunden gut ankamen — und das heißt: sich verkaufsfördernd auswirkten. Auch schätzte man, daß er stets vorausdachte: Folgearbeiten terminlich und kostenmäßig nüchtern abschätzen konnte, technische Abläufe genau kannte. Und dabei war er eben auch unabhängig von persönlichen Augenblicksstimmungen, wenn es um Qualität zum festen, vorgegebenen Termin ging. Und so würde wohl auch dieser Tag besser enden als er angefangen hatte.

»Visuelle Kommunikation«, so wird der Aufgabenbereich des Grafik-Designers hochtrabend umschrieben. Man kann es auch ganz einfach beschreiben: er tritt mit anderen Menschen über Bild und Text in Verbindung, um zu informieren, bei der Meinungsbildung mitzuwirken und dies häufig mit bestimmter, nämlich werbender Absicht. Hierzu ist ein umfangreiches Hintergrundwissen erforderlich, das durch die Vorbildung, das Studium und berufsbegleitend erworben und aktualisiert wird.

Schulische Voraussetzung ist mindestens die Fachhochschulreife. Wer sie nicht über die Fachoberschule für Gestaltung erwirbt, muß sich zusätzlich einer Feststellungsprüfung über seine gestalterische Begabung unterziehen, die halbjährlich von den Fachhochschulen abgenommen wird. Grundlage dieser Prüfung ist eine einzureichende Mappe mit mindestens zwanzig eigenen Entwürfen, die über Einfallsreichtum, sicheres Form- und Farbgebungsvermögen und das Beherrschen unterschiedlicher grafischer Techniken Auskunft geben sollen. Diese Vorgabe wird durch eine teils schriftliche, teils mündliche persönliche Prüfung ergänzt.

Wer die Fachhochschulreife auf einer allgemeinbildenden Schule oder in einer anderen Fachrichtung erworben hat, muß vor Studienaufnahme längerfristige einschlägige Praktika absolvieren, die bis zu einem Jahr dauern können. Im Einzelfall ist zu überlegen, ob nicht statt des Praktikums eine betriebliche Berufsausbildung in einem grafisch-gestalterischen Beruf oder eine schulische Ausbildung etwa zum Technischen Assistenten für Gestaltung angebrachter ist, zumal sie in jedem Fall umfangreichere und gründlichere berufspraktische und auch theoretische Voraussetzungen vermittelt. Auch hier gilt: Der schnellste Weg ist nicht immer der beste!

Das Studium findet überwiegend an Fachhochschulen und Gesamthochschulen statt, es erstreckt sich über sechs bis acht Semester, gliedert sich in Grund- und Hauptstudium und wird abgeschlossen mit einer Diplomarbeit. Darüber hinaus werden entsprechende Studiengänge angeboten an einigen Hochschulen für Bildende Künste, sowie an privaten Fachschulen. Obgleich die Studienverlaufspläne und auch die örtlichen Studienangebote der einzelnen Einrichtungen je nach Zielsetzung nicht unerheblich voneinander abweichen, hat sich eine bestimmte Summe von Fächern herauskristallisiert, die — wenn auch abgewandelt — ständig überall wiederkehren. Sie seien hier gemäß dem Rahmenplan zum Studium Grafik-Design des Bundes Deutscher Grafik-Designer (BDG) e.V. kurz aufgelistet:

Grundlagenstudium: Theorie und Praxis der Planung: Kommunikationstheorie und ihre Aspekte der wissenschaftlichen Bereiche Philosophie, Soziologie, Psychologie, Ökonomie, Ästhetik, Kybernetik, Pädagogik, Linguistik, ferner Planungsmethodik, Problemanalyse, Statistik, Plantechnik, Konzeptentwicklung; Theorie und Praxis des Entwurfes: Wahrnehmungs- und Gestaltungslehre, Gestalt (Form, Farbe, Raum, Bewegung,

Struktur), Visuelle Informationen (Signale, Zeichen, Zeichensysteme), Physiologische und psychologische Bedingungen visueller Wahrnehmung, Studium der Natur und Technik, Darstellungsmittel, Zeichnen, Malen, Modellieren, Foto und Film, Entwurfslehre, Visualisierung von Begriffen, Prozessen und Systemen, Text/Schrift/Typografie, Layout; Theorie und Praxis der Realisierung: Medienlehre, Produktionstechniken, Hand-/Maschinen-/Fotosatz, Foto-/Filmtechnik, Manuelle Drucktechniken, Reproduktions-/Vervielfältigungstechniken. Das Fachstudium vertieft die Fächer des Grundstudiums nach inhaltlichen und zweckbestimmten Aspekten des jeweiligen Tätigkeitsfeldes und wird problem- und projektbezogen durchgeführt. Hinzu kommen noch einige rechtliche und wirtschaftliche Gebiete.

Der Grafik-Designer findet Arbeitsmöglichkeiten, wo immer es um qualifizierte visuelle Gestaltung von schriftlichen oder optischen, ja bisweilen auch um räumliche Projekte geht. Hauptarbeitgeber sind Werbeagenturen und große Werbeabteilungen von Betrieben und Behörden, Verbänden und Vereinen. Im Einzelfall dürfte auch eine selbständige Tätigkeit möglich sein. Aber es geht nicht nur um Werbung, sondern auch um die ansprechende und wirksame Aufbereitung unterschiedlichen Informationsmaterials, von der Statistik bis zum Schulbuch.

Innerberuflich wird der Anfänger als Assistent beginnen und sich entsprechend seinem Können und seinen Interessen in ein spezielles Tätigkeitsfeld hineinarbeiten, in dem er als erfahrener Fachmann dann entsprechende Nachfrage genießt. Die Bereitschaft, unkonventionelle Aufträge und Arbeitszeiten wahrzunehmen, erhöhen seine Einsatzmöglichkeit. Sprachkenntnisse, nicht nur in Englisch, sind auf vielen Gebieten unerläßlich.

Bezüglich der Berufsaussichten muß allerdings auf einen Punkt besonders hingewiesen werden. Gerade die Werbebranche ist sehr von konjunkturellen wirtschaftlichen Schwankungen abhängig. In sogenannten kritischen Zeiten wird häufig einerseits am Werbeetat gespart, während andererseits höchste Anforderungen an die zu erbringende Leistung gestellt werden, und das nicht selten unter extremem, internationalem Konkurrenzdruck. Nur wer solchen Belastungen gewachsen ist und den Anforderungen entspricht, kann mit einiger Wahrscheinlichkeit einen sicheren Arbeitsplatz erwarten. Mittelmäßige Berufsvertreter ohne Kämpfergeist und Einsatz- und Risikofreude werden sich hier immer schwer tun und oft mit der Abwicklung von Routinetätigkeiten vorlieb nehmen müssen.

Der Beruf steht Frauen und Männer gleicherweise offen, allerdings sind Frauen unterrepräsentiert.

Graveur/-in

Siegerehrung

Der Jubel war verrauscht, die Musik verklungen; glücklich und zufrieden nahm der Mannschaftskapitän den begehrten Pokal entgegen. Dann reichte er die Trophäe weiter an alle Mitspieler. Jeder nahm ihn einmal auf, hielt ihn mit beiden Händen und las die Inschrift. Da stand es und nicht nur schwarz auf weiß, sondern eingraviert in Metall: »Dem Sieger«. Darunter waren der Anlaß der Ehrung, das Datum und der Name des Stifters des Pokals eingraviert. Alles in schönen und gut leserlichen Buchstaben sauber in das Metall eingeschnitten.

Erst durch die Gravur hatte der Pokal seinen besonderen ehrenvollen Wert erhalten — für den, der ihn gestiftet hatte, und für die, die ihn gewonnen hatten. Erst die Gravur machte aus dem Pokal einen Ehrenpreis, erst Monogramm oder Datum, erst der eingravierte Hinweis auf den Schenkenden oder — wie beim Verlobungsring der Hinweis auf den Partner — machen ein Schmuckstück für den Besitzer besonders wertvoll. Der Graveur verleiht durch seine Arbeit den einzelnen Gegenständen Einmaligkeit und persönliche Bedeutung.

So werden Monogramme auf Serviettenringe, Initialien in Manschettenknöpfe, Wappen und Ringe eingraviert. Schriftzüge werden in Zigarettenetuis und manchmal sogar ganze Verse in Tabletts geschnitten und selbst in der Ring-Innenseite werden noch Namen und Daten angebracht.

Graviert wird zumeist in Kupfer, Messing, Zinn, aber auch in Stahl und nicht zuletzt in Edelmetalle wie Gold und Silber. Gravieren ist eine Kunst. Ein Fehler in der Rechtschreibung oder ein Ausrutscher mit dem speziellen Messer (»Stichel«) sind nicht mit dem Radiergummi zu beseitigen. Die Arbeit vieler Stunden ist zunichte gemacht, unter Umständen muß wieder von vorn begonnen werden. Sorgfalt und Konzentration sind deshalb bei der Arbeit des Graveurs besonders wichtig. Schon beim Entwurf oder beim Übertragen der Zeichnung auf den zu gravierenden Gegenstand ist sauberes und genaues Arbeiten geboten. Der Graveur muß zeichnerisch talentiert sein. Monogramme für Bestecke, Dekorationen für Tafelsilber und Verzierungen für Goldschmuck muß er selbst entwerfen können. Dabei sollte er möglichst viele Stilelemente beherrschen, etwas von Heraldik verstehen und die verschiedenen Schriftarten kennen.

Auch Stiche werden heute noch gefertigt. Ganze Landschaften, Porträts oder auch andere Motive werden in Kupfer- oder Stahlplatten geschnitten. Auch zur Herstellung von Platten für den Druck von feineren Drucksachen oder Geldscheinen ist die Arbeit des Graveurs unentbehrlich.

Außer mit dem sogenannten Flachstich ist der Graveur auch mit der Herstellung von Prägestempeln beschäftigt. Prägestempel werden zum Beispiel bei der Herstellung von Besteckteilen, Medaillen, Siegelmarken, aber auch für die Schmuckwarenfertigung benötigt. Der Graveur bearbeitet nicht nur Zier- und Gebrauchsgerät, er wirkt auch mit bei der Konzeption geeigneter Werkzeuge und bei deren Herstellung. Hierfür muß er Modelle anfertigen und außer den Positivformen jeweils auch eine Negativform entwickeln, beides muß genau zueinander passen. Für diese Arbeiten ist vor allem räumliches Vorstellungsvermögen und die Fähigkeit, spiegelverkehrt arbeiten zu können, von besonderer Bedeutung.

Zur Durchführung seiner Arbeit benötigt der Graveur vor allem Stichel. Stichel mit den verschiedensten Profilen. Spitzstichel, Flach-, Hohl- und Fadenstichel, um nur einige zu nennen. Aber auch Hammer, Säge, Feilen und Punzen zur weiteren Bearbeitung der Oberfläche gehören zum unentbehrlichen Handwerkszeug des Graveurs. Zum Bohren und Fräsen benutzt er meist eine Hängebohrmaschine mit biegsamer Welle und austauschbaren Einsätzen. Eine Kittkugel, die in einem Lederkranz liegt und nach allen Seiten gedreht werden kann, eine Holzzwinge zum Einspannen von Schmuckstücken oder Besteckteilen und andere Einspannvorrichtungen erleichtern die Handhabung der Gravurteile. Graviermaschinen nebst allen erforderlichen Schablonen und ein Poliermotor, um allem wieder den gewünschten Glanz zu geben, gehören ebenfalls zur Ausrüstung.

Die handwerkliche Ausbildung dauert dreieinhalb Jahre und schließt mit der Gesellenprüfung ab. Ein besonderer Schulabschluß ist zwar nicht vorgeschrieben, der Hauptschulabschluß wird aber von den meisten Firmen bei den Bewerbern vorausgesetzt. Bei mittlerem Schulabschluß kann ein Antrag auf Verkürzung der Ausbildungszeit gestellt werden. Nach fünfjähriger praktischer Tätigkeit und dem Besuch entsprechender Vorbereitungskurse kann die Meisterprüfung abgelegt werden. Sie berechtigt zur selbständigen Führung eines Betriebes und ist — wie bei allen Handwerksberufen — für die Berechtigung zur Ausbildung des Nachwuchses verbindlich vorgeschrieben.

Der Nachweis einer zweijährigen praktischen Tätigkeit im Graveurberuf und die erfolgreich abgelegte Gesellenprüfung ermöglichen über den Besuch einer entsprechenden Schule eine Ausbildung zum staatlich geprüften Techniker oder Gestaltungstechniker. Nach dem Erwerb der Fachhochschulreife ist der Besuch einer Fachhochschule für Gestaltung und damit eine Ausbildung zum Designer möglich. Beschäftigungsmöglichkeiten für Designer bieten sich vor allem in der Schmuck- und Silberwarenindustrie.

Im wesentlichen ist die Beschäftigungslage für Graveure gleichgeblieben. Zwar haben Gravurmaschinen einen Teil der Arbeit übernommen. Handgravuren sind aber immer noch gefragt, wenn es sich um besondere Einzelstücke oder um Stücke aus Edelmetall handelt. Und so wird, solange es Freude macht, sich mit schönen Dingen zu umgeben, auch die Arbeit des Graveurs notwendig sein.

Gürtler/-in und Metalldrücker/-in

Etwa ein neuer Beruf?

Herr Becker — als selbständiger Gürtlermeister — sagt dazu: »Nein, es handelt sich hierbei um einen sehr alten Beruf, der allerdings starken Wandlungen unterworfen war. Die Berufsbezeichnung ›Gürtler‹ führt leider oft zu Verwirrungen und Unkenntnis über diesen schönen Metallberuf.«

Die Möglichkeit des Mißverständnisses ist geschichtlich bedingt. Die Berufsbezeichnung »Gürtler« ist abzuleiten aus der Herstellung von mit Metallen beschlagenen Gürteln oder Gehängen, wie sie im Mittelalter von Rittern, später von Offizieren und Soldaten als Kenn- und Ehrenzeichen getragen wurden. »Gürtler und Metalldrücker« arbeiten in unterschiedlich großen Betrieben der verschiedenen Branchen. Im Handwerk nennt sich der Beruf »Gürtler und Metalldrücker«, in der Industrie heißt er »Gürtler«.

Herr Becker führt einen Handwerksbetrieb, in dem Einzelfertigung oder die Herstellung kleiner Serien vorherrscht. Wenn man seine Werkstatt heute betrachtet, kann man über die Vielseitigkeit der Tätigkeiten des Gürtlers und Metalldrückers nur staunen. Dort werden Nutz-, Zier- und Kunstgegenstände aus Kupfer, Messing, Bronze, Nickel, Zinn oder Neusilber, aus Aluminium, Silber oder Edelstahl angefertigt. Anfangs hatte Herr Becker sich insbesondere auf die Herstellung beziehungsweise Restaurierung von Kultgegenständen (zum Beispiel Altarkreuze, Kelche, Tabernakel, Grabschmuck) und Gebrauchsgegenständen (Schalen, Kannen, Leuchter, Pokale) spezialisiert. Für die Ausbesserung oder Nachbildung historischer Werkstücke, etwa eines barocken Kronleuchters, muß er natürlich Kenntnisse aus der Stilkunde besitzen. Inzwischen hat der Betrieb sein Produktionsprogramm erweitert. Zur Zeit arbeitet Herr Becker mit seinen Mitarbeitern an der Herstellung von Ladentheken, stellt für eine Privatvilla vergoldete Türklinken her, fertigt außerdem Firmenschilder, Tore, Fensterziergitter, Treppengeländer, Verkleidungen sowie Tür- und Möbelbeschläge, die nicht nur gebrauchstüchtig sein müssen, sondern oft auch — je nach Anspruch des Kunden — dekorativ gestaltet sein sollen.

Herr Becker hat sich fachlich auch auf das »Schmuckgürtlern« spezialisiert. Stolz zeigt er Metallschmuckstücke, die mit Edel- und Halbedelsteinen und auch anderem Material verschönert wurden. Schmuckgürtler sind allerdings nur sehr selten anzutreffen. Eine weitere Spezialisierungsform ist das Metalldrücken, das vor etwas mehr als 150 Jahren eingeführt wurde, um die Metalle nicht nur von Hand, sondern maschinell oder halbmaschinell in die gewünschte Form (runde oder ovale Hohlkörper wie Ölbehälter, Fingerhüte, Trompeten) zu bringen. Diese zunehmende Mechanisierung führte schließlich auch zu der organisatorischen Trennung in die beiden Bereiche Handwerk und Industrie.

In der Regel arbeitet der Gürtler und Metalldrücker in einem Handwerksbetrieb das Werkstück ganz nach einer Zeichnung und vorgefertigten Modellen aus Holz, Gips, Ton, Wachs und anderen Materialien, die er teilweise sogar nach den Angaben oder Vorentwürfen des Kunden auch selbst herstellen muß. Danach werden dann Materialzuschnitte, die verschiedenen Arbeitsvorgänge und der Einsatz von entsprechenden

Werkzeugen und Maschinen festgelegt. In der Industrie werden diese Vorbereitungsarbeiten durch spezielle Abteilungen geleistet. Hier herrscht auch die Serienfertigung und ein hohes Maß an Arbeitsteilung und Akkordarbeit vor.

Die Verarbeitung der Metalle beginnt meist mit dem Arbeitsvorgang des Trennens, das heißt: von Blechtafeln, Stangen, Drähten oder Rohren werden durch Sägen oder Schneiden zunächst Ausgangsformen hergestellt. Diese werden dann durch Biegen, Treiben, Stanzen, Pressen, Schmieden beziehungsweise auch durch Nieten, Schrauben, Löten, Schweißen oder Kleben zu einer Fertigform verarbeitet. Ebenso muß der Gürtler Techniken wie Feilen, Meißeln, Bohren, Fräsen, Drehen und Gewindeschneiden beherrschen. Mit der Veredelung der Oberfläche, die entweder mit Säuren oder Laugen behandelt oder auch geschliffen oder poliert wird, schließt die Fertigung der Erzeugnisse ab.

Der Gürtler und Metalldrücker arbeitet in geschlossenen Räumen, teils sitzend und teils stehend. Für die Anwendung der verschiedenen Metallbearbeitungstechniken sowie die Bedienung der Maschinen (zum Beispiel Pressen, Bohrmaschinen, Drehmaschinen, Drückmaschinen) braucht er technisches Verständnis und handwerkliches Geschick. Produkte, die gestalterisch bestimmt sein sollen, erfordern künstlerischen Geschmack.

Auch die Fähigkeit, sich rasch auf die Bearbeitung verschiedener Werkstoffe (außer Metall auch Kunststoffe, Glas, Holz) umstellen zu können, wird vorausgesetzt. Weiterhin sind gesunde Atmungsorgane (Dämpfe beim Löten, Beizen, Färben), Farbunterscheidungsvermögen (Oberflächenbehandlung) sowie ein sicheres Gefühl für Formen erforderlich. Als schulische Voraussetzung wird in der Regel der Hauptschulabschluß erwartet. Der Beruf kann sowohl von Männern als auch von Frauen erlernt und ausgeübt werden.

Die Ausbildung dauert drei Jahre. Sie gliedert sich in die praktische Ausbildung in einem Ausbildungsbetrieb und in die theoretische Ausbildung in der gewerblichen Berufsschule.

Es gibt im Bundesgebiet nur in sehr begrenztem Maße Ausbildungsmöglichkeiten. Aufgrund der breit angelegten handwerklich-technischen Ausbildung ist ein Übergang in andere Metallberufe denkbar. Bei entsprechender Fortbildung ist der Aufstieg zum Meister, staatlich geprüften Techniker in den Fachrichtungen Gestaltungstechnik, Blechverarbeitungstechnik, Edelmetallgestaltung und REFA-Technik möglich. Durch den zusätzlichen Erwerb der Fachhochschulreife kann ein Ingenieur- oder Designer-Studium an einer entsprechenden Fachhochschule absolviert werden.

Hohlglasfeinschleifer/-in

Zerbrechliche Kunst

Punkt zwölf Uhr — Mitternacht. Glockengeläut ertönt, Raketen zischen in die Luft, Leuchtkugeln entfalten am klaren Winterhimmel ihre Schönheit.
Es ist Silvester — und mit viel Hoffnung auf ein erfreuliches neues Jahr prostet man sich zu. Für diesen feierlichen Moment hat man die großen, hübschen Sektkelche aus der Vitrine geholt. Formvollendet und in vielfältiger Verzierung funkelnd, verweisen sie auf meisterliche Handarbeit.
Hohlgläser, gemeint sind Trinkgläser, Krüge, Schalen, Vasen, Schüsseln und so weiter, werden heute überwiegend im Anschluß an ihre automatische Herstellung durch Schleifmaschinen verziert. Trotzdem gibt es noch Betriebe, in denen Hohlglasfeinschleifer Muster- und Flächenschliffe — besonders wenn sie kompliziert sind oder eine Sonderanfertigung gewünscht wird — freihändig nach Vorlage oder Zeichnung erstellen. Die Arbeit kann also — bei Sonderaufträgen — freigestaltend sowie reproduktiv sein, zum Beispiel wenn Serien wie Trinkgläsergarnituren in Kristall gefertigt werden.

Durch Schliff veredelt werden die drei Glasarten: Kalikristall, Bleikristall und Hochbleikristall.

Der Arbeitsplatz eines Hohlglasfeinschleifers sieht so aus: Am Arbeitstisch befindet sich der Schleifbock, auf dessen Spindel unterschiedliche Schleifscheiben aufgezogen werden können. Die Einteilmaschine, die für senkrechte Linien am Glas benötigt wird, und das Stengelrad, das zur Anbringung waagerechter Linien dient, unterstützen die Arbeit genauso wie Zirkel, Reißfeder, Glasstift, Einteilscheibe, Anschlagbock und Maßholz.

Vom angelieferten, glatten Glas bis zum handbearbeiteten, wertvollen Einzelstück sind verschiedene Arbeitsgänge erforderlich.
Nachdem das Einteilen — meist durch Hilfskräfte — erfolgt ist, beginnt das Vorreißen. Anhand der vorliegenden Zeichnung entscheidet der Hohlglasfeinschleifer, welche Schleifscheibe für das gewünschte Muster geeignet ist. Die

Schleifscheibe muß auf ihre Qualität und Funktion hin überprüft werden, der Wasser- oder Kühlmittelzulauf beim Schleifprozeß, der möglichst ohne Absetzen erfolgen sollte, muß gesichert sein. Jetzt wird das Schliffmuster exakt und sauber »vorgerissen«. Formgefühl, räumliches Vorstellungsvermögen sowie eine ruhige Handführung sind für diese Arbeit unerläßlich.

Vor allem bei breiten Keilschnitten, Oliven und Ecken wird der Glasschliff noch geschlichtet, das heißt mit einer feinkörnigen Siliziumcarbidscheibe nachgearbeitet. Zum Feinmachen des Schliffs wurden früher Schleifsteine benutzt; heute hingegen wird die Diamantschleifscheibe bevorzugt, da man mit ihr das Glas säurepolierfähig schleifen kann.

In sogenannten Säurepolieranlagen wird das Glas durch ein Gemisch von Schwefelsäure, Flußsäure und Wasser auf Hochglanz gebracht!

Das mechanische Polieren mit Holz-, Kork- oder Borstenrädern wird nur noch bei Ausbesserungsarbeiten, also bei Glas- oder Arbeitsfehlern, angewandt.

Das Schleifen erfolgt überwiegend im Stehen, in einseitiger Körperhaltung und erfordert ein gutes Sehvermögen.

Zudem darf keine Überempfindlichkeit gegen Schleifgeräusche und nasse Hände (durch Kühlwasser) vorliegen.

Häufig erfolgt die Arbeit im Akkord. Der Hohlglasfeinschleifer sollte demnach in der Lage sein, im Team und unter Zeitdruck zu arbeiten.

Um die Ausbildung erfolgreich zu durchlaufen, sind die genannten Voraussetzungen — Formgefühl, Handgeschick, zeichnerische Begabung, Ausdauer und gute körperliche Konstitution — Bedingung. Zudem empfiehlt sich der Abschluß der Hauptschule.

Während der dreijährigen betrieblichen Ausbildung erfolgt nach eineinhalb Jahren eine Zwischenprüfung. Die Abschlußprüfung, die von der Industrie- und Handelskammer abgenommen wird, besteht aus je einem schriftlichen, praktischen und mündlichen Teil. Neben der Ausbildung im Betrieb und der Berufsschule besteht auch die Möglichkeit, eine ebenfalls dreijährige Berufsfachschule zu besuchen. Zur Zeit gibt es zwei Berufsfachschulen in Zwiesel (Bayern) und Rheinbach (Nordrhein-Westfalen), die zum Berufsabschluß Hohlglasfeinschleifer führen.

Drei Berufe, die inhaltlich mit den Tätigkeiten des Hohlglasfeinschleifers verbunden sind, sollen noch genannt werden: der Glasschleifer und Glasätzer, der Glasgraveur und der Flachglasveredler. Sie sind mögliche Alternativen zum Beruf des Hohlglasfeinschleifers.

Wie bereits erwähnt, ist das Verzieren von Hohlgläsern per Hand inzwischen eher ein Ausnahmefall.

Für den ausgebildeten Hohlglasfeinschleifer bedeutet dies, daß er sich in größeren Betrieben darauf spezialisieren wird, entweder Arbeitsgänge wie Verreißen und Schlichten oder Feinmachen im Gruppenakkord auszuführen. Eventuell kann er als Vorarbeiter tätig werden.

Darüber hinaus bestehen, nach entsprechender Berufspraxis, noch zwei traditionelle Fortbildungsgänge.

Die Weiterbildung zum Hohlglasfeinschleifermeister berechtigt dazu, einen eigenen Betrieb zu führen und selbst auszubilden.

Die Fortbildung zum Glashüttentechniker bietet eine Ansatzmöglichkeit im mittleren Management eines Großbetriebs, zum Beispiel in der Planung und Überwachung bei der Herstellung von Glasartikeln oder bei der Produktverbesserung.

Hohlglasfeinschleifer mit Fachhochschulreife können außerdem ein Fachhochschulstudium absolvieren, mit dem Ziel Diplom-Ingenieur (FH), Fachrichtung Werkstofftechnik (Glas, Keramik und Bindemittel).

Zusammenfassend sei angemerkt, daß der spätere berufliche Ansatz des Hohlglasfeinschleifers nicht nur abhängig ist von der schulischen Vorbildung und den anderen persönlichen Voraussetzungen. Er wird ebenso durch regionale Gegebenheiten (Schwerpunkte der glasverarbeitenden Industrie sind zum Beispiel einige Städte in Ostbayern oder am Rhein) und die fortgeschrittene Automation (maschinelles Schleifen statt Handarbeit) bestimmt. Frauen, die den Beruf des Hohlglasfeinschleifers ausüben, findet man momentan seltener.

Holzbildhauer/-in

Tilman Riemenschneiders Nachfolger

Wem wären sie nicht bekannt, die meisterhaft geschnitzten Altäre und figürlichen Darstellungen dieses herausragenden Holzbildhauers?

Seit Beginn des Mittelalters forderten besonders Kirche, Adel und gehobenes Bürgertum im Holzbildhauer gleichzeitig den exakt arbeitenden Handwerker wie den Künstler.

Und heute?

Was ist von Tradition und überlieferter Kunstfertigkeit übriggeblieben? Wie sieht dieser Beruf heute aus, im Zeitalter der Technik und Automatisierung?

Im Betrieb des selbständig arbeitenden Holzbildhauers bilden immer noch der Holzklöppel sowie die verschiedenen Bildhauereisen das täglich verwendete Grundwerkzeug. Kreis-, Band- und Dekupiersäge bringen das anzufertigende Arbeitstück in die Form, in der die Handarbeit beginnt.

Einen kleineren Anteil der eingehenden Aufträge stellen Reparaturen von beschädigten Stücken sowie Restaurationsaufgaben. Der Beruf des Restaurators erfordert eine Zusatzausbildung.

Hinzugekommen sind die Maschinen. Das Anfertigen von Modellvorlagen ist immer noch Sache des Holzbildhauers. Kopierfräsen, teils computergesteuert, ermöglichen in der industriellen Serienfertigung beliebig wiederholbare Kopien. Das sind Grobformen, die in Handarbeit feingeschnitten werden.

Einerseits sind diese Maschinen eine große Hilfe, da das »Herausschlagen« eines Einzelstückes aus einem Holzblock anstrengend und zeitraubend war.

Andererseits geht viel vom kreativen und künstlerischen Anspruch des Bildhauers verloren. Rationelle und wirtschaftlich kalkulierte Serienproduktionen lösen mehr und mehr die individuelle Arbeitsweise ab.

Ist der »Herrgottsschnitzer von Oberammergau« nicht mehr gefragt?

Hauptvoraussetzungen sind nach wie vor Begabung sowie zeichnerisches und handwerkliches Geschick. Entwürfe und Zeichnungen werden angefertigt, um die Arbeit am Formstück zu beginnen. Genaue Holzkenntnisse, Schriftkunde und Schnitztechniken sind die wichtigste Arbeitsgrundlage. Weitere Teilbereiche sind die verschiedenen Möglichkeiten der Oberflächenbehandlung sowie, allerdings seltener, das Modellieren mit Gips und Ton.

Wer sich für diesen Beruf entscheidet, sollte als Voraussetzung den Hauptschulabschluß mitbringen. Angestiegen ist der Anteil von Frauen und Abiturienten, welche diese Ausbildung als Überleitung in den gestalterischen Bereich (Studium) nutzen. Die Beschäftigung mit Naturmaterialien und die erwünschte kreative Tätigkeit sind mehr und mehr gefragt.

Die Ausbildung dauert drei Jahre. Die Entwicklung der praktischen Fertigkeiten wird durch den Unterricht an der Berufsschule er-

Holzbildhauer/-in

gänzt. Zeichnen, Modellieren, Technologie und Maschinenkurse sind hier die berufsunterstützenden Themen. Mit der Gesellenprüfung (nach zwei Zwischenprüfungen) wird die Ausbildung abgeschlossen. Der Auszubildende hat dafür ein Gesellenstück anzufertigen. Wer Meister werden will, muß fünf Jahre Gesellenzeit absolviert haben oder eine kostenaufwendige Intensivausbildung an einer Fach- oder Werkkunstschule hinter sich bringen.

Alle Prüfungen werden von der Handwerkskammer abgenommen.

Die beruflichen Chancen dieses Gewerbes sind konjunktur- und regionabhängig. Die Möbelindustrie benötigt viele Fachkräfte. Der Wunsch nach dem individuellen Produkt besteht zwar, wird aber in breiterem Umfang kostenmäßig gegenüber maschinell hergestellten Fertigprodukten stets zweitrangig bleiben; der geringere Preis des serienmäßig angefertigten Massenartikels ist nicht zu unterbieten. Als weitere Schwierigkeit kommt hinzu, daß die Anzahl der Holzbildhauer, die ihr traditionell in langer Praxis und Erfahrung erworbenes Wissen an Auszubildende weitergeben können, immer geringer wird.

Betriebe, die noch vollständig auf der Basis des alten Handwerks arbeiten, sind in der Minderzahl.

Berufsfachschulen, an denen Holzbildhauerei erlernt und die Gesellenprüfung abgelegt werden kann:

Fachschule für Holzschnitzerei und Schreinerei, Bergwerkstraße 12, 8240 Berchtesgaden (Beginn: September; Anmeldetermin: bis spätestens Januar);

Berufsfachschule für Schreiner und Holzbildhauer, Hauptstraße 72–76, 8100 Garmisch-Partenkirchen (Beginn: September; Anmeldetermin: bis 1. Februar);

Staatliche Berufsfachschule für Holzbildhauer und Schnitzer, Ludwig-Lang-Straße 3, 8103 Oberammergau (Beginn: September; Anmeldetermin: bis 1. Februar);

Berufsfachschule der Landeshauptstadt München für Holzbildhauer, Luisenstraße 9, 8000 München 2 (Beginn: September; Anmeldefrist: 1. November bis 31. März);

Berufsfachschule für das holz- und elfenbeinverarbeitende Handwerk, Erbacher Straße 50, 6120 Michelstadt/Odenwald (Beginn: September; Anmeldetermin: Januar);

Staatliche Berufsfachschule für Holzbildhauer, 8743 Bischofsheim a.d. Rhön (Beginn: September; Anmeldetermin: bis 30. März); Berufsfachschule für Bildhauer (an den Beruflichen Schulen der Stadt Flensburg), Lutherplatz 1, 2390 Flensburg (Beginn: August).

Holzblasinstrumentenmacher/-in

Flöten können bezaubern!

Im Berufsfeld der Musikinstrumentenbauer ist auch der Holzblasinstrumentenmacher angesiedelt. Jeder von uns kennt eine Flöte, hat sich vielleicht selber in seiner Jugend einmal eine solche aus Holz geschnitzt und sie zu spielen versucht. Es wäre jedoch falsch zu glauben, daß der Holzblasinstrumentenmacher lediglich Musikinstrumente aus dem Werkstoff Holz herstellt. Weit gefehlt! Zu der Gruppe der Holzblasinstrumente gehören neben der Flöte auch solche Instrumente wie die Klarinette, das Saxophon, die Querflöte und das Fagott.

Bei der Herstellung dieser Musikinstrumente werden neben dem Holz auch andere Werkstoffe und Materialien etwa Metall verwendet.

Entscheidend für die Zuordnung eines Musikinstrumentes zu der Gruppe der *Holz*blasinstrumente ist die Tatsache, daß die Zunge (Rohrblatt), mit welcher der Ton erzeugt wird, aus Holz ist.

Das Tätigkeitsgebiet des Holzblasinstrumentenmachers liegt sowohl im Handwerk, als auch in der Industrie.

In der täglichen Arbeit ist das Herstellen eines handgeschmiedeten Meisterinstrumentes, bei dem wirklich alles von Hand hergestellt wird, sicher die Ausnahme. Tätigkeiten wie Drehen, Bohren, Polieren und Lackieren müssen hierbei beherrscht werden.

Der Regelfall besteht in der Bearbeitung des im Feinguß erstellten Instrumentenkörpers sowie dem Einbau der im Sandgußverfahren gewonnenen Klappen.

Je nach Arbeitsplatz im Handwerk oder in der Industrie wird hier an einer Drechselbank, einer Spindelpresse, einer Bohrbank, dort an Drehautomaten, Stoßmaschinen oder Spritzgußautomaten gearbeitet. Technisches Verständnis für diese Maschinen muß natürlich vorhanden sein.

Das Abstimmen des Instruments steht am Schluß der Fertigung. Voraussetzung für die Aufnahme einer Ausbildung in diesem Gewerbe ist grundsätzlich der Hauptschulabschluß. Es muß jedoch festgestellt werden, daß sich die Schüler der Fachklasse in Ludwigsburg zu je einem Viertel bereits aus Realschülern und Abiturienten zusammensetzen. Damit wird natürlich die Konkurrenzsituation für den Hauptschüler verschärft.

Gleichzeitig nimmt auch die Zahl weiblicher Auszubildender in diesem Beruf zu. Grundsätzlich wird der Ausbildungsvertrag – unabhängig vom Bildungsabschluß – auf die vorgeschriebene Ausbildungszeit (im Handwerk dreieinhalb Jahre, in der Industrie drei Jahre) abgeschlossen. Bei ansprechenden Leistungen kann die Ausbildung auf zweieinhalb Jahre verkürzt werden.

Neben guten schulischen Ergebnissen, bei denen Physik (Akustik) und Mathematik im Vordergrund stehen, sollte der künftige Azubi über ein gutes Gehör verfügen und ein Musikinstrument spielen können. Letzteres ist wichtig, weil im Rahmen des Berufsschulunterrichts zwar Musik- und Instrumentenbaugeschichte gelehrt werden, jedoch *kein* Instrumentalunterricht angeboten wird.

Der Berufsschulunterricht erfolgt im Rahmen eines Blockunterrichts an der Fachklasse für den Musikinstrumentenbau in Ludwigsburg. Dieser Blockunterricht setzt sich aus sechs Lehrgängen von je fünf bis sieben Wochen Dauer zusammen. Angeboten werden neben den allgemeinbildenden Fächern: Werkstoffkunde, Arbeitskunde, Akustik, Fachkunde, -zeichnen, -rechnen, praktische Fachkunde.

Die Schüler erhalten am Ende eines jeden Lehrgangs ein Zeugnis; Auszubildende vor der Gesellenprüfung (Handwerk) beziehungsweise Facharbeiterprüfung (Industrie) müssen sich einer Prüfung unterziehen, die als schriftlicher Teil der Abschlußprüfung gilt (bei Auswärtigen jedoch nur auf Antrag).

Eine Unterbringung für die Dauer des Blockunterrichts ist im Wohnheim des Jugendsozialwerks in Ludwigsburg möglich. (Über die Gewährung von Beihilfen aus Landesmitteln informiert die Berufsberatung.)

Es darf gesagt werden, daß der Beruf des Holzblasinstrumentenmachers relativ konjunktur*unabhängig* ist. Durch das geänderte Freizeitverhalten, Bewegungen wie »Jugend musiziert« ist ständige Nachfrage auf dem Markt vorhanden.

Der deutsche Markt steht jedoch in starker Konkurrenz zu ausländischen Lieferfirmen, die bereits über gutes technisches Know-how verfügen.

Weiterbildungsmöglichkeiten bestehen nach mehrjähriger Berufspraxis an der Fachschule Ludwigsburg: Ziel Meisterprüfung. Ab

Herbst 1983 ist auch in Mittenwald eine Fachklasse für den Holzblasinstrumentenbau mit entsprechenden Weiterbildungsmöglichkeiten eingerichtet.

Holztechniker/-in

*Holz lebt —
ein Leben mit Holz*

. . . dies habe ich kürzlich in einer Zeitungsanzeige gelesen, und darunter stand: »Wir suchen einen Fachmann für unser Furnierwerk und für die Furnierverarbeitung, der als Assistent des Betriebsleiters einen neuen Wirkungskreis anstrebt. Möglichst Holztechniker«, stand da zu lesen. Die Annonce interessierte mich, denn in sechs Wochen werde ich meinen Abschluß als Holztechniker in der Tasche haben.

Vor zwei Jahren hatte ich meinen damaligen Arbeitsplatz aufgegeben, um an einer Fachschule zu studieren. Mit dem Zeugnis »Staatlich geprüfter Techniker der Fachrichtung Holztechnik« wollte ich den zweiten Start in das Arbeitsleben schaffen. Nach meiner dreijährigen Ausbildung als Tischler hatte ich vier Jahre als Geselle Berufserfahrung in meinem Ausbildungsbetrieb gesammelt. Ich hätte schon nach zwei Jahren die Zulassung an der Technikerschule erhalten können. Heute bin ich sicher, daß mir gerade die längere praktische Erfahrung manches im Studium erleichtert hat.

Zusammen mit anderen Tischlern, mit Holzmechanikern, Sägewerkern (neuerdings als Holzbearbeitungsmechaniker bezeichnet) und sonstigen Fachkräften vom Holz stand ich nun kurz vor dem Ende des vierten und letzten Semesters an der Fachschule.

Es war Zeit, daß ich mich nach einem Arbeitsplatz als Techniker umsah. Natürlich würde einem der ausgeschriebene Arbeitsplatz als Assistent einiges abverlangen, aber schließlich wollte ich beweisen, daß der umfangreiche Lehrstoff der Technikerschule und meine bisherige Berufserfahrung als Facharbeiter eine gute Grundlage für den Aufstieg in eine solche Position waren.

Wie vielseitig ich als Holztechniker in der gesamten Holzindustrie nun einsetzbar sein sollte, war mir bis vor einigen Tagen völlig unbekannt. Die Vielfalt der späteren Verwendungsmöglichkeiten für einen Holztechniker sind so weit gespannt, daß auf Anhieb selbst Fachleute Schwierigkeiten haben, alle Variationen aufzuzählen. Wir hatten in der Technikerschule eine Diskussionsrunde gehabt, in der jeder von uns Gelegenheit hatte,

Holztechniker/-in

darzulegen, wo und wie er sich seine spätere Aufgabe vorstellte.
»Ich übernehme einen Arbeitsplatz in der Großserienfertigung von Büromöbeln und werde dort als Assistent des technischen Leiters in der Arbeitsvorbereitung planende und disponierende Aufgaben erledigen«, so eröffnete mein Gegenüber seinen Beitrag und fuhr fort: »Gerade bei großer Serienfertigung ist es unumgänglich, daß detaillierte Fertigungspläne erstellt werden. Genaue Termin- und Zeitvorgaben sind erforderlich, um eine kundengerechte Herstellung und Auslieferung der Büromöbel sicherzustellen. Der Einsatz von Maschinen und Anlagen und die Verbesserung von Arbeitsabläufen wird zusammen mit Vorarbeitern und Meistern abgestimmt und festgelegt. Selbst die Auswahl und Einstellung von Facharbeitern und deren Anleitung fällt bei diesem Betrieb in mein Aufgabengebiet. Die Beschaffung von Roh- und Hilfsstoffen wie Spanplatten, Profile, Beschläge und ähnliches muß sichergestellt sein; ja selbst die Qualitätskontrolle und die termingerechte Auslieferung der bestellten Möbel wird von mir überwacht. Die Schwierigkeiten, aber auch der Reiz in dieser Aufgabe liegt für mich darin, daß ich vom Vertrieb nur die Rahmenbedingungen, wie Bestellmengen und Auslieferungstermine, vorgegeben bekomme. Die richtige Durchführung dieses Auftrages selbständig zu planen, zu überwachen und abzuwickeln, fällt in meinen Arbeitsbereich.«

Eine Kollegin, sie hatte vorher als Holzmechanikerin gearbeitet, strebte eine Stelle in der Konstruktion und Gestaltung von Wohnmöbeln an. Sie freute sich auf eine Aufgabe am Reißbrett und Zeichentisch und auf die Planungsgespräche mit Verkaufsabteilung und Kunden. Schrankwände, Sitzmöbel, Regalsysteme, aber auch die derzeit gefragten nostalgischen Bauernschränke mit ihren reichverzierten und wuchtigen Profilen zu entwerfen, Montage- und Baupläne anzufertigen, das war eine Aufgabe, die ihr lag. Die Technikerausbildung befähigte sie auch dazu.

Andere angehende Holztechniker wollten einen Sägewerksbetrieb leiten. Mit Holzlieferanten, auch aus Übersee, sind dabei Verhandlungen zu führen, das Holz muß eingekauft und ordnungsgemäß gelagert und der Zuschnitt an den großen Sägegattern überwacht werden. Die Beschaffung der Maschinen und Anlagen und die Anleitung des Personals fordern einen Fachmann wie den Holztechniker.

Eher eine Tätigkeit im kundenbezogenen Bereich des Verkaufs oder in der Beratung als Küchenplaner, Einrichtungsberater oder Vertriebsassistent stellten sich andere Kollegen in der Zukunft vor. Aufgaben, die ich bisher eher dem Kaufmann zugesprochen hatte. Nun erfuhr ich, daß dies auch interessante Arbeitsfelder für Techniker waren. Besonders überrascht war ich, daß selbst in Betrieben der chemischen Industrie, die zum Beispiel Holzschutzmittel herstellen, Holztechniker im Labor und in Versuchsabteilungen gefragte Leute sind.

Durch den hohen Anteil an industriellen Maschinen und Anlagen in der heutigen Serienfertigung sind natürlich auch umfangreiche Kenntnisse der Maschinentechnik in der Technikerausbildung enthalten. Diese Tatsache befähigt so manchen Holztechniker, später sogar im Verkauf von Holzbearbeitungsmaschinen und -anlagen in der Maschinenbauindustrie eingesetzt zu werden. Die Spanplattenherstellung und alle damit verbundenen überwachenden, planenden und organisierenden Aufgaben sind ein Arbeitsfeld für Holztechniker. Selbst in mittleren Handwerksbetrieben des Ladenbaues oder in Möbelwerkstätten und Restaurierungsbetrieben kann der berufserfahrene Holztechniker ein interessantes Aufgabengebiet vorfinden, obwohl er hier mit Handwerksmeistern vom Fach konkurrieren muß.

Diese Vielfalt ist sicherlich nur ein Teil aller Einsatzmöglichkeiten für einen Holztechniker meiner Fachrichtung, aber sie zeigt mir doch, daß ich richtig entschieden hatte, als ich mich auf diesen Fortbildungsgang und für meinen beruflichen Aufstieg entschied. Ich hätte damals die Wahl zwischen verschiedenartigen Studienfachrichtungen der Holztechnikerausbildung gehabt und mich für die Fachrichtung Holztechnik entschieden. Andere Fachrichtungen, wie Holzbetriebstechnik, Holz- und Kunststofftechnik oder Holzverarbeitung und Betriebstechnik wären ebenfalls denkbar gewesen. Diese Studiengänge stellen für sich einzelne Spezialisierungszweige dar, aber letztendlich führen alle zu dem Ziel, Führungskräfte oder Spezialisten für Aufgaben der Planung, Produktion, Beratung, Vertrieb oder Konstruktion rund ums Holz heranzubilden.

Jedem, der diesen Studiengang wählt, sollte klar sein, daß dieses zweijährige Studium neben der persönlichen Motivation, wieder zu lernen, wieder die Schulbank zu drücken, auch einen erheblichen finanziellen Aufwand erfordert. Natürlich hätte ich auch meinen Arbeitsplatz als Tischler behalten können und in vier Jahren berufsbegleitend dasselbe Ziel ansteuern können. Die Wahl zwischen einem zweijährigen Vollzeitstudium und einem vierjährigen Abend- und Wochenendschulbesuch fiel mir damals trotz erheblicher finanzieller Belastung aber leicht. Zwar sind neben Lehrgangsgebühren – die von Schule zu Schule sehr unterschiedlich sein können – Prüfungsgebühren zu entrichten und laufend irgendwelche Lehrbücher und Lernmittel anzuschaffen, Fahrtkosten und die Mittel für den Lebensunterhalt müssen auch aufgebracht werden; aber mir half hier ein klärendes Gespräch beim Arbeitsberater im Arbeitsamt. Nach dem Arbeitsförderungsgesetz ist nämlich die Gewährung von Zuschüssen und Darlehen möglich.

Ich sehe nun mit Zuversicht einem Arbeitsplatz entgegen. Falls ich später nochmals weitermachen will, bietet sich ein Studium an der Fachhochschule zum Diplom-Holzingenieur an, denn ich habe die bei fast allen Technikerschulen angebotene Möglichkeit einer Zusatzausbildung genutzt und werde mit dem erfolgreichen Techniker-Abschluß auch die Fachhochschulreife erworben haben.

Industrie-Designer/-in

Nicht nur nützlich, sondern auch schön

Die Überschrift dieser Berufsbeschreibung sagt bereits eine Menge über den dahinterstehenden Beruf aus. Zunächst ist da der nach ganz bestimmten funktionalen und technischen Bedingungen konstruierte Gebrauchsgegenstand, der zuerst in der Handhabung und dann erst in der Ästhetik verbessert werden soll. Wie aus dieser Reihenfolge bereits zu ersehen ist, darf der Industrie-Designer erst an dritter Stelle gestaltend sein, sicher eine herbe, aber vielleicht nützliche Enttäuschung für diejenigen, die etwas rein Kreatives machen wollen. Eigentlich müßte der ideale Industrie-Designer Konstrukteur, Arbeitswissenschaftler, Soziologe, Kaufmann, Künstler, Fertigungsingenieur und Verkäufer in einer Person sein. Da das den wenigsten möglich ist, gilt Teamarbeit als oberstes Gebot.

Der gute Industriedesigner sollte sich ganz allgemein als Formgeber von Gebrauchs- oder auch manchmal Investitionsgütern verstehen, das schließt die meisten der von ihm durchzuführenden Arbeitsgänge mit ein. Er ist immer dann gefragt, wenn ein neues Produkt so aufbereitet werden soll, daß es

Industrie-Designer/-in

durch seine Funktion, den damit verbundenen Nutzen, seine Handhabung und sein Aussehen beziehungsweise Design das Interesse des Kunden weckt. Denn schließlich hat niemand etwas dagegen, daß der Gegenstand, den er unter Umständen täglich benutzt, auch noch gut aussieht. Dabei ist oft ebenso wichtig, daß für den Kunden mit seiner Auswahl ein Ausdruck des persönlichen Geschmacks verbunden sein kann, das bedeutet für den Designer, daß ihm gegebenenfalls zu einem Produkt unter gleicher Berücksichtigung von Handhabung und technischen Bedingungen mehrere Design-Ausführungen einfallen müssen. Die Tatsache, daß der momentane Trend in Richtung zeitlos gefällige Formen und Farben zielt, erleichtert ihm die Aufgabe ein wenig.

Die Hauptaufgabe des Industrie-Designers könnte man darin sehen, technische oder andere Gebrauchsgeräte dem Menschen unter Berücksichtigung seiner ergonomischen Möglichkeiten und seiner Sinne anzupassen und nicht umgekehrt, Mensch und Technik einander über eine ganz bestimmte Verständigungsebene näherzubringen. Sicherlich eine äußerst reizvolle Aufgabe für denjenigen, der technisches Wissen und handwerkliche Fähigkeiten mit gestalterischen Elementen verbinden will und kann.

Meist beginnt der Arbeitsablauf damit, daß Kollegen aus dem Entwicklungsbüro den Rohentwurf für einen technischen Gebrauchsgegenstand, sagen wir ein Dampfbügeleisen vorlegen. Nun ist ein Bügeleisen kein völlig neuartiger Gegenstand, so daß man hier auf gewisse Grundprinzipien zurückgreifen kann. Doch sind bei einem Dampfbügeleisen noch weitere Kriterien für die Nutzung zu berücksichtigen: es darf nicht zu schwer sein, beziehungsweise das größere Gewicht muß durch eine gute Handlage ausgeglichen werden, Sonderfunktionen wie zusätzliche Sprühvorrichtung, Dampfstoß und ähnliches sind so am Gerät anzubringen, daß sie bequem mit den jeweiligen Fingern erreicht werden können. Alle diese Kriterien sind dann schließlich mit einem ansprechenden Design zu verbinden.

Der Designer beginnt seine Arbeit mit einer oder mehreren Zeichnungen. Fällt hierbei eine zu seiner und der Zufriedenheit der Techniker aus, wird als nächster Schritt das erste Modell, meist aus Schaumstoff entworfen. Die ersten Fehler für die spätere Handhabung merkt man meist schon jetzt. Anschließend folgt ein Modell aus Holz oder Kunststoff, das vor allem im Gewicht dem realen Produkt entsprechen sollte, um dadurch bedingte Fehlentscheidungen für die endgültige Materialwahl weitgehend ausschließen zu können. Hat man sich schließlich mit Konstrukteuren – über die technische Realisierbarkeit – und mit den Kaufleuten über die Herstellungskosten geeinigt, spricht der Designer noch mit Vertriebsmitarbeitern, die die Kundenwünsche am besten kennen, sowie mit den Werbefachleuten, die für ihre Werbekampagne mit den nötigen Informationen versorgt werden müssen, an denen sich ihre Werbung orientieren soll oder die auch noch Anregungen für eine jetzt noch mögliche Änderung geben könnten. Es ist unter Umständen gefährlich, sich nur auf die Wünsche und Aussagen des Firmenauftraggebers zu verlassen, der sich häufig an den Produktionsgegebenheiten seines Betriebes orientiert. Überhaupt erscheint es geboten, die Erkenntnisse der Markt- und Meinungsforschung zu berücksichtigen.

Erst nach Abschluß all dieser Einzelphasen geht ein Produkt schließlich in Serie. Dann hat nicht selten der Weg von der Idee bis zur Produktionsreife ein Jahr oder mehr gedauert. Verglichen mit dem »Lebensalter« mancher Gebrauchsgeräte in privaten Haushalten eigentlich keine lange Zeit. Die Design-Aufgabe kann aber noch kniffliger sein, wenn man etwa einen Automaten wie zum Beispiel den Geldautomaten für eine Bank, nicht nur unter den Gesichtspunkten der Funktionalität und des Bedienungskomforts zu gestalten hat, sondern sich in dem abschließenden Modell sowohl der Automatenhersteller als auch die Bank designmäßig wiederfinden will. Gerade Großbanken achten sehr darauf, daß bei ihren Gebrauchsgegenständen – Möblierung, Papier für den Schriftverkehr und so weiter eine gewisse gestalterische Linie eingehalten wird. Diesen »Hochseilakt« schaffen meist nur berufserfahrene Designer, die nicht nur allen bisher geforderten Eigenschaften genügen, sondern dazu noch über Verhandlungsgeschick, gutes sprachliches Ausdrucksvermögen und Überzeugungskraft verfügen, um die eigenen Ideen entsprechend präsentieren zu können und auch gegensätzliche Meinungen zu einer Kompromißformel zu vereinigen.

Es wurde bereits darauf hingewiesen, daß die Fähigkeit zur Teamarbeit für diesen Beruf unabdingbar ist; dabei ist nicht ganz einfach, sich auf die verschiedenen Mentalitäten der Gesprächspartner einzustellen – ein Techniker argumentiert eben anders als ein Kaufmann oder ein Sozialwissenschaftler. Dazu gehört schon eine größere geistige Wendigkeit. Die Probleme, sich arrangieren zu müssen, mit denen der in einem Unternehmen oder in einem Designbüro angestellte Industrie-Designer tagtäglich lebt, gelten für den freiberuflichen Designer nicht im gleichen Maße. Die größere Freiheit muß er allerdings bezahlen mit einem generell größeren Risiko und vor allem mit einer noch stärkeren Konzentration aller aufgezeigten Talente in seiner Person. Er muß selbst also noch mehr Techniker sein und gleichzeitig etwas von Herstellungskosten verstehen. Außerdem gilt hier für die Berufsaussichten das gleiche wie für die ausschließlich kreativen Berufe, Mittelmaß ist tödlich, während die wirklich guten Leute wenig Schwierigkeiten auf dem Arbeitsmarkt haben. Es soll in diesem Zusammenhang nochmals betont werden, daß der reine Gestaltungsanteil dieses Aufgabenbereiches bei nicht mehr als circa 25 Prozent liegt. Der Industriedesigner ist eine Mischung aus Ingenieur, Handwerker, Arbeitswissenschaftler und Künstler, und zwar in dieser Reihenfolge.

Es handelt sich bei der Ausbildung um ein Studium, das an Fachhochschulen, Gesamthochschulen und Akademien für bildende Künste beziehungsweise Kunsthochschulen absolviert werden kann. Je nach Hochschultyp reicht die Zugangsvoraussetzung von der Fachhochschulreife über die fachgebundene bis zur allgemeinen Hochschulreife. Hinzu kommt im Regelfall der Nachweis der künstlerischen Eignung. Wie dieser Nachweis zu führen ist, ob in einer durch die Hochschule veranstalteten Aufnahmeprüfung, durch Einreichen einer Mappe mit eigenen Arbeiten oder durch die Note im Fach Kunst wird von Hochschule zu Hochschule unterschiedlich gehandhabt. Man sollte sich unbedingt rechtzeitig an der jeweiligen Hochschule nach den Aufnahmebedingungen erkundigen.

Die gerade angesprochene Vielfalt gilt auch für den Studienaufbau, insbesondere für die Wahlfächer. Das Studium ist meist in Grund- und Hauptstudium unterteilt und behandelt in der Regel folgende Fächer: Mathematische Theorien und Methoden (Logik, Mengenlehre und ähnliches), Technologie, Werkstoffe und Fertigungsverfahren, Technische Physik, Grundbegriffe der Statik, Elektrotechnik, Ergonomie = Mensch-Maschine-Systeme, anthropometrische Daten, technisches Entwerfen, Prinzipien der Standardisierung, Gestalttheorien, Farbtheorien, Design-Geschichte, -Analyse, Formgeometrie, Strukturgeometrie, Gestaltpsychologie, Kulturgeschichte, Soziologie, Modellbautechnik, Materialbearbeitung, Zeichnen, Fotografie, Typografie. Der Studienabschluß besteht in der Regel im Diplom.

Als Weiterbildung können gegebenenfalls Aufbaustudiengänge angeschlossen werden.

Innenarchitekt/-in, Dipl.-Ing.

»Schöner wohnen« — Anspruch unserer Zeit?

Das Jugendzentrum war vollständig neu ausgebaut und umgebaut worden: Disco, Clubräume, Werkräume, Fotolabor, Teebar, Töpferraum, Tonstudio und ein raffiniert ausgestatteter Versammlungs- und Filmvorführraum hatten in der ehemaligen Schule Platz gefunden. Ohne die Innenarchitektin, die sich mit ebenso viel technischer Erfahrung wie mit sicherem Feeling für die richtige Atmosphäre an die Aufgabe gemacht hatte, wäre das Ganze ein Schlag ins Wasser geworden. Das Haus wurde jedoch »angenommen«! Und gerade jetzt bei der intensiven Benutzung mußte sich zeigen, ob auch die technischen Voraussetzungen (Wärme, Belüftung, Beleuchtung, Akustik, Strom- und Wasseranschlüsse, Sicherheitseinrichtungen und vieles andere mehr) wirklich ausreichend funktionierten.

Aufgabe des Innenarchitekten ist es, eine Brücke zu schlagen zwischen den Herstellern von Gebäuden, Einrichtungsgegenständen, Lampen usw. und den Abnehmern, den Benutzern der Räume. Im privaten wie im öffentlichen Bereich erschließen sich dem Innenarchitekten zunehmend neue Felder bislang noch unzureichend erfüllter Wünsche nach mehr Wohn- und Lebenskultur.

Innenräume zu planen und sie funktional sowie ansprechend zu gestalten, darin besteht der berufliche Auftrag des Innenarchitekten. Er steht damit zwischen Architektur, Werkstofftechnik und Gestaltung bzw. Design. Die Berührungspunkte weiten sich oft genug zu breiten Überschneidungszonen aus! Er gilt als Gestalter und muß doch zugleich Ingenieur sein! Die unendlich vielfältigen (und oft unklar formulierten) Wünsche der Auftraggeber verlangen ein hohes Maß an psychologischem Einfühlungsvermögen, geistiger Beweglichkeit (Umstellfähigkeit), Einfallsreichtum — und eine breite, aktuelle

Innenarchitekt/-in, Dipl.-Ing.

Kenntnis des Marktes an Ausstattungs- und Einrichtungselementen.

Die praktische Arbeit beginnt mit ersten freien Skizzen und flotten Entwürfen. Das Anfertigen von Perspektiven, Grundriß- und Konstruktionszeichnungen unter Berücksichtigung von Form- und Farbgestaltung sind weitere Schritte. Nachdem auch Wärmebedarf und Isolierungswerte berechnet worden sind, wird die Kostenberechnung erstellt.

Tätigkeitsfelder des Innenarchitekten sind die private Wohnraumgestaltung, der Laden- und Gaststättenbau, das Messe- und Ausstellungswesen, Produkt- und Möbeldesign sowie die Tätigkeit als Einrichter in Möbel- und Einrichtungshäusern.

Neuerungen im Wohnungsbau (zum Beispiel Fertigbausysteme) stellen ein weiteres Aufgabengebiet dar, in dem der Innenarchitekt beispielsweise behinderten- und familiengerechte Planung verwirklichen kann. Die Wohnbedürfnisse in den Familien ändern sich laufend (Heiraten, Geburten, Todesfälle usw.). Die notwendigen Anpassungen der Wohnraumnutzung bedeuten eine ständige Nachfrage nach Beratung und Hilfestellung durch Innenarchitekten.

Das Studium erfordert ein halb- bis einjähriges Praktikum in Bereichen der Holz- oder Metallverarbeitung bzw. eine Tätigkeit in einem Planungsbüro.

Erforderlicher Schulabschluß ist die Fachhochschulreife für das Studium an Fachhochschulen oder an Akademien bzw. Hochschulen für bildende Künste.

Einige Bundesländer fordern eine Aufnahmeprüfung. Die Mindeststudiendauer beträgt sechs bis acht Semester. Diese Zeit wird jedoch oft überschritten.

Das Studium beinhaltet die Fächer:

Grundlagen des Gestaltens und Entwerfens, Werkstofflehre, Baukonstruktion, Grundlagen der Möbelentwicklung, Tragwerkslehre, Typologie der Wohnformen, Kunstgeschichte, Fotografie, technischer Ausbau und Konstruktion.

Weitere Teilgebiete kommen hinzu, um im Hauptstudium mit der Planung und Gestaltung von Projekten zu beginnen.

Abschluß nach bestandener Prüfung ist das Diplom. Ein Vertiefungsstudium ist – regional unterschiedlich – möglich. Nach zweijähriger Berufstätigkeit als Innenarchitekt kann die Eintragung in die Liste der Innenarchitektenkammer erfolgen.

Die Berufsaussichten sind, ähnlich wie beim Architekten, in gewissem Umfang abhängig von der Konjunktur des Baugewerbes. Auch die privaten Kunden werden in wirtschaftlich schwierigeren Zeiten möglicherweise einen Innenarchitekten einsparen und sich statt dessen in Einrichtungshäusern bzw. durch Fachzeitschriften informieren und anregen lassen. Andererseits werden Innenarchitekten nicht nur im Innenausbau von Neu- oder Altbauten benötigt, sondern auch im Industrie- und Möbeldesign. Die Aufnahmekapazität dieses Marktes ist jedoch verständlicherweise recht begrenzt.

Weitere Informationen über das Berufsbild und die Ausbildung sind erhältlich beim Bund Deutscher Innenarchitekten (BDIA), Königswinterer Straße 709, 5300 Bonn 3.

Inspizient/-in
Produktionsleiter/-in

Der Streß der letzten Woche...

Wenn am Theater die Proben für eine geplante Inszenierung beginnen, beginnt ein neuer Arbeitsabschnitt nicht nur für die explizit künstlerisch Beteiligten – Regisseur und Schauspieler –, sondern auch für eine weitaus größere Anzahl technisch und handwerklich Tätiger, die wesentlich zum Gelingen einer Produktion beitragen: Kostüm- und Bühnenbildner, Garderobiere, Maskenbildner und Beleuchter, Requisiteure und Tonmeister. Für alle ist die Bühne Dreh- und Angelpunkt ihrer Tätigkeit, aber sie beziehen sich doch alle recht unterschiedlich auf »die Bretter, die die Welt bedeuten« (sollen). Die Schauspieler stehen vom ersten Moment einer Inszenierung an sichtbar auf der Bühne, der Regisseur sitzt davor und die anderen, als künstlerische Hilfsberufe bezeichneten Tätigkeiten spielen sich mehr hinter den Kulissen ab. Dazwischen – und dies ist durchaus im Sinne einer Vermittlungsfunktion zu verstehen – steht der Inspizient, der für den gesamten Spielablauf verantwortlich ist.

Was dies im Berufsalltag konkret bedeuten kann, verdeutlicht ein Blick auf seine Aufgaben während einer Inszenierung:

Bei den am Anfang stehenden Leseproben vermerkt der Inspizient Kürzungen beziehungsweise Ergänzungen, die von der Regie vorgenommen werden, im Textbuch. Dieses mit allen Änderungen, technischen Hinweisen, zeitlichen Abläufen und ähnliches versehene Textbuch ist sein ureigenstes »Drehbuch«, nach dem jede Vorstellung, von der ersten bis zur letzten, abzulaufen hat. In weiteren Proben erfährt der Inspizient Bild- bzw. Akteinteilung, Dauer des Stücks, was die zeitliche Struktur der Aufführung bestimmt, und schließlich, welche Requisiten gebraucht werden. Requisiten sind hier etwa der Kaffeelöffel, der zur historischen Epoche des Stoffs passen soll, sind natürlich die Kostüme und — wenn es zum Stück gehört — auch der Elefant, der im richtigen Moment seinen Auftritt haben muß.

Während der durchschnittlich vierwöchigen Probenzeit arbeitet der Inspizient eng mit dem Regieassistenten zusammen, da sich künstlerische und technische Durchführung eines Stückes immer berühren. Hauptsächlich aber wird der Inspizient in der Requisitenabteilung dafür sorgen, daß alle benötigten Gegenstände entweder angefertigt oder aus dem Fundus des Theaters bereitgestellt werden. Gerade hier wird dann auch seine Vermittlungsfähigkeit zwischen den Wünschen des Regisseurs und der technischen Abteilung gebraucht! Die Zuständigkeit dafür, daß alles, was benötigt wird, auch rechtzeitig da ist, erstreckt sich auch auf die am Stück beteiligten Ensemblemitglieder: Der Inspizient ist von der ersten Probe bis zur letzten Vorstellung dafür verantwortlich, daß die Schauspieler pünktlich erscheinen — eine nicht immer leichte und angenehme Aufgabe, da der Inspizient in diesem Punkt als verlängerter Arm der Theaterverwaltung handeln muß, in deren Auftrag er eventuell sogar Strafmandate verteilt.

Hat auf der sogenannten Hauptprobe (= die Generalprobe für den technischen Ablauf) alles geklappt, so ist das Stück von der technischen Seite her reif für die Premiere. Während sich von nun an Regisseur, Assistent, und, soweit beteiligt, auch der Dramaturg zurückziehen, bleibt der Inspizient bei jeder weiteren Vorstellung dabei. Er leitet den Spielablauf, gibt die Zeichen für Auftritte, Umbauten, Licht-, Ton- und Musikeinsätze. Für ihn ist also jede Vorstellung immer wieder genauso der Ernstfall wie für die Schauspieler.

Wie wird man Inspizient/in? Um es gleich vorwegzunehmen: es gibt keine Schulen, keine Ausbildungsgänge und festgeschriebenen Zugangsvoraussetzungen für diesen Beruf. Es ist eine typische »learning-by-doing«-Tätigkeit, was zugleich bedeutet, daß man auf anderen Wegen mit dem Theater in Kontakt gekommen sein muß. Entsprechend haben viele Inspizienten selbst eine künstlerische Ausbildung, also zum Beispiel eine Schauspielerausbildung absolviert, bevor sie, aus ganz unterschiedlichen Motiven, zur Inspizententätigkeit überwechselten. Der normale Anstellungsvertrag ist auf ein bis drei Jahre befristet; die Höhe des Gehalts hängt, wie beim Schauspieler auch, von Art und Etat des Theaters ab. Die Arbeitszeit richtet sich nach den Notwendigkeiten der jeweiligen künstlerischen Produktion, was unterschiedlich arbeitsintensive Phasen einschließt. Das Stöhnen über den »Streß der letzten Woche« (vor der Premiere) ist typisch (und unvermeidlich). Schließlich lassen sich bei solcher Tätigkeit Arbeit und Freizeit nicht exakt trennen. Eine Arbeit, die so sehr auf enge Kooperation an einem gemeinsamen Produkt angelegt ist, setzt sich zwangsläufig in die Freizeit, vor allem nach den Abendvorstellungen, fort. Ein Privatleben im gängigen Sinne wird auch der Inspizient seltener als andere Berufstätige führen. Wem jedoch Abwechslung, Überraschungsmomente in der Arbeit und wechselnde Kontakte lieber sind als die Routine eines Achtstundentags, dem werden diese Belastungen eher reizvoll erscheinen. Dies verweist auf einige Fähigkeiten, die der Inspizient für seine Tätigkeit mitbringen sollte: Kontaktfreude, gepaart mit der Fähigkeit, sich diplomatisch zu verhalten, bei Bedarf vermittelnd und ausgleichend zu wirken, aber in etlichen Situationen auch standfest zu bleiben. Wenn er dazu noch Organisationstalent besitzt und ihn Situationen nicht schrecken, in denen er fünferlei bedenken und dreierlei auf einmal erledigen muß, dann kann es ihm in diesem Beruf gefallen.

Bleibt zu erwähnen, daß es den Inspizienten nicht nur beim Schauspiel, sondern auch bei Oper und Ballett sowie — unter der Bezeichnung Produktionsleiter — auch bei Film und Fernsehen gibt. Arbeitsbedingungen und -anforderungen sind im Prinzip die gleichen, der Arbeitsumfang für eine Produktion ist allerdings bei Großproduktionen wie einem Spielfilm oder einer Fernsehserie wesentlich größer.

Instrumentalmusiker/-in
Orchestermusiker/-in

Frack und Abendkleid als Arbeitsanzug

Wer ein Instrument vollkommen beherrscht und die künstlerische Wiedergabe von musikalischen Werken zu seinem Beruf machen will, kann dies entweder allein, in einer kleinen Gruppe oder in einem sehr großen Orchester tun. Viel wichtigeres Unterscheidungsmerkmal als die Gruppengröße beim Musizieren ist das Instrument, das gespielt werden soll, denn dessen Auswahl bestimmt die Möglichkeiten einer späteren Karriere entscheidend mit. Die Fähigkeit zum Zusammenspiel im Ensemble ist auf jeden Fall eine sehr wichtige Voraussetzung für eine erfolgreiche Tätigkeit als Instrumentalmusiker.

Die für diesen Beruf notwendige Probenarbeit wird oftmals als ermüdend empfunden. Vor allem das tägliche Üben erfordert ein hohes Maß an Selbstdisziplin. In den Proben muß sich der Orchestermusiker manchmal einem Dirigenten unterordnen, dessen Auffassung unter Umständen als Scharlatanerie empfunden wird. Dies trifft auch auf Instrumentalsolisten zu, die Konzerte erarbeiten und vielleicht erst nach mühevollen Diskussionen mit dem Dirigenten einen gemeinsamen interpretatorischen Standpunkt finden.

Die persönlichen Voraussetzungen für das spätere Erlernen eines Instruments bis zur Konzertreife müssen schon in der Kindheit oder in der frühen Jugend erkannt werden. Bereits mit fünf oder sechs Jahren beginnt sinnvollerweise der Unterricht auf den Instrumenten Klavier oder Geige, um eventuell bis zum achtzehnten Lebensjahr Konservatoriumsreife zu erreichen. Bei Blasinstrumenten ist auch ein späterer Beginn der Ausbildung denkbar, das vierzehnte Lebensjahr kann hier etwa als Altersgrenze gelten. Diese generellen Hinweise werden natürlich durch spät erkannte »Genies« hin und wieder in Frage gestellt.

Bei der Instrumentenauswahl sind auch die körperlichen Bedingungen zu beachten, die beim einzelnen Instrument in unterschiedlicher Weise erfüllt werden müssen; sie sind aber kaum generalisierbar; daher sollten erfahrene Lehrer beim Prozeß der Instrumentenwahl in der Kindheit mitwirken.

Die unterschiedliche Wirkung von Musik auf den Zuhörer kennt jeder, der der opernbegeisterten Tante einmal die Rolling Stones zugemutet hat, oder seinem Bruder, der ein Rock-Fan ist, »Isoldes Liebestod« aufgezwungen hat. Auch die Nerven des Musiktreibenden können manchmal recht stark strapaziert werden: Man denke zum Beispiel an Schallplattenaufnahmen, wenn dieselbe Passage vielmals wiederholt werden muß, bis sie dem Produzenten gefällt.

Bevor man sich dafür entscheidet,

die Liebe zur Musik zum Broterwerb zu machen, sollten auch noch einige profane Besonderheiten des Musikerberufs überlegt werden. Die Arbeitszeit ist unregelmäßig, Sonntage und Abende gehören zur Standardarbeitszeit. Reisen bestimmen oft den Alltag. Ein Wechsel des Orchesters nützt manchmal der eigenen künstlerischen Entwicklung, erfordert aber eine hohe regionale Mobilität.

Wer glaubt, daß sein Können in musikalischer und technischer Hinsicht auf seinem Instrument nur noch durch das Studium vervollkommnet werden könne, kann sich zu einer Aufnahmeprüfung bei einer Hochschule für Musik, einem Konservatorium oder einer Akademie anmelden oder einen Privatlehrer engagieren. Die Aufnahmeprüfung an einem Ausbildungsinstititut umfaßt meistens die Fächer: Hauptinstrument, Klavier (für Nicht-Pianisten), Gehörbildung und allgemeine Musikkunde.

Das Studium an Hochschule oder Konservatorium hat vor allem den Vorzug, daß der Student sich ständig im Orchesterspiel üben kann und viele Theoriefächer im Lehrplanangebot vorfindet.

Die Studiendauer ist unter anderem abhängig von Talent und Fleiß, so daß Unterschiede zwischen vier und acht Jahren auftreten. Die hochschulinternen Abschlußprüfungen sind an jeder Ausbildungseinrichtung verschieden.

Mit dem »Diplom« in der Tasche heißt es dann, sich für einen Weg zu entscheiden:

Das Probespiel bei einem großen Orchester mit dem Ziel, in dieses Orchester aufgenommen zu werden, ist ein Weg. Eine solche Anstellung birgt ein beträchtliches Maß an sozialer Sicherheit; außerdem wird ein gutes geregeltes Einkommen erzielt, da die Orchester ihre Mitglieder wie Angestellte des öffentlichen Dienstes abgesichert haben. Für gut qualifizierte Musiker bestehen sehr gute Einstiegschancen, die insbesondere bei Streichern, Hornisten und Fagottisten durch akuten Nachwuchsmangel zur Zeit noch gesteigert werden. Lediglich bei Trompetern und bei Klarinettisten war bei der letzten Erhebung des Deutschen Musikrats das Angebot reichlicher als die zur Verfügung stehenden Vakanzen. Solche Berechnungen sind natürlich ständigem Wechsel unterworfen, da die Vorlieben für Instrumente wandelbar sind. Der generelle Nachwuchsmangel nimmt hingegen tendenziell zu, da die Ernsthaftigkeit, ein Instrument zu üben, bei Kindern und Jugendlichen zeitbedingt wenig ausgeprägt ist.

Für Pianisten ist der Weg in ein Orchester hingegen nur schwer möglich. Ihnen steht praktisch nur eine solistische Laufbahn offen, die auch für Violinisten und Violoncellisten als Beschäftigung in Frage kommt. Bei allen übrigen Instrumenten bietet sich wegen der nicht so umfangreichen Virtuosenliteratur eine Paralleltätigkeit im Orchesterdienst mit solistischen Konzerten im Einzelfall an. Der Weg zum Solisten ist steinig. Oft werden die Debüts und erste Platten aus eigener Tasche vorfinanziert, nur um überhaupt die Chance zu erhalten, etwas bekannter zu werden. Die Gagen für Debütanten und weniger namhafte Solisten sind zum Teil sehr gering (DM 500,– pro Abend).

Als weitere Beschäftigungsmöglichkeit kommt für Blasmusiker zwischen 17 und 29 ein Eintritt in die Musikkorps der Bundeswehr in Frage. Auch der Bundesgrenzschutz und einzelne Polizeiabteilungen beschäftigen Instrumentalmusiker. In diesen Fällen wird eine zeitlich befristete Dienstverpflichtung verlangt, gegebenenfalls ist auch die Überführung in ein Berufssoldaten- oder Berufsbeamtenverhältnis möglich.

Als Musiklehrer zu arbeiten, bietet sich meistens als gute Nebenverdienstmöglichkeit an, während eine hauptberufliche Tätigkeit nur in Einzelfällen für die Bestreitung des Lebensunterhalts ausreicht. Für eine Lehrtätigkeit als Musiklehrer an öffentlichen Schulen kommt der Instrumentalmusiker nicht in Frage, da hierfür ein besonderer Ausbildungsgang besteht. Weitere Informationen enthält der »Studienführer: Musikstudium in der Bundesrepublik Deutschland«, herausgegeben im Auftrag des Deutschen Musikrates.

Juwelengoldschmied/-in

»Leuchtfeuer« beim diplomatischen Empfang

Schwarze Limousinen, diplomatisches Protokoll, festliche Musik, geschmückte Säle, elegant gekleidete Menschen und jede Menge funkelnder Schmuck an Kleidung, Hals und Händen.

Brillanten an Kolliers und Armbändern, an Broschen und Ohrringen, an Manschettenknöpfen und Krawattennadeln; Brillanten als Einzelstücke oder in einer solchen Vielzahl, daß sie die ganze Oberfläche eines Schmuckstückes bedecken; Brillanten als Kontrast zu farbigen Edelsteinen, zu Smaragden, Rubinen und Saphiren. Brillanten entwickeln um so mehr Feuer, je mehr Lichtquellen vorhanden sind.

Juwelengoldschmied/-in

In früheren Zeiten wurden zur Beleuchtung von Festräumen unzählig viele Kerzen verwendet. Man muß sich einmal vorstellen, wieviel Lichtstrahlen von jedem einzelnen Brillanten dabei eingefangen, gebrochen und wieder zurückgeworfen wurden.

Brillanten nennt man diejenigen Diamanten, die einen ganz bestimmten Schliff bekommen haben. Siebenundfünfzig Facetten hat ein Brillant in der Regel. Alle dienen dazu, das eingefangene Licht zu brechen und an die Oberfläche des Steines, an die Tafel zurückzuwerfen. Brillanten bestehen aus kristallisiertem Kohlenstoff, haben eine hohe Lichtbrechung und diese wird durch die besondere Schliffform noch gesteigert.

Natürlich wird das alles bei der Herstellung von Schmuckstücken und beim Einfassen der Steine berücksichtigt. Denn der Juwelengoldschmied ist bemüht, durch seine Arbeit und sein Handgeschick diese Wirkung noch zu steigern. Juwelenschmuckstücke werden deshalb so gearbeitet und die Steine so gefaßt, daß durch möglichst viel Licht von allen Seiten Farbe und Lichtbrechung der Steine noch besser zur Geltung kommen. Beim Brillantschmuck wird zudem eine besondere Faß-Technik angewandt. Die Steine werden vertieft in das entsprechend vorbereitete Edelmetall eingesetzt, und aus dem sie umgebenden Metall wird dann mit einem Stichel ein Span teilweise herausgestochen und zu einer kleinen Kugel über den Steinrand gedrückt. Jeder Stein wird so von vier kleinen Kugeln gehalten.

Der Juwelengoldschmied erarbeitet im allgemeinen seine Schmuckstücke selbst, und er faßt auch die Steine selbst. Die besondere Arbeitsweise, die Verwendung einer großen Vielfalt von Edelsteinen, deren Anordnung auf den Schmuckstücken, das Vorbereiten der einzelnen Fassungen und schließlich das Fassen selbst machten eine Spezialisierung im Goldschmiedehandwerk erforderlich. So ist der Juwelengoldschmied zu einem eigenständigen Beruf geworden.

Er arbeitet nach Zeichnungen, die er zumeist auch selbst anfertigen muß. Schon diese Zeichnungen sind kleine Kunstwerke und lassen erkennen, daß zeichnerische Begabung, gestalterische Impression, Phantasie und Sinn für Form und Farbe Grundvoraussetzungen für eine Tätigkeit als Juwelengoldschmied sind. Erforderlich ist weiterhin Feinhandgeschick, viel Geduld und angesichts der Zartheit der Objekte, mit denen er ständig zu tun hat, eine gute Sehkraft.

Juwelengoldschmied/-in

Daß der ständige Umgang mit so hochwertigem Material Vertrauenswürdigkeit voraussetzt, versteht sich von selbst.

Um Schmuckstücke herzustellen, muß man die Beschaffenheit von Edelsteinen kennen, muß Härtegrade von Steinen bestimmen und sie nach ihrer chemischen Zusammensetzung beurteilen können. Das ist wichtig für die Verarbeitung, denn wie leicht kann bei unsachgemäßer Behandlung ein Edelstein beschädigt werden. Eine Ecke kann abspringen, ein Riß entstehen oder gar ein Stein seine Farbe verändern. Darüber hinaus muß der Juwelengoldschmied auch die Metalle und ihre Eigenschaften kennen, mit denen er zu tun hat. Platin eignet sich vorzüglich zum Fassen. Weißgold gibt einen hervorragenden Untergrund und läßt das Weiß der Brillanten besser zur Geltung kommen, und Gelbgold gibt den besseren Kontrast zu manchem farbigen Edelstein.

Juwelengoldschmiede arbeiten an einem Werkbrett. Jeder Arbeitsplatz hat eine Einbuchtung, darunter ist eine Art Schürze befestigt, in der alle abfallenden Edelmetalle aufgefangen werden. Das Handwerkszeug liegt griffbereit und in bestimmter Anordnung am Arbeitsplatz. Säge, Zangen, Feilen, Hammer, Punzen, Stichel und vieles andere. Ein Lötrohr hängt an einer entsprechenden Vorrichtung und eine Bohrmaschine mit biegsamer Welle, mit der je nach Erfordernis gebohrt, gefräst oder auch eine Fassung angetrieben werden kann, hängt über dem Werkbrett. Ein Poliermotor ist auf einem Wandbrett befestigt und eine Walze steht in der Mitte der Werkstatt.

Der Juwelengoldschmied ist Goldschmied und Fasser zugleich. Die von ihm entworfenen und hergestellten Schmuckstücke werden von ihm auch selbst gefaßt. Ist das einzelne Stücke sozusagen im Rohzustand fertig, werden die Fassungen für das Einsetzen der Steine vorbereitet. Das Material muß dafür einen festen Untergrund haben, es darf nicht nachgeben und nicht federn. So werden kleinere Stücke eingespannt, größere und flächigere werden aufgekittet.

Die Ausbildung zum Juwelengoldschmied dauert dreieinhalb Jahre und endet mit Ablegung der Gesellenprüfung. Bei besonderen Leistungen kann die Abschlußprüfung vorzeitig abgelegt werden. Den Hauptschulabschluß sollte man besitzen. Ein großer Teil der Bewerber sowie der in Ausbildung befindlichen Jugendlichen verfügen jedoch über einen qualifizierteren Schulabschluß.

Nach erfolgreich abgelegter Gesellenprüfung und fünfjähriger Tätigkeit im erlernten Beruf besteht die Möglichkeit zum Ablegen der Meisterprüfung. Zur Ausübung einer leitenden Tätigkeit, etwa als Leiter einer Werkstatt oder auch zur Eröffnung eines eigenen Betriebes ist der Meisterbrief unbedingt notwendig, für die Ausbildung des Nachwuchses ist der Meisterbrief vorgeschrieben.

Wer die Fachhochschulreife besitzt, kann eine Fachhochschule für Gestaltung besuchen. Hier kann man, bei besonderer gestalterischer Begabung und zeichnerischem Talent seine Ausbildung mit einem Studium fortsetzen und mit einer staatlichen Prüfung, zum Beispiel als Designer, Industrieformgestalter, abschließen. Möglichkeiten der Beschäftigung bestehen in Entwurfateliers der Schmuckwarenindustrie oder bei großen Juwelieren.

Kamera-Assistent/-in
Kameramann/-frau für Realaufnahme

Mit Kamera-Augen sehen

Noch ist die große Halle leer. Wenn in wenigen Minuten das Publikum zur »Star-Parade« hereingelassen wird, wird sie sich rasch mit Leben füllen. Bald wird eine gewisse Stimmung im Saal herrschen — Stimmung, die life übertragen werden soll an die vielen Fernsehzuschauer überall im Land.

Damit dies gelingt, sind sie schon seit dem frühen Morgen an der Arbeit: die Leute vom Fernsehen; unter ihnen auch der Kameramann und seine Assistenten. Kabel wurden verlegt, Scheinwerfer installiert, Aufzeichnungs- und Übertragungsgeräte für Ton und Bild einschließlich der großen Mischpulte aufgebaut und angeschlossen. Nach Beendigung dieser rein handwerklich-technischen Vorbereitungen begannen die künstlerischen. Auf Anweisung des Regisseurs wurden Beleuchtungsproben gemacht und Lichteffekte ausprobiert. Bestimmte Einstellungen wurden im Plan genau festgehalten, jeweils für jede eingesetzte Kamera. Dann kam die Probe mit den Künstlern. Nochmals prüfte der Kameramann jede geplante Szene. Bisweilen korrigierte er die Beleuchtung, vereinzelt auch den Regisseur und sogar die Künstler, wenn er meinte, etwas verbessern zu können.

Er sah das Ganze eben mit den Augen der Kamera, ebenso seine Assistenten: Totalaufnahmen, Bildausschnitte, Schwenks, Übergänge. Er mußte versuchen, verschiedene Komponenten des Auftritts auf einen Nenner zu bringen: die Absichten der Interpreten, die Vorstellungen der Regie und die Erwartungen der Zuschauer daheim.

Bei Life-Übertragungen wird mit elektronischen Kameras gearbeitet. Der Kameramann kennt ihre Eigenheiten gegenüber herkömmlichen Filmkameras, besonders bei der Ausleuchtung muß hierauf geachtet werden. Die technische Bedienung ist ihm längst in Fleisch und Blut übergegangen, erfordert kaum noch besondere Aufmerksamkeit. Er achtet nur noch auf den Bildausschnitt, den sein Monitor an der Kamera anzeigt. Er läßt sich auch nicht mehr aus der Ruhe bringen. Bei Life-Übertragungen muß jede Passage sofort stimmen, Abweichungen vom Plan und spontane Experimente haben hier keinen Platz. Wie anders ist es da doch bei Filmaufnahmen! Man kann jede Szene so lange wiederholen, bis sie optimal gelungen scheint. Höchst nützlich war für ihn die langjährige Filmkameraerfahrung, bevor er sich mit der neuen E-Kamera-Technik vertraut machen konnte.

Der Weg zum Kameramann ist lang. Nach Erreichen des mittleren Bildungsabschlusses sollte zunächst eine Ausbildung als Film- und Video- oder Fotolaborant absolviert werden. Alternativ sind auch eine Fotografenausbildung mit anschließend mindestens halbjähriger praktischer Tätigkeit in einem film- bzw. fernsehtechnischen Betrieb oder eine mindestens einjährige entsprechende Tätigkeit als Voraussetzung denkbar. Ohne hinreichende Sehschärfe (Grenze: 0,8) und uneingeschränkte Farbtüchtigkeit ist die Ausbildung undenkbar. Für die praktische Tätigkeit sind Teamfähigkeit und hohe körperliche Belastbarkeit notwendig: die kleinste Kamera wiegt schon über 20 Kilogramm! Neben handwerklich-technischem und physikalischem Verständnis und Geschick ist ferner eine künstlerische Befähigung erforderlich, die den Kameramann in die Lage versetzt, Textvorlagen in Bildfolgen umzusetzen. Das Bestehen einer entsprechenden Eignungsprüfung ist somit Voraussetzung für die Zulassung zur Ausbildung.

Die Regelausbildung erfolgt an der Staatlichen Fachschule für Optik und Fototechnik, Einsteinufer 43–53, 1000 Berlin 10. Sie erstreckt sich über vier Semester und wird mit der Prüfung zum Kamera-Assistenten abgeschlossen. Grundlagenfächer mit einer Wochenstundenzahl zwischen zwei und sechs mit unterschiedlicher Gewichtung in den einzelnen Semestern, sind: Deutsch, Englisch, Sozialkunde, Mathematik, Physik, ferner (jeweils mit Übungen) angewandte Fotochemie, Kamerakunde, Technische Optik, Lichttechnik, Fernsehtechnik, Filmgestaltung und Produktionstechniken, Tontechnik. Anwendungsfächer sind Realaufnahme und Trickaufnahme, ersteres mit einer Wochenstundenzahl von bis zu achtzehn Stunden im dritten und vierten Semester. Geht man von einem Wochendurchschnitt von 34 Stunden aus, so wird ersichtlich, wie hoch die Praxisanteile insgesamt und besonders im zweiten Ausbildungsjahr sind. Erwähnt sei, daß der Beruf des Kamera-Assistenten eine eigenständige Ausbildung erfordert. Der Weg zum Kameramann ist aber nicht zwangsläufig an diese Vorstufe gebunden.

Ein weiterer Weg wird zum Beispiel beim Westdeutschen Rundfunk (WDR) angeboten. In einem achtzehnmonatigen Kamera-Volontariat werden Kamera-Gehilfen ausgebildet. Die praktische Ausbildung umfaßt Kenntnisse aus der Kopieranstalt, der Filmtontechnik, der Kamerawerkstatt, den Schneideräumen sowie die Mitwirkung bei Außenaufnahmen durch Teams, die mit herkömmlichen Filmkameras oder einer tragbaren elektronischen Kamera ausgestattet sind. Hinzu kommen theoretische Fächer: Grundlagen der Film- und Videoaufnahme, Farbtechnik und Farbwirkung, Geschichte der Fotografie und der Filmtechnik, Trickfilmtechniken, Dramaturgie, Organisatorische Fragen bei Filmproduktionen, Filmtonaufnahme, Lichtführung und Lichtgestaltung. Auch hier wird die Ausbildung mit einem eigenen Abschlußfilm beendet.

Solche Gehilfen werden nach mindestens einjähriger Berufstätigkeit dann zu Kamera-Assistenten umgruppiert, sofern sie in dieser Zeit ihre entsprechende Qualifikation praktisch nachgewiesen haben.

Vergleichbare Wege werden auch von weiteren Rundfunk- und Fernsehanstalten angeboten.

Schließlich ist noch ein dritter Weg möglich, nämlich über ein Studium an den Filmhochschulen in Berlin und München. Dieser Weg setzt das Abitur voraus. Inhalt des Studiums sind die technischen und künstlerischen Grundlagen des Filmemachens. Das angestrebte Ziel ist, Regisseure auszubilden. Die Arbeit mit der Kamera nimmt innerhalb dieser umfassenderen Ausbildung nur einen begrenzten Raum ein und ist eindeutig film- und nicht fernsehbezogen. Die beim Fernsehen gebräuchliche E-Technik wird nur als Randgebiet vermittelt. Aus diesem Grund werden Absolventen der Filmhochschulen als reine Kameraleute nur in seltenen Fällen anzutreffen sein.

Will man Kamera-Assistenten und Kameraleute grob unterscheiden, so kann man sich daran orientieren, daß Kamera-Assistenten in der Regel mehr der organisatorisch-technischen, Kameraleute mehr der künstlerisch-technischen Bildgestaltung im Film- und Videobereich zugeordnet werden; wobei die Grenze gewiß fließend ist.

Hauptanstellungsträger sind die großen Filmgesellschaften, die Rundfunk- und Fernsehanstalten, Filmstudios unterschiedlicher Zielsetzung (zum Beispiel Werbefilmstudios) und private Einrichtungen, die sich allerdings häufig auf eine bestimmte Filmart, etwa Forschungsfilme, spezialisiert haben.

Meist wird der Kamera-Assistent seinen Werdegang bei einer größeren Einrichtung beginnen, denn bevor er einmal erster Kameramann in einem Aufnahmeteam wird, dürften einige Jahre hoffentlich erfahrungsreicher Berufstätigkeit als Assistent unumgänglich sein. Ob es dann noch gelingt, seinen beruflichen Aufstieg zu gestalten, daß man ihn zu den ganz Großen unter den Kameraleuten der Filmbranche zählt, wird von seiner Initiative, seinem fachlichen Können, wesentlich von seinem künstlerischen Format und gewiß auch von glücklichen Zufällen abhängen.

Bezüglich weiterer Aufstiegsmöglichkeiten sind vereinzelt sicher Wege denkbar, die in die Planung und Organisation der Film- und Fernsehbranche oder in Funktionen der Film- und Fernsehregie führen. Vereinzelte Sonderbereiche sollten wenigstens noch erwähnt werden, wenngleich hier Stellenangebote selten sind, so zum Beispiel die pädagogische Mitwirkung bei der Ausbildung des Berufsnachwuchses.

Die Beschäftigungsaussichten lassen sich bei einem so sehr vom künstlerischen Einfühlungsvermögen bestimmten Beruf natürlich nicht berechnen. Neben allem Können spielt hier die Bereitschaft eine große Rolle, sich an unterschiedlichen Aufgaben zu außergewöhnlichen Zeiten und unter seltsamsten örtlichen und klimatischen Bedingungen einsetzen zu lassen.

Kameramann/-frau für Trickaufnahme
Filmtricktechniker/-in

Scharfer Blick für guten Trick

Im Trickstudio herrscht geschäftige Atmosphäre, deren Mittelpunkt der Tricktisch bildet. Auf ihn sind die Scheinwerfer zentriert, auf ihn ist die Kamera gerichtet. Alles ist fest montiert, damit versehentliche Erschütterungen die Einstellung nicht verändern können. Die wochenlangen Vorarbeiten sind abgeschlossen. Hunderte von Folien mußten gezeichnet werden als Grundlage und Hintergrund für die Bildgeschichte, die nun mit »Strichmännchen« auf dem Tisch gespielt und aufgezeichnet werden soll. Hierzu muß Bild für Bild jeweils geringfügig verändert und einzeln aufgenommen werden, bis daraus ein fertiger Trickfilm entsteht.

Sie bilden ein eingespieltes Team: der Regisseur, die Grafikerin, der Trick-Kameramann, ihre Assistenten und Hilfskräfte. Da jede Kleinigkeit im Drehbuch genau festgehalten ist, geht ihnen die Arbeit gut von der Hand. Manch gute Idee wird aber noch während der Aufnahme geboren. Ohne die Grundrichtung zu verlassen, wird hier und da doch noch das Drehbuch geändert. Manchmal werden auch alternative Fassungen gedreht, über deren Verwendung man erst später entscheiden will. Der Zuschauer, der später den Film sieht, kann nicht ermessen, wieviel Detailarbeit mit jeder einzelnen Sequenz verbunden war.

Die Trickaufnahme unterscheidet sich von der Realaufnahme darin, daß bei der Realaufnahme lebendige, natürliche Abläufe aufgezeichnet werden, die später je nach Zielsetzung zergliedert und neu zusammengesetzt werden. Bei der Trickaufnahme muß im Gegensatz dazu erst einmal jede Bewegung aus Einzelbildern zusammengefügt werden. Um dies bewerkstelligen zu können, muß jeder Beteiligte eine ausgeprägte Beobachtungsgabe für Kleinigkeiten mitbringen und zugleich Feinempfinden dafür, was an Wesentlichem zur Darstellung einer bestimmten Situation gebracht werden muß. Sicheres und genaues Arbeiten über Jahre hinaus und großes Einfühlungsvermögen in die Vorstellungen des Regisseurs und der Grafikerin haben dazu geführt, daß er als Kameramann für diesen Trickfilm engagiert wurde.

Die Ausbildung zum Kameramann für Trickaufnahme, kurz »Filmtricktechniker« genannt, hat zunächst die gleichen Voraussetzungen wie diejenige zum Kameramann für Realaufnahme. Zusätzliche Kenntnisse im handwerklich- und grafisch-künstlerischen Bereich sind seinem Beruf sehr förderlich. Eine wichtige Voraussetzung läßt sich überspitzt so formulieren: Er muß nicht nur Textvorlagen in Bildfolgen umsetzen können, sondern sie in Einzelbilder zerlegen und daraus konstruieren können.

Ausbildungseinrichtung ist auch hier die Staatliche Fachschule für Optik und Fototechnik, Einsteinufer 43−53, 1000 Berlin 10. Die Ausbildung geht ebenfalls über vier Semester und schließt mit der Kamera-Assistenten-Prüfung ab, allerdings mit dem Zusatz »für Trickaufnahme«.

Die Spezialisierung in der Ausbildung erfolgt ab dem zweiten Studienjahr.

Unter den Anwendungsfächern ist dann Realaufnahme nur mit jeweils zwei Wochenstunden vertreten, während Trickaufnahme achtzehn Wochenstunden umfaßt. Auch hier ist der große Praxisanteil bemerkenswert.

Diese Ausbildung stellt den einzigen geregelten Weg in diesen Beruf dar, was jedoch nicht ausschließt, daß im Einzelfall bei besonderem Können und besonderer Begabung andere Wege möglich sind, die aber sehr individuell verlaufen dürften. Auch hier gilt, daß eine selbständige Arbeit als Filmtricktechniker erst nach mehrjähriger Assistententätigkeit denkbar ist. Filmtricktechniker arbeiten im allgemeinen im Studio, Außenaufnahmen bilden eine Ausnahme.

Mögliche Arbeitgeber sind auch hier zunächst die größeren Filmgesellschaften und die Rundfunk- und Fernsehanstalten mit ihren Trickfilmstudios. Hinzu kommen wiederum spezielle Filmagenturen der Werbung, der Forschung, der Industrie, des Schulfilms usw. Hinsichtlich Aufstiegsmöglichkeiten und Beschäftigungsaussichten gilt das über den allgemeinen Kameramann Ausgeführte entsprechend. Führt man sich vor Augen, welch hohen Anteil der Trickfilm an der gesamten Filmproduktion hat, so ist hier zwar von einem zahlenmäßig begrenzten, aber sicher auch in Zukunft interessant bleibenden Arbeitsmarkt zu sprechen.

Keramiker/-in

Scherben bringen Glück!

Alles fing mit einem Mißgeschick in der Küche an. Beim Kuchenbacken rutschte mir der schöne braune Tontopf mit dem Mehl aus der Hand. Der Topf war ein altes Stück und ich hätte gerne einen ähnlichen Topf wiedergehabt. Doch war dies gar nicht so leicht,

denn in den Fachgeschäften gab es zwar Keramiktöpfe, aber sie waren meist maschinell hergestellt und längst nicht so schön wie einst der alte Topf.
Was war zu tun?
Da ich nicht weit vom »Kannenbäckerland« entfernt wohne, beschloß ich, in einem mir bekannten Fachbetrieb einen solchen Topf in Auftrag zu geben.
Gesagt — getan, ich fuhr los.
Firma G. ist ein kleiner Handwerksbetrieb. Mit dem Meister besprach ich meinen Wunsch.
Er zeigte mir verschiedene Modelle und meine Neugierde auf die Art der Herstellung war geweckt.
Ich hatte mir Zeit genommen und fragte, ob ich mir den Betrieb einmal ansehen könne. Der Meister war Neugierige gewöhnt, da der Betrieb an einer Ferienstraße lag und täglich Besucher reinschauten.
Ich sah mich also um und fragte viel.
Zunächst sah ich einen jungen Mann an einer Töpferscheibe und war fasziniert, unter welch geschickten, flinken Hand- und Fingerbewegungen aus einem Klumpem Ton eine Vase entstand. Dabei drehte sich die Scheibe unablässig, mal langsamer, mal schneller. Es war mir ein Rätsel, daß der Tonklumpen nicht wegrutschte.
Der junge Mann erklärte mir, daß man für das Scheibendrehen gute Fingerfertigkeit, viel Form- und Farbgefühl, Tastsinn, handwerklich-gestalterische Begabung, Konzentration und Ausdauer brauche. Hauptschulabschluß und eine gute Gesundheit, keine Neigung zu Allergien und Erkältungen sind außerdem erforderlich für die dreijährige Ausbildung.
Bei der Vorbereitung der Arbeitsmasse — Ton — kommt es auf sachgemäßes Durchmengen, Anfeuchten, Schlagen, Streichen und Kneten an: Die Masse muß gut durchgearbeitet sein. Ich erinnerte mich unwillkürlich ans Kuchenbacken.
Heute gibt es zentrale Aufbereitungsanlagen für Ton, die diese Arbeitsgänge maschinell verrichten. Der Ton wird dann in Stangen geschnitten, in Folie verpackt und gebrauchsfertig angeliefert.
Der junge Mann nahm die noch sehr empfindliche (weil natürlich noch feuchte) Vase von der Töpferscheibe und stellte sie zum Trocknen in ein Regal. Hier standen schon mehrere Vasen und auch Krüge. »Ist es sehr schwierig, die Henkel an die Krüge zu machen«? fragte ich. Das sei allerdings schwierig, bekam ich zur Antwort, da man die Ansatzstellen mit Ton ausfüllen müsse, was im Fachjargon »henkeln« genannt werde. Auch Schnauben,

Schnautzen und Ausgüsse bei Kannen müßten einwandfrei sein, damit man ausgießen könne.

Nach dem Trocknen wird dekoriert. Dies geschieht in einem Nebenraum, hier sitzen überwiegend Frauen. Einige tragen mit Farbe und Pinsel Muster auf, andere ritzen mit Holzstäbchen Muster und Ornamente ein. Mir fällt auf, daß die Arbeit hier nicht so anstrengend sein dürfte, man kann dabei sitzen, während der Keramiker an der Töpferscheibe stark vornübergebeugt sitzt oder steht.

Die dekorierten Teile werden mit Glasuren bespritzt. Das muß gleichmäßig geschehen und an der Standfläche wird die Glasur wieder abgeputzt. Zum Teil wird nach der Glasur noch einmal gemalt. Wieder werden die »Scherben« (die alte Bezeichnung für Keramik) getrocknet und dann in den Brennofen gesetzt.

Glasieren ist nicht ganz ungefährlich, denn es werden auch Bleiglasuren verwendet, die Vergiftungsgefahr mit sich bringen.

Auch das Einsetzen in den Brennofen will gelernt sein. Man muß die verschiedenen Ofensysteme und ihre Brennweise kennen. Es kann mit Öl oder Gas gebrannt werden. Gas ist kostengünstiger. Früher, erzählte der Meister, wurden die Öfen mit Holz geheizt. Heute wäre dies viel zu teuer und unrentabel, da man mit Öl und Gas in weitaus höheren Temperaturen brennen kann.

Ein Ofen brennt gerade. In diesem Raum ist es sehr heiß. Man fühlt sich sofort schweißgebadet. Dagegen war es in der Dreherei angenehm kühl. Durch den ständigen Temperaturwechsel zwischen Arbeitsplatz und Brennofen, der regelmäßig kontrolliert werden muß, wird der Körper belastet. Anfällig für Erkältungen darf man wie gesagt nicht sein.

Durch die Hitze dehnt sich das Material zunächst aus, die Feuchtigkeit verdunstet und die Masse verdichtet. Das bedeutet, daß die zu brennenden Teile in richtigen Abständen im Ofen aufgestellt werden müssen.

Auf sachgemäße Abkühlung ist danach zu achten. Meist dauert so etwas drei Tage, bis der Ofen ausgekühlt ist und »ausgesetzt« wird. Bei der Firma G. ist an den Tagen, wenn ein Ofen ausgesetzt wird, Hochbetrieb. Die Kunden haben sich vorher erkundigt, wann es soweit ist und wer keine bestellte Ware abzuholen hat, versucht, ob er nicht doch noch ein schönes Stück ergattern kann. Denn der handwerklich-gestalterische Betrieb G. kann kaum mit der Produktion nachkommen, so viele Aufträge hat er zur Zeit zu erledigen.

Ich erfahre, daß der Keramiker in der Ausbildung alle anfallenden Arbeiten erlernen muß und sich erst später als Geselle spezialisieren kann – zum Beispiel an der Drehscheibe oder in der Dekoration.
Es wird nur im Handwerk ausgebildet. Allerdings gibt es außer der Sparte »Scheibentöpfer« auch noch die Fachrichtung Baukeramiker, wie mir der Meister erklärt. Der Baukeramiker erlernt auch das Vorbereiten des Tones, aber er produziert Bauelemente, wie Kachelöfen, freie Plastiken, Brunnen und Gartengefäße. Er wird auch nicht in allen Bundesländern ausgebildet – meist im süddeutschen Raum. Er verfügt auch über andere Fertigungstechniken, zum Beispiel Formung von Bauelementen, Zuschneiden auf Gehrung usw. Er muß sauber und einwandfrei arbeiten. Auf Dekor wird besonderer Wert gelegt. Glasieren, Einsetzen und Brennen entsprechen dann wieder den Arbeiten des Scheibentöpfers.
Ich frage nach den Möglichkeiten, sich später weiterzubilden. Nach der abgeschlossenen Berufsausbildung und dem Nachweis von fünf Jahren beruflicher Tätigkeit wird man durch zweisemestrige Kurse bei den Handwerkskammern auf die Meisterprüfung vorbereitet. Als Meister kann man eine eigene Werkstatt gründen oder auch als Meister oder Leiter in einem keramischen Betrieb tätig werden.
Wer mehr gestalterisch – handwerklich arbeiten möchte, kann durch ein sechssemestriges Studium an der Staatlichen Fachschule für Keramik in Höhr-Grenzhausen zum Gestalter ausgebildet werden. Der Gestalter arbeitet in der keramischen Industrie, im Atelier, im Rahmen der Erwachsenenfortbildung oder auch in einer eigenen Werkstatt. Seine Arbeitsgebiete sind Gestaltung, Plastik und Relief, Gefäßgestaltung, Dekor-, Industrieform- und Glasurgestaltung.
Eine weitere Möglichkeit für Keramiker, die sich mehr für technische Fertigungsabläufe in der Industrie interessieren, ist der weiterführende Weg über vier Vollzeitsemester an der Staatlichen Fachschule für Keramik in Höhr-Grenzhausen zum Techniker. Techniker sind in der Produktion und Qualitätsüberwachung in der keramischen Industrie eingesetzt, zum Beispiel in der Geschirr-, Sanitär-, Baustoff-, Feuerfest-, Elektrokeramik-, Schleifscheibenindustrie.
Als letzte Möglichkeit der Weiterbildung sei noch der Studiengang zum Keramikingenieur genannt. Er dauert sechs Semester an der Fachhochschule mit dem Schwer-

punkt Werkstofftechnik, Keramik. Insgesamt hatte ich beim Durchgang durch den Betrieb den Eindruck – und er wurde mir auch durch den Meister bestätigt –, daß ein guter Keramiker im Handwerk sich auf gestalterisch-künstlerische Handarbeit in Einzelfertigung oder kleinen Serien konzentrieren und so auch ganz individuelle Wünsche der Kunden berücksichtigen kann. Wenn er dazu noch Kreativität und Ideenreichtum besitzt, unter Umständen Marktlücken erkennt und den Kundengeschmack trifft, hat der Keramiker – auch heute noch – gute Chancen für eine erfolgreiche berufliche Zukunft.

Kerammaler/-in

Talent und enorme Ausdauer sind mitzubringen!

Für viele ist es vielleicht ein langgehegter geheimer Wunsch: mit Pinsel und Farben künstlerisch gestalten; der eigenen Phantasie freien Lauf lassen; nicht täglich immer dasselbe tun müssen; nicht mehr kleines Rädchen in einem großen Getriebe sein; selbst etwas herzustellen; sich freuen an der Schönheit und Ausstrahlung handgefertigter oder handgemalter Gegenstände.

Wer ersteht nicht gern anläßlich eines Stadt- oder Flohmarkt-Bummels eine Schale aus altem handgemaltem Porzellan oder einen mit Streublümchen bemalten Krug? Wem käme da nicht der Gedanke, daß es schön sein müßte, solche Objekte selbst zu bemalen und auszugestalten?

Doch reichen Vorliebe und Freude am Umgang mit Farbe und Pinsel allein nicht aus für einen Beruf, dessen Schwerpunkt das Bemalen und Gestalten von Porzellan und Steingut ist. Wer die Ausbildung zum Kerammaler/Kerammalerin antreten will, braucht eine ruhige Hand, Geduld, Ausdauer und *vor allem Talent*. Drei Jahre dauert diese Ausbildung, die beispielsweise in einer der Manufakturen, die sich heute noch mit Handmalerei befassen, durchgeführt werden kann.

Diese Ausbildung kann allerdings auch absolviert werden an der »Staatlichen Fachschule für Porzellan« im staatlichen Berufsbildungszentrum für Keramik, Postfach 1224, 8672 Selb. Hier wird allerdings eine vorherige abgeschlossene Berufsausbildung als günstig empfunden.

Die Tätigkeit der Kerammaler zum Beispiel in einer Porzellanmanufaktur sieht konkret etwa so aus: Je nach Größe der Manufaktur findet man meist eine größere Gruppe von Kerammalern ge-

Kerammaler/-in

meinsam in einer Werkstatt; sie sitzen ruhig und konzentriert an ihren Tischen und tragen bestimmte Muster (= Dekors) auf unterschiedliche Porzellanwerkstücke wie Krüge, Tassen, Teller oder ähnliches auf. Die zu malenden Dekors wechseln sehr stark im Schwierigkeitsgrad. Daher malt der Kerammaler *nach zumeist vorgegebenen Entwürfen* entweder frei oder mit Hilfe von Schablonen Muster, Ornamente usw. Dabei sind Motive wie Blüten, Blätter, Knospen aber auch Schriften, Monogramme oder feine zarte Farbränder am häufigsten. Oft werden für diese Muster Schablonen benötigt, da einige Muster zu schwierig sind, um sie direkt aus der Hand genau zeichnen zu können. Diese Schablonen fertigt der Kerammaler dann selbst an, meist aus Pergamentpapier, und überträgt mit ihrer Hilfe das Muster auf das zu bemalende Werkstück. Man nennt dies auch schablonieren. Im Anschluß daran wählt er die benötigten Farben aus: Porzellanfarben meist, die unter anderem aus farbigen Metalloxyden bestehen; sie werden gemischt, verdünnt, der gewünschten Farbvorgabe angepaßt. Nach diesen Vorarbeiten beginnt die eigentliche Aufgabe: das Bemalen. Dabei werden in oft stundenlanger, geduldiger Feinarbeit (je nach Motiv) die zierlichen Farbränder, Blumenmuster, Schriften, bildnerischen Darstellungen und anderes mit Pinseln auf das Porzellanstück aufgetragen. Anschließend werden diese Motive dann zum Beispiel in der Aufglasurtechnik eingebrannt.

Zum Aufgabengebiet des Kerammalers gehört aber nicht nur das Bemalen von Porzellanteilen, etwa eines Geschirrservices, sondern auch das farbliche Gestalten von feingliedrigen Porzellanfiguren und manch anderen dekorativen Objekten. Dabei kann der Kerammaler dann meist auch seiner künstlerischen Phantasie und Veranlagung etwas mehr freien Lauf lassen, denn hierbei handelt es sich ja meist nicht mehr um das Ausführen bestimmter vorgegebener Muster, sondern um individuelles Ausgestalten mit farblichen Details.

Neben der künstlerisch hochrangigen Handmalerei erlernt der Kerammaler während seiner Ausbildung aber auch mechanische Druckverfahren.

Ebenso wird während der Ausbildungszeit das zuvor beschriebene Schablonieren, aber auch Staffieren, Handmalen von einfachen Mustern sowie Pflege und Instandhaltung der Arbeitsgeräte vertieft und geübt.

Diese Kenntnisse werden vom angehenden Kerammaler zur Abschlußprüfung erwartet. Ergänzend erhält der Auszubildende Unterricht im Ätzen von Porzellan, Reliefmalen, Handmalen von schwierigen Mustern, Schablonen schneiden, Entwerfen von Mustern, sowie Sortierung der Halb- und Fertigwaren. Mit beendeter Ausbildung sollte man in der Lage sein, eine »Meißner Blume« formvollendet aufzutragen. So lautet jedenfalls ein allgemeiner Richtspruch, an dem sich jeder Auszubildende gut orientieren kann, bevor er sich in die Prüfung vor der Industrie- und Handelskammer begibt.

Diese hohe Anforderung erklärt vielleicht auch ein wenig, warum bei der Einstellung Auszubildender kräftig gesiebt wird: die Ansprüche an zeichnerisches Talent, Ausdauer, Farbempfinden, Anpassungsfähigkeit dürfen angesichts des Ansehens, das dieser Beruf genießt, nicht unterschritten werden. Hat der Kerammaler seine Ausbildung beendet, findet er in der Regel Beschäftigungsmöglichkeiten bei einer der Porzellanmanufakturen in regionaltypischen Töpfereien oder anderen Bereichen der keramischen Industrie. Eine Weiterqualifizierungsmöglichkeit in diesem Beruf besteht in der Fortbildung zum staatlich geprüften Kerammaler.

Kerammodelleur/-in

*Kreativität
trotz Serienfertigung*

Ohne seine Fachkenntnis läuft in der keramischen Industrie nichts. Er schafft die Grundformen, die Modelle, und hat dabei mit verschiedenen Materialien und Werkzeugen zu tun. Ein Beruf für Leute, die vielseitig begabt sind und gerne exakt und kreativ arbeiten.

Er ist ein echter Handarbeiter, der seine Tätigkeit vorwiegend sitzend ausübt. Sein Arbeitsplatz ist in der Modellabteilung eines Betriebes. Hier entstehen zunächst Entwurfskizzen. Anhand der Skizze erstellt er die Entwurfzeichnung, dabei muß er auch die Schrumpfung – genannt Schwindung – bei der Herstellung des Artikels genau errechnen und berücksichtigen.

Jetzt erst entsteht der Gipsentwurf in Originalgröße. Zeichnung und Gipsmodell werden verglichen und geprüft.

Die Werk- oder Modellzeichnung mit den genau berechneten Schwingungen und das Gipsmodell für die Fabrikation, die Haupt- oder Mutterform genannt, ist die nächste Station. Musterstücke werden geformt und nach dem Brennen mit der Form verglichen. Bis Übereinstimmung erreicht ist, dauert es oft etwas länger. Aber dann ist das Arbeitsmodell fertig und kann vervielfältigt werden, um in die Produktion zu gehen.

Drehen der runden Gegenstände wie Teller, Schüsseln, Kannenkörper, Vasen und ähnliches auf der Drehscheibe zur Herstellung des Modells gehört ebenso zur Arbeit des Kerammodelleurs wie das Herstellen von ovalen Formen wie zum Beispiel Platten. Alle Henkel, Schnauben und ovale oder allgemein nicht runde Werkstücke schneidet er aus. Verzierungen etwa in Form von Ornamenten entstehen im Negativschnitt, der in die fertige Gipsform eingeschnitten wird. Hauptsächlich arbeitet der Kerammodelleur mit dem Werkstoff Gips. Gips kann man drehen, ziehen, negativ schneiden und in flüssigem Zustand gießen. Exaktes Arbeiten und Sicherheit der Anwendung aller Techniken sind notwendig, damit die serienmäßige Produktion ohne Probleme ablaufen kann. Das Beherrschen aller Techniken muß der angehende Kerammodelleur bei Abschluß der Ausbildung in einer etwa vier Tage dauernden praktischen Prüfung unter Beweis stellen.

Die Ausbildung dauert drei Jahre. Voraussetzung sind der Hauptschulabschluß, geschickte Hände, Gefühl für Formen und ein gutes Formengedächtnis, Ausdauer, Konzentrationsfähigkeit und räumliches Vorstellungsvermögen. Auch Spaß am künstlerischen Gestalten und Modellieren ist gefragt. Da überwiegend mit Gips gearbeitet wird, darf man nicht allergisch gegen den ständigen Gipsstaub sein.

Kerammodelleure findet man in der Porzellan-, Steingut-, Steinzeug- und Fayenceindustrie, das heißt überall dort, wo nach und mit Modellen gearbeitet wird.

Nach der Ausbildung gibt es je nach Betrieb auch die Möglichkeit in einem Spezialgebiet, zum Beispiel als Zahnmodelleur, Kachelmodelleur oder Porzellanmodelleur zu arbeiten.

Der Beruf hat gute Zukunftsaussichten. Infolge der wachsenden Technisierung hat sich zwar innerhalb der Keramikproduktion vieles geändert, aber auf die Tätigkeit des Kerammodelleurs kann man nicht verzichten.

Der berufliche Aufstieg vom zweiten über den ersten Kerammodelleur bis zum Leiter der Modellabteilung ist eine innerbetriebliche Qualifizierungsmöglichkeit. Nach fünf Jahren beruflicher Tätigkeit kann man die Prüfung zum Industriemeister ablegen. Durch ein sechssemestriges Studium an der Staatlichen Fach-

schule für Keramik wird man bei Interesse und Eignung zum Keramik-Gestalter ausgebildet. Die Weiterbildung zum Techniker in der Keramik ist in vier Vollzeitsemestern an der gleichen staatlichen Fachschule möglich. Eine weitere Entwicklungschance bietet das Studium zum Keramikingenieur an der Fachhochschule für Keramik.
(Siehe nähere Angaben zu den Weiterbildungsmöglichkeiten beim Berufsbild Keramiker)

Kirchenmusiker/-in (katholisch/evangelisch)

Präludium und Fuge

Musik umrahmt den Gottesdienst beziehungsweise die Heilige Messe, seit Gemeinden zur Feier und zum Gebet zusammenkommen. Dabei stand die Musik oft im Mittelpunkt dogmatischer und liturgischer Überlegungen. Die Einführung des Gregorianischen Chorals oder die Bestrebungen des Cäcilien-Verbandes, die Absichten Martin Luthers oder die von Heinrich Schütz eingeleiteten Reformen: alle waren sie von der Idee beseelt, Musik im kirchlichen Raum als Glaubenszeugnis realisiert zu sehen.
Ob die Orgel – das Hauptinstrument der Kirchenmusik – erklingt, ob Chöre vielstimmig jubilieren, ob große Orchester hinzutreten, oder ob neuerdings auch mal Rock-Bands in der Kirche musizieren, stets geschieht alles zu dem einen Zweck: das Lob Gottes zu singen. Somit ist die musikalische Tätigkeit von Kirchenmusikern insgesamt unter diesem Motto zu sehen. Musik in der Kirche ist niemals Selbstzweck. Eine positive innere Einstellung zum Glauben ist daher eine Grundvoraussetzung für diese Tätigkeit. Der Beruf umfaßt in seinem hauptsächlichen musikalischen Teil folgende Inhalte:
Tägliches, natürlich auch sonntägliches Orgelspiel und freie Improvisation zur Begleitung der Gemeinde am Instrument, Chorarbeit mit Gemeindemitgliedern, Anleitung zur Jugendmusik im kirchlichen Rahmen, eventuell Instrumentalkreisleitung.
Der Kirchenmusiker hat aber auch außermusikalische Aufgaben wahrzunehmen. Er ist meistens sein eigener Organisator, muß die Auffassungen von Pfarrer und Gemeinde in seine Arbeit integrieren; als Leiter verschiedener Kreise ist er als Pädagoge tätig, bei der Orgelreparatur als Handwerker. Auch diakonische Aufgaben in der Gemeindebetreuung kommen manchmal zur musikalischen Tätigkeit ergänzend hinzu.

Kirchenmusiker/-in

Kirchenmusiker werden in verschiedene Kategorien eingeordnet; die Ausbildung variiert entsprechend.

C-Musiker arbeiten nur im Nebenberuf, sie sind in kleinen Kirchensprengeln tätig. Die Ausbildung kann praktisch bei jeder Musikschule oder bei Privatlehrern absolviert werden. Hierbei handelt es sich jedoch nicht um eine Berufsausbildung im eigentlichen Sinne.

B-Musiker werden an Kirchenmusikschulen und einigen Konservatorien, zum Teil auch an Musikhochschulen ausgebildet. Mindestvoraussetzung für die Studienaufnahme ist die Mittlere Reife, Ausnahmen bei besonderer Begabung sind möglich. Das Studium dauert etwa drei Jahre.

A-Musiker werden vorwiegend an staatlichen Musikhochschulen ausgebildet. Hier ist die normale Studienvoraussetzung das Abitur, die Studiendauer ist länger als für B-Musiker. Die Anforderungen in der Abschlußprüfung sind bedeutend höher.

Die Frage, welchen Ausbildungsweg der Studienanfänger einschlagen soll, wird von seiner Begabung abhängen. A-Kirchenmusiker sind auch als Instrumentalvirtuosen tätig, wobei Orgel- und Klavierspiel gleichermaßen beherrscht werden müssen. Die Positionen im kirchlichen Bereich, die die schwierige Ausbildung auch durch passable Bezahlung und interessanten Wirkungskreis honorieren, sind dünn gesät. In der katholischen Kirche sind solche Tätigkeiten am Sitze eines Bischofs, zum Beispiel als Domkapellmeister oder als Kirchenmusikdirektor zu finden. In der evangelischen Kirche ist die Streuung der A-Stellen etwas größer, wobei die Situation aber in jeder Landeskirche unterschiedlich ist.

Der weitaus häufigste Weg ist der des B-Kirchenmusikers. Insbesondere wenn eine katechetische Ausbildung gleichzeitig absolviert wurde, ist er in der Kirchengemeinde ein wichtiges Bindeglied zwischen Pfarrer und Gemeinde und hat als solcher gute Anstellungschancen. Die Ausbildung eignet sich auch für Frauen, wenngleich in beiden christlichen Kirchen noch nicht immer und überall althergebrachte Vorurteile abgebaut sind.

Die Berufsaussichten des Kirchenmusikers sind als nicht ungünstig zu bezeichnen — wenn man bereit ist, gewisse Nachteile in Kauf zu nehmen. Üblich sind häufig halbe oder dreiviertel Arbeitsverträge, die es erforderlich machen, sich mit Nebentätigkeiten ein Zubrot zu verdienen, etwa durch private Instrumentalstunden, Übernahme von Chorleitungen und ähnliches. Dabei muß man wissen und verstehen, daß Einstufung und Bezahlung im kirchlichen Dienst manchmal niedriger ist als nach Absolvierung vergleichbarer Studiengänge in anderen Bereichen. Die Einstufung nach dem Bundesangestelltentarif liegt meistens zwischen den Stufen Vb und IVb. Auf der anderen Seite muß aber auch gesehen werden, daß mit der Anstellung bei der Kirche erhebliche soziale Sicherheiten verbunden sind, in deren Genuß Angehörige künstlerischer Berufe nur sehr selten gelangen. Da ein Zusammentreffen von hoher künstlerischer Begabung und dem Wunsch, diese in den Dienst des Glaubens zu stellen, relativ gesehen ein Glücksfall ist, gibt es unter Kirchenmusikern keine Konkurrenz und so gut wie keine Arbeitslosigkeit. Allerdings muß man sicher sein, daß der Glaube tragfähig ist, denn ein Wechsel in der Weltanschauung kann von der Kirche in einem so wichtigen Amt nicht hingenommen werden.

Weitere Informationen sind bei den Berufsverbänden erhältlich: Verband evangelischer Kirchenmusiker Deutschlands, Domplatz 5, 6720 Speyer; Allgemeiner Cäcilien-Verband (kath.), Andreasstraße 9, 8400 Regensburg.

Klavier- und Cembalobauer/-in

Damit die Töne stimmen

»Das ist ja noch ein wunderschönes Biedermeiergehäuse, auch wenn das Klavier total verstimmt und reparaturbedürftig ist«, meinte der Meister, den Frau A. bestellt hatte, um sich zu erkundigen, ob das ererbte gute Stück noch etwas tauge. Der Klavierbaumeister beruhigte sie. Er werde seine fachlichen Möglichkeiten ausschöpfen und sie werde noch lange Freude an ihrem Instrument haben.

Das Aufgabenfeld des Klavier- und Cembalobauers liegt in der Industrie und im Handwerk: während in der Industrie überwiegend die Fertigung der Klaviere erfolgt, hat das Handwerk das Stimmen und das Reparieren übernommen. Es gibt natürlich auch noch Handwerksbetriebe, die Einzelanfertigungen nach Kundenwunsch übernehmen. Der ausgebildete Klavierbauer, egal an welcher Stelle er seinen Arbeitsplatz hat, besitzt die Fähigkeit, von der Konstruktionszeichnung über die Detailkonzeption bis hin zur Fertigung alle Arbeitsgänge zu erledigen.

Stilkenntnisse und Formgefühl sind erforderlich, wenn es gilt, den Kunden zu beraten.

Die handwerklichen Arbeiten, welche bei der Fertigung des Gehäuses anfallen, sind mit denen eines Möbelschreiners durchaus vergleichbar. Bei dem Saitenbezug, dem Einbau der Mechanik und der Klaviatur ist technisches Verständnis nötig.

Als Werkstoffe hat der Klavierbauer neben Holz auch Metall (Graugußplatte), Kunststoffe, Klebstoffe, Filz und Tuch zu verarbeiten. Ein wichtiger Bestandteil der Arbeit ist das Stimmen des Instruments; hierfür ist ein gutes Gehör erforderlich, denn bei der »temperierten Stimmung« (Gegensatz: Reinstimmung!) kommt es darauf an, Tonnuancen heraushören und korrigieren zu können.

Die Aussage, im Handwerk sei der Klavierbauer in erster Linie mit Reparaturen beschäftigt, sollte nicht mißverstanden werden: bei der Reparatur werden nicht etwa nur Teile ausgewechselt, sondern selbstverständlich zunächst selbst gefertigt!

Voraussetzung, um diesen Beruf zu erlernen, ist wenigstens der Hauptschulabschluß. In der Bundesfachklasse in Ludwigsburg sind jedoch inzwischen bereits fünfzig Prozent der Auszubildenden Abiturienten; in jedem Jahrgang befinden sich auch circa zehn Prozent Mädchen.

Neben guten Kenntnissen in Mathematik und Physik (Akustik) muß der künftige Klavierbauer ein gutes Augenmaß und handwerkliches Geschick besitzen. Für manche Arbeiten, wie das Umlegen des Klaviers, sind auch gewisse Körperkräfte nötig.

Die Ausbildungsdauer beträgt in Industrie und Handwerk jeweils dreieinhalb Jahre und kann bei guten schulischen Leistungen und mit Einverständnis des Ausbildungsbetriebes bis auf zweieinhalb Jahre verkürzt werden. Der Theorieunterricht erfolgt für das gesamte Bundesgebiet in der Fachklasse für Klavier- und Cembalobauer am beruflichen Schulzentrum in Ludwigsburg. Im Rahmen einer Blockbeschulung erhalten die Auszubildenden in den ersten drei Ausbildungsjahren pro Jahr zwölf Wochen theoretischen Unterricht. Im letzten Halbjahr vor der Gesellen-/Facharbeiterprüfung wird kein Berufsschulunterricht mehr angeboten.

Neben dem Unterricht in allgemeinbildenden Fächern werden Kenntnisse vermittelt aus den Bereichen Musikkunde, Wirtschafts-, Arbeits- und Werkstoffkunde, Fachkunde, -rechnen, -zeichnen, Instrumentenbaukunde.

Nicht angeboten wird Instrumentalunterricht! Es ist zum Erlernen des Berufes zwar nicht zwingend erforderlich, Klavier spielen zu können; für das Stimmen des Instruments ist es jedoch unbedingt von Vorteil, weshalb viele Betriebe dazu übergegangen sind, während der Ausbildung auch Klavierunterricht anzubieten.

Während des Berufsschulunterrichts haben die Auszubildenden Möglichkeit, im Wohnheim des Jugendsozialwerks Ludwigsburg aufgenommen zu werden. (Über Förderungsmöglichkeiten aus Landesmitteln beziehungsweise nach dem Arbeitsförderungsgesetz informiert die Berufsberatung!) Die Zwischenprüfung soll vor Ende des 2. Ausbildungsjahres durchgeführt werden und Aufschluß über den Stand der bis dahin erworbenen Kenntnisse und Fertigkeiten vermitteln.

Im Klavierbau herrscht ein enormer Konkurrenzdruck ausländischer Hersteller (Japan, DDR, CSSR); allerdings kann auch von einem relativ stabilen Markt der Nachfrager gesprochen werden.

Weiterbildungsmöglichkeiten: Meisterprüfung, Ausbildung zum Technischen Lehrer, Diplom-Gewerbelehrer.

Komponist/-in

(Keine) Nöte mit Noten

Eigentlich muß in dieser Beschreibung weit mehr von einer Berufung gesprochen werden denn von einem klar umrissenen Berufsbild; denn Komponist kann man nicht über einen bestimmten Ausbildungsweg werden, und komponieren kann man nicht als Arbeit im herkömmlichen Sinne verstehen. Komponist ist man ganz einfach. Daß es dennoch Lernstätten für Komposition gibt, steht dazu nur scheinbar im Widerspruch.

Der Begriff von dem, was ein Komponist ist, weitet sich ständig aus, und dazu trägt unsere Zeit und ihre Technik bei. Wann und wer hörte zu Johann Sebastian Bachs Zeit Musik? Nur wenige Menschen bei festlichen Aufführungen, die Gläubigen in der Kirche oder die Teilnehmer an anderen besonders feierlichen Anlässen. Daneben gab es nur die Volksmusik, die aber eher tradiert als komponiert war. Und heute? Die Musikberieselung ist allgegenwärtig: im Kaufhaus ebenso wie beim Fernsehen. Jede Note will komponiert sein. Sogar Computer hat man mit dieser Aufgabe bereits betraut. Die meisten Musikstücke stammen aber noch aus der Feder von Komponisten.

Manch einer schreibt Musik für

Werbespots oder den Hintergrund von Kriminalfilmen, anderen gelingt der Sprung in die Hitparaden, Improvisationskünstler treten vielleicht in Jazz-Kellern auf — aber das sind nur wenige Möglichkeiten einer kaum zu umschreibenden Palette. In der sogenannten »E-Musik« wird fleißig mit Synthesizern experimentiert. Die geschlossene Kunstform Musik sprengt heutzutage allenthalben ihre Grenzen und wird zur »Multi-Media-Kunst«. Die theoretische Grundlage für diese Entwicklung legte aber bereits vor mehr als 100 Jahren Richard Wagner in seinem Essay »Oper und Drama«, als er das sogenannte Gesamtkunstwerk aus der Taufe hob.

Bach, Beethoven, Mozart, Wagner und Schönberg sind die Ahnen, die ihre Schatten werfen. An ihnen wird gemessen, an ihnen kommt kein ernsthafter Komponist vorbei. Die Masse der heute neu geschriebenen Musik fällt schnell der Vergessenheit anheim. Arrangements, die zweckbestimmt sind, sind ja auch gar nicht aufs Überleben angelegt, außer wenn vielleicht zu Werbezwecken ein »Ohrwurm« immer wieder an ein Produkt erinnern soll. Aber die zweckfreie Musik? Wenn man Beständigkeit als Gradmesser für Qualität anlegt, dann setzen vor allem die vier »Pilzköpfe aus Liverpool« die oben begonnene Reihe großer Komponisten würdig fort.

Komponisten ersinnen oder arrangieren Musik. Vieles in der heutigen Musik stammt von gestern und wurde nur neu arrangiert. Die Kunst des Arrangements setzt die Kenntnisse der Klangwirkungen der einzelnen Instrumente sowie ihres Zusammenklangs voraus. Meister der Instrumentation waren Maurice Ravel und Richard Strauss. Von letzterem stammt die heute noch gebräuchliche Instrumentationslehre.

Natürlich ist auch die Harmonielehre heute nicht überholt. Auf der Grundlage der traditionell tonalen Harmonielehre (übrigens sind 95 Prozent der heute komponierten Stücke nach den Regeln der Diatonik geschrieben) lernt der angehende Komponist andere Harmonieregeln (zum Beispiel Zwölftontechnik, serielle Komposition). Mathematik und Computertechnik halten ihren Einzug in die Musikstudios der Avantgarde. Auch damit muß sich ein Kompositionsschüler auseinandersetzen.

Komposition wird als Fach an allen Musikhochschulen, oft auch an Konservatorien oder Kirchenmusikschulen gelehrt. Aber komponieren ist fast niemals die einzige Beschäftigung dessen, der sich der Musik verschrieben hat. Die Mehrzahl der Komponisten sind praktizierende Instrumentalmusiker, Dirigenten (Korrepetitoren) oder Musiklehrer. Manchmal finden sich auch Sänger unter den Komponisten, aber das ist die Ausnahme. Gute Musikarrangeure leiten nebenher eine Combo oder eine Tanzmusikkapelle. Der freischaffende Komponist wird heutzutage von der Gesellschaft nicht ernährt, es sei denn, er produziert goldene Schallplatten. Besonders begabte Komponisten können zeitweise durch Stipendien der Rundfunkanstalten unterstützt werden.

Für die Aufnahme in eine Musikhochschule gelten sehr strenge Kriterien. Der Bewerber muß in der Regel auf zwei Instrumenten eine praktische Aufnahmeprüfung ablegen; an sein instrumentales Können werden schon zu diesem Zeitpunkt hohe Anforderungen gestellt: Grundlagen der Harmonie- und Formenlehre, gutes Gehör, Partiturlesen werden geprüft, noch bevor die Zulassung zum Studium erteilt wird. Ausdauer und Übungsfleiß sind während des Studiums treue Begleiter, nur sie ermöglichen einen zufriedenstellenden Abschluß.

Ein Arbeitsmarkt für Komponisten ist nicht vorhanden. In dieser Tätigkeit ist so gut wie niemand abhängig beschäftigt. Wo dauernd Arrangeure gebraucht werden, wie zum Beispiel in der Film- und Werbebranche, sind diese als freie Mitarbeiter tätig. Aufträge, die von Städten, Festspielen usw. vergeben werden, treffen meistens die schon bekannteren und in der Branche etablierten Kräfte. Die Chancen für gute Musiker stehen hingegen nicht schlecht, und dann kann Komposition zusätzlich betrieben werden.

Ein »Blatt zur Berufskunde« für die Tätigkeit des Komponisten gibt es bisher nicht. Aufschlußreich können die Biographen bekannter Komponisten sein. In Konzert- und Opernführern sind häufig auch Kurzbiographien zu finden, die Lebens- und Berufswege aufzeigen. Man sollte aber daran denken, daß es sich bei den in Büchern beschriebenen Künstlern nur jeweils um außergewöhnlich erfolgreiche und leistungsfähige Meister handelt; das Schicksal der vielen Mittelmäßigen ist nirgendwo nachzulesen.

Konditor/-in

Süße Kunstwerke

Im Terrassen-Café herrscht Hochbetrieb. Strahlende Sonne lockt, Sonntags-Ausflügler machen Rast und lassen sich verwöhnen – mit Marzipan- und Mandelsplittertorte, Obstkuchen und Eisbechern. Fast alle Wünsche können erfüllt werden – die Konditoren haben Hochsaison.

Damit den Gästen im Café das Wasser im Munde zusammenläuft und sie Lust auf etwas Leckeres bekommen, zaubert der Konditor mit viel Phantasie und Geschick verführerische Torten, abwechslungsreiches Feingebäck und geschmackvolle Pralinen. Als Rohstoffe dienen ihm dabei Zucker, Kakao, Schokolade, Marzipan, Krokant, Nougat, Nüsse und Mandeln, Konfitüren, Rum, Arrak und natürlich Mehl, Butter, Milch, Sahne, Eier und einige spezifische Gewürze. Hefe-, Mürbe- und Blätterteige werden gerührt, geschlagen und geknetet – ebenso die unterschiedlichen Füllmassen, mit denen nachher die einzelnen Lagen der Torte bestrichen beziehungsweise gefüllt werden. Besonders bei größeren Mengen von Teig oder Füllmasse werden Rühr- und Knetmaschinen eingesetzt. Die Kenntnis von deren Wirkungsweise, besonders aber auch die Beherrschung des Backofens und sonstiger Backgeräte (zum Beispiel Fettbackgerät oder Baumkuchenapparat), ist zwingende Voraussetzung für fachgerechtes Arbeiten.

Die oft sehr kunstvoll geschmückten Sahnetorten, verziert mit Marzipanrosen, Schokoladesternen und Schriftzügen aus bunter Zuckermasse, verraten, daß die eigentliche Arbeit des Konditors oft erst nach dem Backvorgang beginnt. Die gebackenen Teile werden raffiniert beträufelt oder getränkt, bestrichen oder getaucht, belegt oder überzogen und schließlich mit Pralinen, Früchten, Nüssen oder Mandeln dekoriert.

Daneben stellt der Konditor aus Schokoladen- und Zuckermasse je nach Jahreszeit Weihnachtsmänner, Osterhasen und Ostereier sowie Maikäfer als beliebte und begehrte Geschenke her. Das Blasen eines Vogels aus heißer Zuckermasse ist schon fast künstlerische Arbeit und verlangt viel Erfahrung und Geschick. Durch Zuckerkochen läßt sich Karamel gewinnen – wichtig als Dekormaterial. Besonders für Pralinen wird Krokant verwandt. Speiseeis, Halbgefrorenes und Eisgetränke runden das bunte und süße Angebot der Konditorei ab, das dazu dient, Feste und Freizeit zu verschönen, Mund und Auge anzusprechen oder ganz einfach für eine schmackhafte Abkühlung an einem heißen Sommertag zu sorgen.

Für den anerkannten Ausbildungsberuf Konditor ist ein bestimmter Bildungsabschluß nicht vorgeschrieben. Da die Arbeit des Konditors vorwiegend im Stehen verrichtet werden muß, sind gesunde Füße und Beine wichtig; ebenso wichtig ist auch Unempfindlichkeit der Haut gegen Mehlstaub. Daß keine ansteckenden Krankheiten vorliegen dürfen, ist in einem Beruf des Nahrungsmittelhandwerks selbstverständlich. Geruchs- und Geschmackssinn sollten gut entwickelt sein. Phantasie, Schönheitsempfinden für die Wirkung von Farben und Formen sowie zeichnerisches Geschick befähigen den Konditor, seine Kunden auch mit eigenen kunstvollen Entwürfen zu überraschen.

Ähnlich wie beim Koch kann natürlich während der Arbeit nicht geraucht werden. Absolute Sauberkeit von Kleidung, Gerät und Maschinen, Händen und Haaren ist oberstes Gebot. In größeren Betrieben wird im Team gearbeitet: hier gibt es verteilte Zuständigkeiten, so den Blätterteigposten, den Backposten, den Tortenposten sowie den Eis- und Sahneposten. Eintönigkeit der Arbeit kann durch häufigeren Wechsel vermieden werden, dies setzt dann allerdings entsprechende umfassende Fachkenntnisse und Umstellungsbereitschaft voraus. In kleineren Betrieben liegen die verschiedenen Tätigkeiten ohnehin in einer Hand. Nachtarbeit ist im Konditorenhandwerk nicht üblich; dagegen kann eine Tätigkeit an Sonn- und Feiertagen für einige Stunden notwendig sein.

Die Ausbildungsdauer für Konditoren und Konditorinnen beträgt drei Jahre, bei mittlerem Bildungsabschluß oder vorangegangener Bäckerausbildung ist eine Verkürzung möglich. Außer dem Berufsschulbesuch gibt es häufig die Möglichkeit, an überbetrieblichen Lehrgängen der Innungen oder der Fachschulen des Konditorenhandwerks teilzunehmen. Die Gesellenprüfung wird vor einem Prüfungsausschuß der Handwerkskammer abgelegt. Dem Konditorgesellen bieten sich verschiedene Beschäftigungs- und Aufstiegsmöglichkeiten. Außer der etwaigen Spezialisierung in einer größeren Konditorei (zum Beispiel durch Übernahme des Garnierpostens, um möglichst gestalterisch tätig sein zu können) sind auch Tätigkeiten als Hotel- oder Schiffskonditor für manchen Weltenbummler interessant.

Nach drei bis fünf Jahren Gesellentätigkeit und einem entsprechenden Vorbereitungskurs an einer Fach- oder Meisterschule kann die Meisterprüfung abgelegt werden. Sie eröffnet die Chance, sich selbständig zu machen oder als Backstubenleiter beziehungsweise Betriebsleiter Führungsaufgaben zu übernehmen.

Auch im Bereich von Industrie und Dienstleistungen bieten sich Ansatzmöglichkeiten für Konditorgesellen und -gesellinnen, beispielsweise in Pralinen-, Schokoladen-, Keks- und Lebkuchenfabriken, als Außendienstmitarbeiter in der Nahrungsmittelindustrie, als Fachverkäufer oder als Lebensmittelkontrolleur der Gewerbeaufsicht.

Durch entsprechende Weiterbildungsmaßnahmen ist der Aufstieg zum Lebensmitteltechniker (Fachrichtung Bäckereitechnik) oder Techniker der Fachrichtung Konserventechniker sowie – bei Vorliegen der Fachhochschulreife – zum Diplom-Ingenieur für Lebensmitteltechnologie möglich.

Kostümbildner/-in Gewandmeister/-in

Vom Blech bis zum Samt

Die Materialien, aus denen die Kostüme ‚geschneidert' sind, müssen sorgfältig ausgewählt werden: Rüstungen sind aus Blech, Kopfbedeckungen aus Federn oder Papier, Schürzen aus Leder, Schärpen aus Samt, Kleider aus grobem Leinen. So vielfältig wie diese Materialien sind auch die Stile, in denen Kostüme gefertigt werden: Hochmittelalter oder Antike, modernes Amerika, Biedermeier oder Art Deco, um nur ein paar davon zu nennen. An beidem wird die Doppelaufgabe des Kostümbildners deutlich: Erstens kennt er die Kleidungen und den Kopfschmuck, die die Menschen zu verschiedenen Zeiten trugen, kennt die feinen stilistischen Unterschiede, die verschiedene Stände und Schichten erkennen lassen, und zeichnet auf Anweisung von Regisseuren und Bühnenbildnern Kostümentwürfe, die sogenannten Figurinen.

Zweitens leitet er Kostümbildnereien, in denen nach diesen Anweisungen die Kostüme erstellt werden, und muß die Bearbeitung von Materialien (meistens Textilien, aber auch anderen) beherrschen. Erst wer die Wirkung bestimmter Materialien, ihre Ausstrahlung bei unterschiedlichen Lichtverhältnissen kennt, kann deren sachgerechte Verwendung planen.

Neben dem Entwurf und der Fertigung von Kostümen ist auch eine geordnete Fundushaltung notwendig. Denn der Rotstift der Theaterfinanciers zwingt gerade Kostümbildner häufig zum Rückgriff auf Getragenes.

Wenn es heißt, eine Person und

ihr Kostüm seien eine Einheit, scheint dies zum vorher Gesagten im Widerspruch zu stehen. Hier muß der Kostümbildner flexibel sein. Für berühmte Stars oder bedeutende Neuinszenierungen ist oft ein Maßanzug nötig, der in zahlreichen Anproben immer wieder geändert und der Figur der Protagonisten angepaßt wird. Solche Person-Kostüm-Einheiten nähern sich natürlich den Idealvorstellungen eines Kostümbildners am ehesten.

Handwerkliches und künstlerisches Geschick kommen bei diesem Beruf zusammen; beide Begabungen sind für angehende Kostümbildner erforderlich. Insbesondere gute textilverarbeitende Kenntnisse und Fähigkeiten werden verlangt. Der Umgang mit dem Zeichenstift und maßstabgetreues Entwerfen müssen erlernt werden. Diese Fertigkeiten sind zum Großteil Techniken und damit einübbar. Die Begabung für den Entwurf von Schönem oder gewollt Häßlichem, der Ideenreichtum auch im Detail können dagegen als Grundvoraussetzungen betrachtet werden, die schon vor dem Erlernen des Berufes entwickelt sein sollten.

Wer große betriebliche Einheiten wie die Schneiderei eines Stadttheaters leiten will, muß außerdem zur Menschenführung geeignet sein. Die Diskussion mit Regisseuren und Bühnenbildnern erfordert historische und literarische Kenntnisse; will man nicht nur nach Weisungen arbeiten, sondern eigene gute Ideen auch realisieren, dann muß man diese argumentativ untermauern können.

Die Wege, die in den Beruf des Kostümbildners führen, sind vielfältig. Eine geordnete Ausbildung existiert eigentlich nicht. Als solideste Basis wird immer noch die handwerkliche Ausbildung (Lehre) angesehen, die meist als Voraussetzung zur Aufnahme in Akademien/Fachhochschulen gilt und von der nur bei außergewöhnlichen Begabungen abgesehen wird. Damenschneider oder Herrenschneider sind die am häufigsten gewählten Ausbildungsrichtungen, es ist aber auch eine Ausbildung als Modist oder Kürschner denkbar. Mit diesem Können besteht dann bereits die Möglichkeit, handwerklich in Theaterwerkstätten mitzuarbeiten; eine solche Gelegenheit sollte genutzt werden, wo immer sie sich anbietet. Das eigentliche Ziel ist dann auf verschiedenen Wegen erreichbar:

Selten kann man aus der Werkstatt von der handwerklichen zur eigengestalterischen Tätigkeit über Assistenzen aufsteigen: eigentlich nur, wenn man durch besondere Kreativität aufgefallen ist und viel Glück hat.

Einige Kunstakademien/Hochschulen für Bildende Künste bieten spezielle Ausbildungsrichtungen für Kostümbildner an. Die Aufnahmebedingungen sind unterschiedlich. Neben praktischer Vorerfahrung (Ausbildung) werden insbesondere künstlerische Fähigkeiten in Auswahlverfahren getestet (schriftlich und im Gespräch). Die Kriterien sind eher streng, insbesondere was die Begabung angeht. Diese Ausbildungen dauern mindestens acht Semester (vier Jahre), meist etwas länger.

Auf Fachhochschulen werden die Studienrichtungen Textil-Design und Mode-Design angeboten. Beide Studienrichtungen sind nicht speziell auf Kostümbildner zugeschnitten; insbesondere die literarhistorischen und kostümgeschichtlichen Kenntnisse müssen nebenher erworben werden. Die Fachhochschulstudiengänge bieten aber eine breite Basisausbildung im Bereich der textilen Gestaltung, die als Grundlage für den Einstieg in eine kostümbildnerische Assistenz beim Fernsehen oder beim Theater angesehen werden kann. Wer neben dem Studium den Kontakt zu Bühnen beziehungsweise Fernsehanstalten pflegt, hat bei einer späteren Bewerbung größere Chancen.

An der Fachhochschule Köln gibt es zum Beispiel im Studiengang Freie Kunst im Bereich Kostümbild zwei Studienschwerpunkte, der eine ist mehr praxisorientiert, der andere mehr künstlerisch ausgerichtet.

In dem Studienbereich mit dem größeren Praxisbezug wird nach dem fünften Semester eine Zwischenprüfung abgelegt, die gleichzeitig den Berufsabschluß Gewandmeister beinhaltet. Außerdem ist es möglich, vor der Handwerkskammer Köln die externe Schneidergesellenprüfung abzulegen.

In dem Studiengang mit stärker künstlerischem Bezug findet keine Zwischenprüfung statt, nach dem achten Studiensemester kann an der Fachhochschule die Abschlußprüfung zum Kostümbildner abgelegt werden.

Der Arbeitsmarkt für Kostümbildner ist relativ begrenzt. Trotzdem kann eigentlich nicht von schlechten Berufsaussichten gesprochen werden, da die Akademien nur sehr kleine Klassen ausbilden. Von vielen Fachhochschulabsolventen werden Textilindustrie und Textilhandel, auch wegen besserer Bezahlung, als Arbeitgeber vorgezogen. Eine eigenverantwortliche Tätigkeit als Ko-

stümbildner kommt ohnehin erst nach einer zweiten Lehrzeit am Theater in Frage. Diese ist zeitlich nicht festgelegt.
Ein sich ausweitender Medienmarkt könnte sogar eine leichte Verbesserung der Berufschancen mit sich bringen. Voraussetzung dafür ist jedoch, daß nicht nur die Zahl der Fernsehsender zunimmt, nur „Konserven" oder Live-Berichterstattung ausgestrahlen, sondern auch die Produktionsfirmen dort mit neuen Filmen und Fernsehspielen einen Absatzmarkt finden. Als Folge könnte sich für den Kostümbildner die Konsequenz ergeben, häufiger für bestimmte Produktionen verpflichtet zu werden, während an Stadttheatern derzeit die Dauerbeschäftigung eigentlich die Regel ist.
Über die Standorte der Akademien und Fachhochschulen, die in den beschriebenen Studiengängen ausbilden, informiert das Buch „Studien- und Berufswahl". Die unterschiedlichen Aufnahmebedingungen müssen bei den Hochschulen unmittelbar erfragt werden.

Kürschner/-in
Pelzwerker/-in

Mode in Pelz

Im Kaufhaus herrscht geschäftiges Treiben. In den Abteilungen drängen sich die Kauf- und Schaulustigen. Andrea und ihre Mutter wollen sich nach einem passenden Mantel umsehen. Andrea ist schon ein wenig weitergegangen, während die Mutter sich noch mit den Kleidern der Herbst- und Winterkollektion beschäftigt. Plötzlich hört die Mutter sie rufen: »Mutti, Mutti, komm mal schnell. Ich hab' was ganz Tolles gefunden!« Andrea steht bei den Ständern mit den Pelzmänteln und -jacken. »Schau mal Mutti!« Andrea ist begeistert, »so'n Mantel, den möchte ich mal haben. Das bringt's. Was meinst du, was meine Freundinnen für Augen machen würden. Ach, richtig kuschelig ist der. Sollen wir ihn nicht mitnehmen?«
Diese Frage hat auch ein Verkäufer gehört, der sich den beiden nähert. »Sicherlich«, sagt er zu Andrea gewandt, »Sie können ihn gern behalten. Nur vermute ich, daß er für Sie, mein junges Fräulein, ein wenig zu teuer sein wird.« »Was kostet er denn?« fragt die Mutter. »7400,– Mark«, gibt der Verkäufer Auskunft. »Was, so teuer!« erschrickt An-

drea, »wie kommt denn das?« Der Verkäufer erklärt: »Der Mantel ist aus wertvollen Pelzen gefertigt, die wir aus Südamerika beziehen. Vom rohen Fell bis zum fertigen Mantel sind viele Arbeitsgänge nötig. Viele Hände helfen dabei mit.« »Machen Sie solche Mäntel auch hier im Hause?«, will Andrea wissen. »Ja, wir haben hier eine Werkstatt, in der auch schon einmal solche Mäntel angefertigt werden«, antwortet der Verkäufer. »Könnte ich das mal sehen?« wagt sich Andrea vor. Der Verkäufer stutzt einen Moment und sagt dann: »Ich will mal den Meister, den Herrn Hansen, fragen. Warten Sie bitte einen Moment.«
Wenig später schlägt der Verkäufer Andrea vor, am nächsten Tag um 15.00 Uhr vorbeizukommen. Andrea nickt: »Einverstanden!«
Am nächsten Tag ist sie zur vereinbarten Zeit wieder im Kaufhaus. Der freundliche Verkäufer von gestern führt sie zur Werkstatt. Hier sitzen einige Damen und Herren bei der Arbeit. Sie haben eine Menge Felle vor sich liegen, Felle von unterschiedlicher Art und Größe. Der Meister, Herr Hansen, kommt ihnen entgegen. »Na, das ist bestimmt die junge Dame, von der Sie gestern sprachen«, sagt er zum Verkäufer. Dieser nickt zustimmend. Andrea stellt sich vor: »Guten Tag, Herr Hansen, ich bin Andrea Fischer.« »Ja, Fräulein Fischer, dann kommen Sie doch mal bitte mit, ich zeige Ihnen gerne den Betrieb.«
In der folgenden halben Stunde schaut sich Andrea sehr genau um und stellt Herrn Hansen viele Fragen. Sie will eine Menge wissen. »Wer arbeitet hier, und mußten die Leute dazu eine Ausbildung machen?« so lautet ihre erste Frage. Herr Hansen antwortet: »Die drei Damen und vier Herren, die Sie hier sehen, sind alle schon längere Zeit bei uns. Sie haben alle die Ausbildung im Kürschner-Handwerk durchlaufen und jeweils ingesamt drei Jahre gelernt.«
»Welche Arbeitsgänge sind eigentlich nötig, um ein Werkstück fertigzustellen?« fragt Andrea. »Das ist unterschiedlich«, meint Herr Hansen. »Es kommt auf die Felle an. Man kann eigentlich elf Arbeitsgänge nennen, die aber nicht alle unbedingt bei jedem Werkstück vorkommen müssen. Zunächst werden die Felle nach Art, Farbe und Qualitätsmerkmalen sortiert. Dann beginnt das ›Aufteilen‹, das heißt, es muß ausgerechnet werden, wie die einzelnen Felle am günstigsten für den Mantel oder die Jacke ein- beziehungsweise aufgeteilt werden. Das kann aber nur dann richtig

gelöst werden, wenn der Schnitt für das Modell richtig auf das Arbeitsmuster übertragen wird.«

»Hätte ich als Auszubildende dafür besondere Voraussetzungen mitzubringen?« bohrt Andrea weiter.

»Der Auszubildende muß gesunde Augen haben«, gibt Herr Hansen bereitwillig Auskunft. »Er muß außerdem Farben unterscheiden und richtig miteinander kombinieren können. Außerdem gut in Mathematik und auch im Zeichnen ein bißchen talentiert sein.«

»Wie geht der Fertigungsvorgang nun weiter?« will Andrea jetzt wissen.

»Wenn die ersten Schritte gemacht sind, werden die Felle von Hand oder Maschine in passende Streifen geschnitten. Ist dies geschehen, werden sie gestreckt und gestrafft, damit sie schön glatt werden."

»Was macht denn diese Frau da?« fragt Andrea und zeigt auf eine Frau am Nachbartisch, die gerade damit beschäftigt ist, ein Stück aus einem Nerzfell herauszuschneiden.

»Das ist manchmal nötig«, erklärt Herr Hansen. »Wenn ein Tier ein fehlerhaftes Fell hat, müssen diese Fehlerstellen entfernt werden. Da muß man sehr genau arbeiten. Ein falscher Schnitt, und das teure Stück ist ganz verdorben.«

»Da muß man sich bei der Arbeit ja ganz schön konzentrieren!« stellt Andrea fest.

»Ja, genau muß man schon arbeiten und eine ruhige Hand benötigt man ebenfalls«, bestätigt Herr Hansen. »Außerdem muß man körperlich gut ›in Form‹ sein, denn langes Sitzen oder Stehen muß man vertragen können.«

»Nach dem Strecken der Felle«, fährt Herr Hansen fort, »erfolgt das endgültige Zuschneiden und Pikieren. Wenn das geschehen ist, werden die Teile mit der Hand oder der Maschine zusammengenäht. Um ein Überdehnen der Kanten zu vermeiden, werden einzelne Ränder mit Band eingefaßt, sie werden ›gebändelt‹, wie wir sagen. Abschließend wird das Futter per Hand eingenäht.«

»Das sind ja eine Menge Dinge, die ein Auszubildender zu erlernen hat«, staunt Andrea. »Was erwarten oder verlangen Sie denn sonst noch von ihm?«

»Der Auszubildende lernt mit Werkzeugen und Maschinen umzugehen, weiß über Organisationsbelange und Aufbau des Betriebes Bescheid, kennt die Sicherheits- und Umweltschutzvorschriften und kann auch etwas über die Lebensräume und Gewohnheiten der Tiere sagen, deren Felle verarbeitet werden«, gibt Herr Hansen zur Antwort. »Er muß mit chemischen Werkstoffen umgehen können und darf nicht zu zimperlich und empfindlich sein. Vor allem in den Fächern Mathematik, Biologie, Chemie und Kunst sollte er gute Noten haben. Ja, und kollegial mit anderen zusammenarbeiten, das ist besonders wichtig. Denn Kürschner-Arbeit ist Teamarbeit, wie Sie sehen.«

»Welche Möglichkeiten habe ich nach Beendigung der Lehrzeit«, will Andrea noch wissen.

»Nach Beendigung der Lehrzeit legen Sie die Gesellenprüfung ab. Wenn sie einige Jahre als Geselle gearbeitet haben und entsprechende Lehrgänge besuchen, können Sie sich zur Meisterprüfung melden und danach vielleicht mal einen eigenen Betrieb eröffnen«, erklärt Herr Hansen. Er fährt fort: »Da Pelze nicht nur vom Kürschner gefertigt werden, sondern auch in der Industrie – zum Beispiel Felle für Dekorationen, Autositze usw. – bieten sich auch hier gute Arbeitschancen. Übrigens wird in der Industrie auch ausgebildet, und zwar zunächst in einem zweijährigen Ausbildungsberuf zum Pelzwerker. Daran schließt sich gegebenenfalls noch ein weiteres Ausbildungsjahr an, das mit der Abschlußprüfung zum Kürschner endet.«

Andrea ist von dem, was sie gesehen und gehört hat, sehr beeindruckt. Als sie sich verabschiedet, meint sie: »Besten Dank, Herr Hansen. Ich glaube, die Betriebsbesichtigung hat mir eine Menge gebracht. Ich fühle mich jetzt sicherer und weiß, daß ich das Kürschnerhandwerk erlernen möchte.«

„Ja, dann man nichts wie eine Bewerbung geschrieben", meint Herr Hansen lachend. Mit einem Händedruck verabschieden sich die beiden.

Lehrer/-in für rhythmisch-musikalische Erziehung

Bewegung im eigenen Takt

An einem Donnerstagmorgen gegen neun Uhr finden sich in einem alten Haus in der Regensburger Innenstadt nach und nach Mütter mit Kindern zwischen drei und sechs Jahren ein. Die Kleinen stürmen sofort begeistert auf die junge Frau zu, die sie in einem großen, leeren Raum erwartet. Der Raum ist mit Bodenmatten ausgelegt, in ihm verstreut stehen Instrumente aus dem Orffschen Schulinstrumentarium: Xylophone, Glockenspiele, Trommeln, eine große Pauke – daneben liegen Sprungseile, Keulen und Bälle. Als die Mütter gegangen sind, hocken fünfzehn Kinder im Kreis um die Lehrerin. Auf ein Zeichen hin laufen einige an die Instrumente, andere rennen scheinbar ungeordnet im Raum umher. Nach einer Weile erkennt man aber die Zielgerichtetheit dieses Tuns. Die Lehrerin gibt den Kindern Ideen, die diese aufgreifen und in Klang und Bewegung umsetzen. Plötzlich liegen alle flach auf dem Bauch und die Musik verstummt.

So kann der Beginn einer Gruppenstunde in der Frühmusischen Erziehung aussehen. Die Lehrerin für rhythmisch-musikalische Erziehung, die die Kinder anleitet und anregt, begann ihren Unterricht mit einer Phase der freien kreativen Bewegung. Nun wird sie gezielte Aufgaben an die Kinder stellen. Da kein Kind in seiner Spontaneität eingeengt wird, sind alle freudig und konzentriert bei der Sache. Nach eineinhalb Stunden wird diese Gruppe durch eine zweite abgelöst.

Die Arbeit mit Vorschulkindern ist ein Hauptbetätigungsfeld des Lehrers für rhythmisch-musikalische Erziehung. Mit seiner Arbeit versucht er, Menschen durch das Übersetzen von Musik in Bewegung und umgekehrt, zu einer spontanen und kreativen Körperlichkeit zu erziehen. Vom Ballett oder der Gymnastik unterscheidet sich dieses Konzept in erster Linie dadurch, daß keine vorgegebenen Figuren oder festgelegten Übungen Grundlage der Bewegung sind. Die physische Ertüchtigung tritt zurück, wenngleich auch sie wesentlich gefördert wird, und macht einer Erziehung zu geistiger Beweglichkeit, Phantasie und zu Koordinationsvermögen Platz.

Die Erziehung gesunder Menschen aller Altersgruppen gehört deshalb ebenso zum Tätigkeitsfeld des Lehrers für rhythmisch-musikalische Erziehung wie der heilpädagogische Einsatz, zum Beispiel im Umgang mit geistig Behinderten oder Lernbehinderten. In Spezialkliniken und in Rehabilitationseinrichtungen sind Fachkräfte, die in dieser Richtung breit ausgebildet sind, gefragt.

Wer mit Erwachsenen arbeiten will, kann dies einmal in der Ausbildung von Pädagogen (Lehrern, Sozialpädagogen und andere) tun. Auch in größeren Volkshochschulen erfreuen sich Rhythmikkurse großer Beliebtheit. In der Therapie für Erwachsene steht die Arbeit mit Suchtkranken und mit den von Zwangsvorstellungen geleiteten Menschen im Vordergrund.

Die Voraussetzungen für den Beruf des Lehrers für rhythmisch-musikalische Erziehung werden oft unterschätzt. Zunächst gehört ein solides theoretisches und prak-

stierende Arbeitsverhältnisse auf Honorarbasis sind eher die Regel. Zweimal wöchentlich vormittags sechs Stunden in einer Einrichtung der Frühmusischen Erziehung, ein Tag Unterricht in einer Ausbildungsstätte für Heilpädagogen, Einzelstunden in einer psychiatrischen Klinik und Abendkurse an der Städtischen Volkshochschule; so könnte beispielsweise ein ausgefüllter Arbeitsplan eines Lehrers für rhythmisch-musikalische Erziehung aussehen. Daneben besteht auch die Möglichkeit, selbständig tätig zu sein und Unterricht zu erteilen. Gute Chancen zur Realisierung solcher Vorstellungen bieten sich vor allem in Ballungszentren oder speziellen Kurorten. Die Nachfrage nach ausgebildeten Lehrern für rhythmisch-musikalische Erziehung für solche Teilzeitarbeitsverhältnisse ist nicht gering. Vielleicht ist diese mögliche flexible Arbeitszeitgestaltung mit ein Grund dafür, daß der Anteil der Frauen in diesem Beruf über 90 Prozent beträgt.

Ausgebildet werden kann man für diesen Beruf grundständig, in Aufbaukursen nach einem abgeschlossenen Pädagogikstudium und nebenberuflich. Hier interessiert nur die grundständige Ausbildung. Mindestvoraussetzung an allgemeiner Schulbildung ist tisches musikalisches Vorwissen dazu, um überhaupt die Aufnahmeprüfung an einem der ausbildenden Institute zu bestehen. Eine Gehörprüfung und der Nachweis mittlerer Spielfertigkeit im Klavierspiel und von Grundkenntnissen in einem Melodieinstrument sind obligatorisch. Der Beruf erfordert darüber hinaus Begabungen, die für die spätere Tätigkeit unabdingbar und nur zum Teil erlernbar sind; nämlich Kreativität und spontanes Ausdrucksvermögen, sowie körperliche Geschicklichkeit (nicht gleichzusetzen mit guter Sportnote!). Der Umgang mit vielen fremden Menschen in Gruppen, mit Kindern, mit psychisch Kranken verlangt ein hohes Maß an Kontaktbereitschaft und Flexibilität. Es ist auch wichtig, daran zu denken, daß es für den Lehrer für rhythmisch-musikalische Erziehung nötig ist, sich vor anderen Menschen ausdrucksstark zu bewegen. Wer dies einmal versucht hat, weiß, daß Überwindung und Zivilcourage dazu gehören.

Wer Sicherheit, geregelte Arbeitszeit, regionale Gebundenheit hoch bewertet, wird in diesem Beruf nur geringe Chancen zu deren Verwirklichung haben, da Festanstellungen, etwa im Beamtenverhältnis, die seltene Ausnahme sind. Viele nebeneinander her exidie »Mittlere Reife«, empfohlen wird jedoch das Abitur. Ob ein kurzes Vorpraktikum zur Studienaufnahme vorgeschrieben ist, muß bei den Ausbildungsinstituten erfragt werden, da die Regelungen unterschiedlich sind. Eine Aufnahmeprüfung ist überall obligatorisch. Ausbildungsorte sind die Staatlichen Hochschulen für Musik in Berlin, Detmold, Essen, Hannover, Köln, Stuttgart, Trossingen, Wuppertal, Wien und Zürich, sowie das Konservatorium in Hamburg-Blankenese (Stand: Studienjahr 1982/83). Das Studium dauert drei bis vier Jahre und wird mit der staatlichen Musiklehrerprüfung im Fach rhythmisch-musikalische Erziehung abgeschlossen.

Das grundlegende Werk zur Theorie der rhythmisch-musikalischen Erziehung; Jaques-Dalcroze, Emile, *Rhythmus, Musik und Erziehung*, Wolfenbüttel 1977 (Reprint-Ausgabe des Buches von 1923).

Maler/-in und Lackierer/-in

Farbe – Schönheit und Schutz zugleich

Farbe sorgt dafür, daß unsere Umgebung freundlicher wird. Farbe bedeutet für viele Menschen Lebensfreude und Lebensqualität. Sie hebt das Wohlbefinden. Aber durch Farbe werden viele Gegenstände in unserer Umwelt nicht nur schöner, sondern auch geschützt.

Wer kennt nicht die herrlichen alten Bürgerhäuser, deren erneuerte Fassaden mit ihrer abgestuften Farbgestaltung gerade in einer modernen Stadt besondere Akzente setzen? Gleichzeitig sind ihre Oberflächen durch fachgerechten »Aufbau« der Anstriche gegen zerstörerische Umwelteinflüsse wie Abgase und Niederschläge so geschützt, daß sich auch unsere Kinder noch an ihrer Schönheit und Eleganz erfreuen können.

Schutz und Schönheit haben in vielen Bereichen unseres Lebens eine aufeinander bezogene Bedeutung. Denken wir zum Beispiel an den Hochspannungsmast vor dem Fenster, dessen Stahlkonstruktion durch Schutzanstrich gegen Korrosion geschützt werden muß. Verkehrsmarkierungen – farbige Leitplanken, weiße Mittellinien – dienen unserer Sicherheit und müssen immer wieder aufgefrischt werden, was heute mit modernen Maschinen geschieht. Anstriche dienen auch der Gesundheit und Hygiene. Besonders wichtig ist dies in Nahrungsmittelbetrieben, Krankenhäusern und Laboratorien.

Das Aufbringen von Schriften auf

Gebäuden, Schildern und Firmenwagen fällt auch in das Aufgabengebiet des Malers und Lackierers. Schließlich ist er auch bei der Denkmalspflege unentbehrlich, bei der Restaurierung von Malereien in alten Schlössern und Kirchen oder von historisch wertvollen Fachwerkbauten.

Diese vielfältigen Aufgaben, die mit sehr unterschiedlichen Arbeitstechniken bearbeitet und gelöst werden müssen, stellen Anforderungen an Auszubildende und später im Beruf Tätige. So sind gutes Farbempfinden und Farbensicherheit sowie Sinn für Formen und Gestaltung unbedingte Voraussetzung für eine erfolgreiche Tätigkeit. Wegen der häufigen Arbeit auf Leitern und Gerüsten ist Schwindelfreiheit unerläßlich. Da es unvermeidbar ist, daß Farben und Lacke auch mit der Haut in Berührung kommen, darf keine Neigung zu Hautempfindlichkeit (Allergie) vorliegen. Auch ist eine Anfälligkeit für Erkältungskrankheiten wegen der häufigen Außenarbeiten und der Arbeit unter Witterungseinflüssen für den Maler und Lackierer sehr ungünstig. Ob diesen körperlichen Anforderungen genügt werden kann, müßte gegebenenfalls vom Arzt beurteilt werden.

Während der späteren Tätigkeit kann je nach Art der Arbeit zeitweise, zum Beispiel beim Anstreichen und Tapezieren von Wohnblocks, Akkordarbeit anfallen. Häufig ist Arbeit in der Gruppe zu leisten. Dies setzt Anpassungsfähigkeit und die Bereitschaft, Hand in Hand zu arbeiten, voraus.

Hingewiesen werden sollte noch auf die Notwendigkeit, immer sauber und präzise zu arbeiten. Man stelle sich nur die Hausfassade vor, bei der das Absetzen des Erkers in dunkelbrauner Farbe von der sonst beigen Wandfläche nicht sauber ausgeführt ist, oder fehlerhafte Beschriftung eines Firmenwagens, deren Berichtigung unnötige Kosten und Zeitverzögerungen verursachen würde.

Die häufig wechselnden Arbeitsorte und unterschiedlichen Arbeiten, können interessant und anregend, gelegentlich aber auch belastend sein, in jedem Falle setzen sie eine hohe Flexibilität voraus.

Der Maler und Lackierer ist ein staatlich anerkannter Ausbildungsberuf. Die Ausbildung dauert drei Jahre. Lernorte sind der Ausbildungsbetrieb (mit den Baustellen und auswärtigen Arbeitsorten), die Berufsschule (mindestens einmal wöchentlich) und in der Regel einige Wochen im Jahr eine überbetriebliche Lehrwerkstatt.

Im ersten Jahr der Ausbildung wird eine Grundausbildung vermittelt. Die Ausbildung im 2. und 3. Ausbildungsjahr erfolgt entsprechend den Schwerpunkten Maler oder Fahrzeuglackierer. Während der Berufsausbildung finden zwei Zwischenprüfungen statt (nach dem 1. und 2. Ausbildungsjahr). Die Ausbildung endet mit der Gesellenprüfung vor der Handwerkskammer. Sie gliedert sich in die Fertigkeitsprüfung (Gesellenstück und Arbeitsprobe) und in die gleichwertige Kenntnisprüfung.

Eine bestimmte Schulbildung ist für den Beruf des Malers und Lakkierers nicht vorgeschrieben. Die Einstellungsbedingungen der Betriebe können je nach Wohnort unterschiedlich sein.

Nach dem Ausbildungsberufsbild und dem Ausbildungsrahmenplan sind mindestens folgende Fertigkeiten und Kenntnisse während der Ausbildung zu vermitteln:

1. Arbeitsschutz und Unfallverhütung
   – Kenntnis und Beachtung der Arbeitsschutz- und Unfallverhütungsvorschriften, Verhalten bei Unfällen, erste Hilfe;
2. Grundkenntnisse der physikalischen und chemischen Vorgänge bei Maler- und Lackierarbeiten
   – zum Beispiel Einwirkung von Licht, Wärme, Kälte und Feuchtigkeit auf Untergründe und Anstriche oder chemische Reaktion bei Baustoffen;
3. Grundkenntnisse der Farben- und Formenlehre einschließlich der Stilformen
   – zum Beispiel Mischen und Abstimmen von Farbtönen, Wechselwirkungen von Form und Farbe, Baustile;
4. Kenntnisse der gewerbeüblichen Werkzeuge, Geräte und Maschinen sowie Anlagen
   – zum Beispiel solche für Holz- und Metallbearbeitung, für die Untergrundvorbehandlung, für das Zeichnen und Malen und für das Aufbringen von Beschichtungen, weiterhin Tauch- und Flutgeräte, Spritz- und Trockenkabinen, Dampfstrahl-, Sandstrahl- und Flammstrahlanlagen;
5. Kenntnisse der Werkstoffe, Hilfsstoffe, Anstrichfilme und Untergründe sowie ihres physikalischen und chemischen Verhaltens
   – zum Beispiel Lacke, Kitte, Säuren, Laugen, Malfarben, Kleister, Wechselwirkungen zwischen Beschichtungsstoffen und -trägern, Putze und Mörtelgruppen, Kunststoffe, Blattmetalle;
6. Grundkenntnisse der technischen Vorschriften;

7. Ausführen von Vorarbeiten;
8. Vorbereiten von Untergründe;
9. Behandeln von Oberflächen;
10. Entwerfen, Zeichnen, Malen und Kleben von Schriften, Zeichen, Schmuckformen und farbigen Darstellungen — zum Beispiel Zeichnen und Malen von Buchstaben und Schriften, Kleben von Buchstaben, Übertragen gezeichneter oder gedruckter Schriften auf beschichtete Untergründe, Anfertigen von Schriften auf Papier, Putz, Kunststoff und Fahrzeugteilen.

Nach der Ausbildung ist für den Maler und Lackierer ein beruflicher Aufstieg zum Vorarbeiter, Werkstattleiter oder Kundenberater möglich.

Auch eine Spezialisierung kann eine sinnvolle Alternative sein. Entsprechend den Interessenschwerpunkten könnte Tapezierer, Verleger von Decken-, Wand- und Bodenbelägen, Restaurator oder Theatermaler in Frage kommen (die beiden letzteren Berufe allerdings zahlenmäßig sehr begrenzt). Nach erforderlicher Praxis steht auch der Weg zur Meisterprüfung offen. Danach ist die Gründung eines eigenen Betriebes oder die Tätigkeit als angestellter Meister möglich. Eine Fortbildung zum Techniker kann ebenfalls ein sinnvoller Weg sein. Mit entsprechender Vorbildung (Fachhochschulreife) ist auch ein Studium zum Ingenieur (zum Beispiel Farbe/Chemie), zum Innenarchitekten oder auch im Fachbereich Gestaltung/Design möglich.

Höhere Wohn-, Lebens- und Komfortansprüche haben den Beruf des Malers und Lackierers in den letzten dreißig Jahren stark beeinflußt und gefördert. Es ergaben sich für ihn neue Arbeitsbereiche und -techniken (Fahrzeuglackierer, Werbe- und Plakatmaler, Siebdruck, Kunststoffverarbeitung).

Naturgemäß ist eine teilweise Abhängigkeit von der Konjunktur im Baugewerbe gegeben (besonders, wenn Malerarbeiten in Neubauten Arbeitsschwerpunkt sind).

Auch können staatliche oder kommunale Förderungsprogramme bzw. Aufträge (Sanierung) Einfluß auf die Auftragslage haben.

Wegen der Vielfalt der Aufgaben und der Breite der Einsatzmöglichkeiten ist längerfristig eine eher günstige Entwicklung zu erwarten. Auch Mädchen finden zunehmend Ausbildungs- und Beschäftigungsmöglichkeiten in diesem Beruf.

Maskenbildner/-in

»Krämer, gib die Farbe mir, um die Wangen zu röten ...«

»Chramer, gip diu varwe mir, diu min wengel roete ...« — dieser Text aus der mittelalterlichen Sammelhandschrift »Carmina burana« zeigt, daß der Drang, das Aussehen kosmetisch zu verändern, schon alt ist. Er ist so alt wie die Menschheit. Vor allem der natürliche Kopfputz, die Haare des Menschen, verleiteten zu schmückender Veränderung, wobei kunstvollste Türme, wallende Lockenpracht oder geflochtene Kränze entstanden.

Wenn nun ein Darsteller für eine Rolle typisiert oder das Aussehen eines anderen annehmen soll, wie im Theater oder beim Film üblich, wird aus Putzen und Schmücken kunstvolles Handwerk. Medusa, auf deren Haupt sich Schlangen ringeln, oder Frankensteins Sohn — beide haben ihr Aussehen beim Maskenbildner geborgt.

Der Maskenbildner beschäftigt sich in erster Linie mit Köpfen; Haartracht (auch Perücken), (falsche) Bärte, das Aussehen des Gesichts fallen in seinen Verantwortungsbereich. Seltener sind auch andere Körperteile von ihm nachmodelliert. Die Arbeit des Maskenbildners ist vor allem durch das Medium (Film, Fernsehen oder Theater), für das er tätig ist, bestimmt. Die Entfernung zwischen Zuschauer und Schauspieler im Theater zwingt zu plakativer, großflächiger Maske; Details verschwinden hier sehr leicht. Ganz anders ist es bei der Arbeit mit der Kamera, die bei Naheinstellungen bis auf Zentimeter an ihr Objekt herangehen kann. Hier ist dann Detailgenauigkeit wichtig. Das elektronische Auge der Kamera verändert auch, besonders bei Kunstlicht, das natürliche Aussehen. Die Aufgabe des Maskenbildners besteht dann darin, die Farbe so zu verändern, daß sie im Bild wieder natürlich erscheint.

Meistens arbeitet der Maskenbildner an Menschen. Er nutzt deren natürliches Haar und ihr Aussehen mit aus, um gewollte Effekte entstehen zu lassen. Die Auseinandersetzung mit den »Opfern«, die manchmal auch eigene Vorstellungen entwickeln, gehört dabei mit zum Arbeitsalltag. Vorher müssen Entwürfe gefertigt und mit den Regisseuren besprochen werden. Dazu benötigt der Maskenbildner Kenntnisse der verschiedenen historischen Stile, der Kunst- und Theatergeschichte, der Rassengeschichte, der Literatur. In der Auseinandersetzung mit den Darstellern setzt sich seine schöpferische Arbeit fort, aus Idee und Realität eine Figur zu modellieren. Daneben besteht auch ein Teil der Tätigkeit in Werkstattarbeit, etwa wenn Perücken zu entwerfen und herzustellen sind.

Die Arbeitszeiten sind unregelmäßig, da jede Maske frisch produziert werden muß, also meist abends und auch an Wochenenden. Oft ist die Arbeit von Hektik geprägt, da Sendungen beziehungsweise Aufführungen pünktlich zu beginnen haben. Hier ist ein exakt geplanter Arbeitsablauf im Team erforderlich. Was aber tun, wenn ein Darsteller verspätet eintrifft? Dann muß oft sehr rasch gearbeitet werden. Manchmal wechselt die Maske auch auf der Szene. Dabei muß der Maskenbildner unter Zeitdruck auf der Bühne und ohne ausreichendes Licht seine Kunst produzieren.

Eine handwerkliche Grundausbildung ist für jeden angehenden Maskenbildner von Vorteil. Diese ist am besten über den Beruf des Friseurs zu erwerben. Eventuell kommt auch eine Ausbildung in einem artverwandten Beruf, zum Beispiel Dekorateur, Maler, Graphiker, in Frage. Der erfolgreiche Besuch einer Fachoberschule für Gestaltung, verbunden mit einem halbjährigen Praktikum in einer Maskenbildnerabteilung am Theater ersetzt unter Umständen eine berufliche Vorbildung.

Wer das achtzehnte Lebensjahr vollendet hat, kann sich für die eigentliche Ausbildung bewerben. Für Interessenten mit abgeschlossener einschlägiger Berufsausbildung verkürzt sich die sonst dreijährige Ausbildung auf zwei Jahre. Grundsätzlich sind Theater und Fernsehanstalten ausbildungsberechtigt, soweit sie bestimmte gesetzliche Auflagen erfüllen. Zusätzlich besteht die Möglichkeit, Kenntnisse auf einem Maskenbildnerlehrgang, der alljährlich in Hagen veranstaltet wird, zu vertiefen. Hierzu kann sich allerdings nur anmelden, wer mindestens sechs Monate Mitglied in der Genossenschaft Deutscher Bühnenangehörigen ist.

Die Abschlußprüfungen finden jeweils vor den paritätischen Prüfstellen in Nürnberg und Hagen statt.

Wer diese strenge Schule mit Erfolg durchlaufen hat, steht normalerweise kaum vor Anstellungsproblemen. Da längst nicht alle Beschäftiger von Maskenbildnern auch selbst ausbilden, hat man bei einem guten Ruf des ausbildenden Chefs und gutem Abschluß auch Möglichkeiten, Ort und Beschäftigungsstelle zu wechseln. Manchmal ist zunächst nur eine Weiterbeschäftigung als Theaterfriseur möglich; bei regionaler Ungebundenheit ist aber die

Chance, als Maskenbildner zu arbeiten, immer wieder gegeben. Der eigentliche Engpaß, den es zu überwinden gilt, tritt bei diesem Beruf frühzeitiger in Erscheinung: bei der Suche nach einem geeigneten Ausbildungsplatz am Theater. Einen guten Überblick über alles Wissenswerte zu Berufsbild, Ausbildungsplan und Prüfung vermittelt die Schrift:
Maskenbildner, hrsg. von der Genossenschaft Deutscher Bühnenangehörigen, Verlag Bühnenschriften-Vertriebs-GmbH, Feldbrunnenstraße 74, 2000 Hamburg 13 (mit Schutzgebühr).

Mode-Designer/-in

Vom Laufsteg zur Stange

Spannung und Aufmerksamkeit prägen die Atmosphäre in der großen Halle. Die Anwesenden erwarten den Auftritt der ersten Mannequins, die die neue Frühjahr-/Sommerkollektion auf der internationalen Fachmesse vorführen werden. Die neuesten Modelle der Damen-, Herren- und Kinderoberbekleidung stehen vor ihrer Präsentation.

Das Publikum setzt sich zusammen aus Einkäufern großer Kaufhäuser, Boutique-Inhabern, Schneidern und – sehr oft vertreten – Modedesignern. Gerade die Vertreter der letzten Berufsgruppe sind es, die die Ideen internationaler Mode für ihre Arbeit nutzen wollen. Hier können sie erfahren, welche Farbkombinationen im nächsten Jahr aktuell sein werden, ob Rocksäume fallen oder vielleicht doch das Knie frei lassen, ob legere Kleidung weiter im Trend liegt oder ob die Figur wieder stärker betont werden soll, kurz: wohin die aktuellen Modetendenzen weisen.

Ist das Spektakel der Modenschau, auf der in der Regel weder fotografiert noch gezeichnet werden darf, dann vorbei, kehrt ein Modedesigner in sein Hotelzimmer zurück, um dort das Gesehene zu Papier zu bringen. Aus dem Gedächtnis skizziert er, was an Neuerungen gebracht wurde. Nach seiner Rückkehr an den heimischen Arbeitsplatz werden diese Skizzen dann auf Brauchbarkeit für die eigenen Abnehmer überprüft.

Die meisten Modedesigner versuchen, einen Arbeitsplatz in den Herstellungsfirmen der Damen-, Herren- und Kinderoberbekleidung zu bekommen. Die Größe der Firma entscheidet darüber, was technisch möglich ist, welche Entwürfe realisiert werden können. Die Kunden dieser Firma, also die Abnehmer der Produktion bestimmen letztlich durch ihre

Nachfrage, welche Modelle hergestellt werden – oder auch nicht.
Jeder Hersteller versucht, eine eigene Kollektion zusammenzustellen; an diesem Punkt setzt die eigentliche Aufgabe des Modedesigners an. Dabei orientiert er sich zunächst an Materialneuerungen. Schließlich werden immer wieder neue Webarten entwickelt, Natur- und Kunstfasern prozentual immer wieder anders zusammengefügt, Drucktechniken verändert. Anschließend wird die Farbwahl getroffen. Fast jede Modesaison bringt eine neue Farbpalette mit sich; somit muß sich der Modedesigner auch hier ständig neu orientieren. Sind die beiden genannten Arbeitsschritte abgeschlossen, werden Entwürfe gezeichnet, anhand derer Modellschnitte hergestellt, das heißt Schnittmuster aufgezeichnet werden. Der Modedesigner muß in kleineren Betrieben häufig auch selbst den Prototyp entwickeln, also das erste Modell selbst nähen. In Großbetrieben stehen für diese Arbeiten meistens Schneider zur Verfügung, die unter Anleitung des Modedesigners arbeiten. Das fertige Modell wird anschließend zusammen mit vielen anderen auf einer Verkaufsmesse vorgestellt. Ist die Nachfrage der Einkäufer nach diesem Modell entsprechend groß, geht der Prototyp in Serie, wird also voll in die Kollektion aufgenommen.

Während der Verkaufsmessen herrscht in den Modeateliers immer Hochbetrieb. Es kann vorkommen, daß Kleidungsstücke nachgefragt werden, die in der vorgestellten Kollektion fehlen. Bevor der Kunde zur Konkurrenz abzuwandern droht, muß ein Modell für dieses Kleidungsstück hergezaubert werden. In sehr kurzer Zeit muß dann also die Arbeit genauso sicher und zufriedenstellend geleistet werden wie in den Wochen vor der Messe.

All diese Tätigkeiten setzen gute Nerven voraus. Außerdem benötigt ein Modedesigner eine sehr gute Beobachtungsgabe und – vor allen Dingen – Farbempfinden. Kreativität, Ideenreichtum sind zwingend geboten, müssen sich aber auch an den wirtschaftlichen Gegebenheiten einer Firma orientieren. Gelegentlich muß ein Modedesigner auch geschickt verhandeln oder sich gegenüber Mitarbeitern durchsetzen können.

Nun ist die Arbeit bei einem Bekleidungshersteller nicht der einzige berufliche Ansatz für einen Modedesigner. Er kann auch für die Sortimentszusammenstellung großer Kaufhäuser zuständig sein, indem er auf Verkaufsmessen die Kleidungsstücke in großer Stückzahl in Auftrag gibt, die für das

Kaufhaus einen guten Umsatz versprechen. Modedesigner sind auch gelegentlich in Werbeagenturen oder großen Fotoateliers zu finden, daneben auch als Redakteure bei Mode- und Frauenzeitschriften.

Um in der Modeberichterstattung tätig werden zu können, leisten Modedesigner nach abgeschlossenem Studium häufig noch ein ein- bis zweijähriges Volontariat ab.

Es ist auch möglich, sich selbständig zu machen, was jedoch sehr gute Kontakte zu Herstellerfirmen voraussetzt, um wirtschaftlich existenzfähig zu sein. Außerdem ist es möglich, mit gutem handwerklichem Geschick als Kostümbildner bei Film, Fernsehen oder auch am Theater zu arbeiten. Kostümbildner können jedoch auch den Weg über eine Schneiderausbildung und die Weiterbildung in der Theaterschneiderei nehmen.

Für die Tätigkeit des Modedesigners ist ein achtsemestriges Studium im Rahmen des Produktdesign an einer Fachhochschule oder Hochschule für Bildende Künste oder Gestaltung erforderlich. Die Zulassung zu diesem Studium erhalten nur Bewerber, die sich zuvor erfolgreich einer Prüfung zur Feststellung ihrer künstlerisch-gestaltenden Begabung unterzogen haben. Hierfür muß zunächst eine Mappe mit eigenen Arbeiten eingereicht werden, die von einem Dozentengremium der jeweiligen Hochschule beurteilt wird. Hierbei wird besonders viel Wert auf zeichnerische Fähigkeiten gelegt. Oft folgt nach der Vorlage der Mappe noch eine Aufnahmeprüfung an der Hochschule, wo gestellte Aufgaben innerhalb einer festgesetzten Zeit zu lösen sind.

Zudem existiert eine weitere Hürde: in den Bundesländern Nordrhein-Westfalen und Hessen werden die Studienplätze für Modedesign über die Zentralstelle für die Vergabe von Studienplätzen (ZVS) in Dortmund vergeben; es gibt also einen Numerus clausus. In den anderen Bundesländern muß man sich direkt an der Hochschule bewerben, kann aber auch dort auf einen hochschulinternen Numerus clausus stoßen. Fast immer muß vor Beginn des Studiums ein mindestens dreimonatiges Praktikum abgeleistet werden. Es ist empfehlenswert, sich rechtzeitig mit den Praktikantenrichtlinien und Aufnahmebedingungen vertraut zu machen, die an den jeweiligen Fachhochschulen und Hochschulen gefordert werden. Die genauen und aktuellen Informationen sind am besten dort zu erfragen.

Im Studium müssen verschiedene Fächer erarbeitet werden. Großen

Raum nimmt das Zeichnen ein. Dazu kommen noch Verarbeitungstechnik, Schnittkonstruktion, Textilkunde, aber auch Kunstgeschichte, Kostümgeschichte sowie Wirtschafts- und Sozialwissenschaften. Ein Modedesigner muß schließlich nicht nur entwerfen und herstellen, sondern auch kalkulieren können. Nach vier Semestern findet eine Zwischenprüfung statt, danach werden die gestalterischen Fächer vertieft. Das Studium schließt nach frühestens acht Semestern mit einer Diplomprüfung ab.

Der frischgebackene Diplom-Modedesigner muß sich nun eine Arbeitsstelle suchen, was alles andere als leicht ist. Selbst gute Abschlußnoten im Diplomzeugnis garantieren noch keine Stelle. Am ehesten ist Bewerbungserfolg zu erwarten, wenn viel Praxiserfahrung vorliegt. Es ist daher anzuraten, vor und während des Studiums so viele Praktika wie möglich zu absolvieren, um die Chancen einer beruflichen Anstellung zu erhöhen.

Modist/-in

Besuch der Königin

Eine große Menschenmenge hat sich am Straßenrand versammelt, um die englische Königin Elizabeth einmal »live« zu sehen. Das sommerliche Wetter und die Begrüßung der Königin waren der Anlaß dafür, die hübscheste Kleidung und vor allen Dingen einen modischen Hut zu tragen.

Die für ihren ausgefallenen Geschmack bekannte Königin erhält beachtliche Konkurrenz von den wartenden Damen: Hüte in fantasievollen Formen aus Stroh, Filz und feiner Seide beleben als zusätzliche Farbtupfer das Straßenbild.

Tatsächlich hatten die Hutgeschäfte schon einige Wochen vorher Hochkonjunktur, und so manche Modistin war sehr erleichtert, wenn der Feierabend nahte.

Die Kundenberatung gehört nämlich bei den im Handwerk tätigen Modisten oft mit zu ihrem Aufgabengebiet — und sie ist bisweilen nicht leicht. Hier spielen nicht nur Warenkenntnisse sowie aktuelles modisches Wissen eine große Rolle, sondern insbesondere die Fähigkeit, geduldig und freundlich auf die unterschiedlichen Wünsche der Kunden einzugehen.

Überwiegend sind Modisten jedoch mit dem Anfertigen, Garnieren und Verändern von Damen-, Mädchen- und Kinderhüten sowie von Kappen beschäftigt.

Der Arbeitsplatz von Modisten in der Industrie ist das Atelier oder die Serienfertigung, wo eben im

Gegensatz zum Handwerk größere Mengen bestimmter Hüte hergestellt werden.
Unterschiedliche Materialien wie Filz, Fell, Leder, Samt, Stroh und Seidenstoffe werden verarbeitet.
Bei der Herstellung lernt man, mit den wichtigsten Arbeitsgeräten — Nähmaschinen, Dampfapparat, Trockenapparat, Hutweiter, Bügeleisen — und nicht zu vergessen mit Schere, Nadel und Faden umzugehen.
Trotz des Einsatzes von Maschinen bleiben handwerkliches Geschick und Formensinn für die Arbeit des Modisten ausschlaggebend, weil der größere Teil der Arbeit eben doch noch Handarbeit geblieben ist.
Vor der Herstellung eines Hutes werden Skizzen erstellt und Schnittmuster angefertigt. Hierfür muß sich der Modist in der Kostüm-, Trachten- und Formenkunde gut auskennen.
Bei Filz wird die Rohform, der sogenannte Stumpen, durch Wasserdampf elastisch gemacht und über eine vorgegebene Form aus Holz oder Metall gezogen, mit Nägeln befestigt und in den Trockenofen gestellt.
Der getrocknete Hut wird ausgearbeitet, gefüttert und gebügelt. Gegebenenfalls wird zur Formerhaltung zusätzlich Hutsteife aufgetragen.

Ähnlich ist der Arbeitsablauf bei Strohhüten, die viel Fingerspitzengefühl erfordern.
Hingegen werden bei Stoffhüten die einzelnen Teile durch eingelegte Versteifungen geformt und zusammengenäht oder der Stoff wird auf eine vorher hergestellte Unterform gezogen oder drapiert. Felle müssen erst mit Kürschnerbutter weichgemacht werden und werden nach dem Zuschnitt mit der Pelznähmaschine oder von Hand zu einem Hut oder zu einer Kappe — meist mit elastischer Unterform — verarbeitet.
Anschließend werden die Hüte fantasie- und geschmackvoll verziert. Dazu kann der Modist Kordeln, Schleifen, Blumen, Federn, Knöpfe und so weiter verwenden.
Modisten/Modistinnen arbeiten überwiegend im Stehen, insbesondere bei der Kundenberatung und Anprobe.
Die Ausbildung findet im Handwerks- oder Industriebetrieb statt und dauert in der Regel drei Jahre; nur knapp einhundert Auszubildende beginnen pro Jahr diesen beruflichen Weg. Obwohl keine bestimmte Schulbildung vorgeschrieben ist, wird meist der Hauptschulabschluß, manchmal auch der mittlere Bildungsabschluß erwartet.
Nach dem zweiten Ausbildungsjahr wird eine Zwischenprüfung

abgelegt. Nach drei Jahren werden die praktischen und theoretischen Kenntnisse abschließend überprüft. Bei Erfolg erhält der Modist von der Handwerkskammer oder der Industrie- und Handelskammer den Gesellen- beziehungsweise Facharbeiterbrief.

Von der technischen Entwicklung blieb der wenig bekannte Beruf des Modisten bisher weitgehend unberührt.

Obwohl der Modist Experte in seinem Fachbereich ist, kann er seine Kenntnisse wie folgt vertiefen oder erweitern: Nach entsprechender Berufserfahrung, gemeint sind drei bis fünf Jahre, besteht die Möglichkeit, die Meisterprüfung abzulegen. Dies ist die Voraussetzung für die Gründung eines eigenen Betriebes und schließt die Berechtigung ein, selbst Modisten auszubilden. Außerdem kann sich ein Modist auf bestimmte Berufsbereiche spezialisieren, zum Beispiel auf den Verkauf in Warenhäusern, das Führen einer Hutabteilung oder, im industriellen Bereich, auf den Entwurf oder das Garnieren.

Weiterhin gibt es innerbetriebliche Aufstiegsmöglichkeiten zur Direktrice oder zur Einkäuferin oder Modeberaterin.

Musikalienhändler/-in

Mehr beraten als verkaufen

Die Ladentür klingelt. Die Eltern betreten mit ihrem zwölfjährigen Sohn das Geschäft. »Guten Tag, womit kann ich dienen?«, begrüßt sie der Musikalienhändler. Er erfährt, daß sich der Sohn sehnlich eine elektrische Gitarre wünsche. Er spielt Klavier, hat aber bislang keine Kenntnisse im Gitarrenspiel. Der Musikalienhändler entschließt sich statt zur sofortigen Empfehlung eines entsprechenden Instrumentes zu einem Gespräch, in dem er erläutert, daß es für den Anfang vielleicht besser sei, zunächst auf einer einfachen Gitarre das Spiel zu erlernen. Seine überzeugende Argumentation wird angenommen und ein gutes Instrument für den musikalischen Anfang erworben. Der eigentliche Wunsch wird sinnvollerweise später erfüllt werden.

Sicher muß auch der Musikalienhändler verkaufen und verdienen, aber dabei ist ihm nicht jedes Mittel recht. Ihm geht es immer auch darum, dauerhafte Freude an der Musik und dem jeweils gespielten Instrument bei seinen Kunden zu vermitteln. Hierzu braucht er großes musikalisches Fachwissen und vielfältige Instrumentenkunde, wobei er gängige Instrumente auch selbst anspielen können sollte. Er muß Bescheid wissen über Pflege und Wartung der Instrumente, auch solcher, die er möglicherweise selbst nicht führt. Hier arbeitet er nach Katalog oder per Telefon zusammen mit Herstellern oder Kollegen im zentralen Großhandel. Er ist in der Lage, Prospektangaben zu erläutern und Bestellverfahren zu handhaben.

Gleiches gilt für alle anderen Artikel, die er zum Verkauf anbietet: Noten, Musikbücher, Fachbücher zur Musikgeschichte, Schallplatten, Tonbänder, Videokassetten, Aufnahme- und Wiedergabegeräte, Verstärker und Lautsprecherboxen für elektronische Instrumente, Musizier- und Instrumentenzubehör und Wartungsartikel. Sein Kundenkreis ist vielfältig. An ihn wenden sich Laien- und Berufsmusiker, Lehrer, Musikwissenschaftler, Schüler, Studenten, Mitglieder von Instrumentalgruppen und Chören sowie ihre Leiter, Rundfunkanstalten, Schauspiel-, Konzert- und Opernhäuser, aber auch der womöglich völlig unbedarfte, an Musik nicht interessierte Kunde, der nur ein Geschenk kaufen will.

Neben den musikalischen Fachkenntnissen muß er die kaufmännischen Regeln des Einkaufs, der Lieferung, der Lagerhaltung, der Buchhaltung, des Schrift- und Geldverkehrs, des Verkaufs und der Werbung beherrschen. Hinzu kommen Schutzrechte von Komponisten und Verlagen, auf die er hinweisen muß. Zur Werbung gehört die Kontaktpflege zu örtlichen und überörtlichen Musikgruppen und -veranstaltern aller Art bis hin zu eigenen oder fachbezogenen Berufsverbänden.

Meist ist er als Einzelhändler in der unmittelbaren Kundenberatung und im Endverkauf tätig, vereinzelt aber auch im Zwischen-, Groß- und Außenhandel und im Vertrieb beim Hersteller, hier allerdings in der Regel spezialisiert auf bestimmte Artikel. Er muß das Ausmaß seines Sortiments ortsbezogen abschätzen und angemessen im Schaufenster und Laden ausstellen. Wohl nur in Großstädten findet man Fachgeschäfte, die nahezu alle Musikalien ständig vorrätig haben und die dann auch eine entsprechende Vielzahl von Mitarbeitern in Beratung und Verkauf beschäftigen. Ein weiterer Einsatzort ist die gut sortierte Musikalienabteilung eines Kaufhauses oder ein nur bestimmte Artikel anbietendes Spezialgeschäft, zum Beispiel ein Musikantiquariat.

Auch für den Musikalienhändler gelten die spezifischen Arbeitsbedingungen des allgemeinen Einzelhandels; also bestimmte Geschäftszeiten, meist stehende Tä-

tigkeit und Spitzenbelastungen zu bestimmten Tages- beziehungsweise Jahreszeiten.
Interessenten für diesen Beruf müssen hohe Musikalität mitbringen, ferner Musikliebe und Grundkenntnisse in Noten-, Harmonie- und Rhythmuslehre, technisches Verständnis für die Funktion von Instrumenten und elektronischen Geräten, Fingerfertigkeit und Einfühlungsvermögen. Eigenes Instrumentalspiel ist besonders förderlich. Ein bestimmter Schulabschluß ist nicht vorgeschrieben. Der mittlere Bildungsabschluß wird aber gern gesehen. Die Ausbildung dauert drei Jahre. Sie wird vertraglich geregelt und erfolgt im Fachgeschäft. Das theoretische, überwiegend kaufmännische Wissen wird in der wöchentlich an einem bestimmten Tag zu besuchenden Berufsschule vermittelt. Geschlechtsspezifische Einschränkungen bestehen nicht.
Die Ausbildungsinhalte bestehen aus allgemeinen, kaufmännischen und fachtypischen Unterrichtsfächern. Allgemeine Fächer sind besonders Deutsch, Englisch und Mathematik, auch Sport und Religion, kaufmännische sind vor allem Bestellwesen, Rechnungswesen, Buchführung, Zahlungs- und Schriftverkehr, Kalkulation, Beratungs- und Verkaufstechnik, allgemeine Wirtschafts- und Soziallehre, angeboten werden auch Stenografie und Maschinenschreiben, schließlich kommen hinzu die Warenkunde, Kenntnisse über Warenlagerung, -transport und -behandlung und warenbezogene Rechts- und Sicherheitsvorschriften. Der Hauptanteil fachlicher Kenntnisse wird im Betrieb vermittelt, ergänzt durch Kurse des Gesamtverbandes der Deutschen Musikgeschäfte (GDM). Erst wenn der Auszubildende die Ware und die kaufmännischen Vorschriften und Gepflogenheiten in Grundzügen kennt, wird er einbezogen in die Beratung der Kunden und den Verkauf. Sodann muß er sich auch weitgehend selbsttätig Einzelheiten aneignen. Ohne diese Initiative wird er kaum verläßlicher Partner für einen anspruchsvollen Kunden sein können. Dabei geht es hauptsächlich um folgende Gebiete: Organisation und Gepflogenheiten des Musikalienhandels, Herstellung und Verwendung von Noten, Instrumentenherstellung, -behandlung und -verwendung, Platten- und sonstige Tonträgerproduktion und Einsatzmöglichkeiten, Benutzen von Nachschlagewerken, Musiklehre, Musikgeschichte, Musikliteratur, Urheber-, Verlags- und Verwertungsrechte, Zusammenwirken von Konzertagenturen, Bühnen, Sendeanstalten und

der Musikgeräteindustrie. Hinzu kommen Verpackungs-, Lagerungs- und Versandbestimmungen, das Bestellwesen mit der Warenkontrolle, Kenntnisse über den Umgang mit der Ware beim Vorführen und Verkauf.

Das erste große Erfolgserlebnis dürfte sich dann einstellen, wenn der Geschäftsinhaber den Auszubildenden einmal mit dem Kunden allein läßt und er Beratung und Verkauf zu aller Zufriedenheit durchgeführt hat.

Ausbildungsplätze sind besonders in ländlichen Regionen nur in geringer Zahl vorhanden und sehr begehrt, denn wer einmal in diesem Fachhandel Fuß gefaßt hat, ist ein gefragter Fachverkäufer, den niemand gerne gehen läßt, der aber auch in benachbarten Branchen schnell Anstellung finden dürfte. Aufstiegsmöglichkeiten sind naturgemäß in größeren Geschäften gegeben, die in der Regel dann zu Spezialisierungen führen, es sei denn, man findet den Mut und die Gelegenheit — mit allen Risiken und wünschenswertem Erfolg — ein eigenes Fachgeschäft zu eröffnen.

Musiklehrer/-in an allgemeinbildenden Schulen

Musik zwischen Sport und Mathematik

»Er kommt!« tönt es in die Klasse. Er — das ist der Musiklehrer, der jetzt eine Stunde Unterricht hat. In den beiden Stunden davor hatte die Klasse Sport in der Turnhalle. Die Schüler waren von den Wettspielen noch etwas übermütig. Dies hatte sich bereits in der Pause gezeigt. Der Musikraum stand offen und der Flügel war nicht verschlossen. Also hatte man darauf herumgeklimpert und ihn »auf schräg« präpariert: alle verfügbaren Plastiklineale und Zeichendreiecke waren auf die Saiten gelegt worden. Das ist nun die pädagogische Ausgangsposition, die ›Er‹ vorfindet und aus der er etwas machen soll. Hierbei ist er aber keineswegs frei in der Gestaltung, denn auf dem Stoffplan steht als nächstes Unterrichtsgebiet die »Einführung in die Harmonielehre«, in der Regel kein Anlaß für Begeisterungsstürme. Und deswegen ist er auch diesmal gespannt, was sich die Klasse wieder ausgedacht hat, um den Unterricht auf ihre Weise mit Spannung zu füllen. Gewiß, er war gerne Lehrer, und seine beiden Fächer Deutsch und Musik machten ihm auch Spaß, aber trotzdem wünschte er sich manchmal, daß er die nicht musikinteressierten Störenfriede einfach nach Hause schicken könnte.

Da war der Leistungskurs in der Oberstufe doch etwas anderes! Hier zeigten die Schüler Interesse, hier konnte er auch Dinge einbringen, die ihn während seines Studiums besonders beschäftigt hatten und die den Lehrplan sinnvoll ergänzten. Hier machte ihm auch die Notengebung Freude, weil er auf ernsthafte Schülerleistungen aufbauen konnte, während sie in der Mittelstufe ein oft lästiges Erziehungsmittel waren, dessen Wert ohnehin anzuzweifeln war, wenn man Musikverständnis wecken wollte. Und das war ja schließlich eine seiner Aufgaben neben der Vermittlung musikalischen Grundlagenwissens und der Entdeckung und Förderung vorhandener musikalischer Begabung.

Zu den Aufgaben des Musiklehrers gehört die Planung einzelner Unterrichtsstunden, die Vor- und Nachbereitung des Unterrichtes sowie die Durchführung. Weiterhin verwaltet er die Musikbücherei und die Unterrichtsmaterialien und leitet Chor- oder Orchestergruppen der Schule. Nebenberufliche Tätigkeiten wie die Leitung von Gesangsvereinen oder städtischen Orchestern können ergänzend dazukommen – natürlich nur freiwillig.

Im *Grundschulbereich* steht musikpraktischer Unterricht im Vordergrund, das heißt, man singt mit den Kindern und leitet sie an, auf einfachen Instrumenten zu spielen. Im Hauptschulbereich werden die Schüler verstärkt mit der Musiktheorie vertraut gemacht, die Gehörbildung wird geschult und die kritische Wahrnehmungsfähigkeit gefördert, – auch durch Medieneinsatz.

Der *Musiklehrer an Realschulen* hat es in der Regel mit Schülern zwischen dem zehnten und siebzehnten Lebensjahr zu tun. Gerade in diesem Alter haben Schüler feste Hörgewohnheiten und einseitige Erwartungen, die überwunden werden müssen. Denn wer ständig Disco-Musik hört, hat kaum ein Ohr für Beethoven.

Das große Begabungsgefälle im Klassenverband stellt den Musiklehrer der Sekundarstufe I vor weitere Probleme. Der Unterricht muß so gestaltet sein, daß er die einen nicht langweilt und die anderen nicht überfordert. Ziel des Unterrichts ist es, die Schüler zur Teilnahme am Musikleben zu befähigen und vorzubereiten.

Die Durchführung des Unterrichtes entspricht – wenn auch mit anderen Unterrichtsinhalten – der des Grund- und Hauptschullehrers. Der Realschullehrer sollte mit Tonbandgerät und Filmprojektor umgehen können, weil diese Medien verstärkt im Unterricht eingesetzt werden.

Der Musiklehrer an Realschulen unterrichtet als Fachlehrer in Musik sowie in einem zweiten Unterrichtsfach. Die Erfüllung dieser skizzierten Aufgaben verlangt vom Musiklehrer der Grundschule (Primarstufe) dieselben Qualifikationen wie von seinem Kollegen in der Hauptschule beziehungsweise Sekundarstufe I. Voraussetzung in beiden Fällen ist eine fundierte künstlerische, wissenschaftliche und pädagogische Ausbildung.

Der *Musikerzieher an Gymnasien* übt ein künstlerisches Lehramt aus. Er hat die Aufgabe, Fähigkeiten und Neigungen der Schüler durch differenzierte Unterrichtsangebote zu fördern, die schulischen Ausbildungsmöglichkeiten möglichst lange offen zu halten und durch längere gemeinsame Erziehung von Kindern aus allen Sozialschichten stärkere Erfahrungen sozialer Kommunikation zu vermitteln. In der Regel arbeitet der Musikerzieher mit Kindern und Jugendlichen zwischen zehn beziehungsweise zwölf und neunzehn Jahren zusammen.

Aufgaben und Tätigkeiten des Musikerziehers stimmen weitgehend mit denen des Musiklehrers an Realschulen überein. Lediglich in der Sekundarstufe II (elftes bis dreizehntes Schuljahr) vermittelt er musiktheoretische Kenntnisse, die über die Aufgaben des Realschullehrers hinausgehen. Denn das Fach Musik kann auch als Abiturfach gewählt werden.

Voraussetzung für die Ausbildung zum Lehrer an öffentlichen Schulen ist grundsätzlich das Abitur, da das Lehramt nur über ein Hochschulstudium erreichbar ist. Die allgemeinen Voraussetzungen der Lehramtsstudiengänge und ihre Inhalte hinsichtlich der einzelnen Schulstufen sind an anderer Stelle (siehe Lehrer in Band 7 von Lübbes Berufsbüchern) dargestellt, hier seien nur die Besonderheiten des Faches Musik genannt.

Der angehende Student sollte sich zunächst einmal erkundigen, ob Musik als Studienfach an der von ihm gewünschten Hochschule angeboten wird. Ist in einem Hochschulort eine Musikhochschule oder vergleichbare Einrichtung vorhanden, so ist dieser in der Regel die musikfachliche Ausbildung der Lehrer übertragen, auch wenn das Examen an anderer Stelle abgenommen wird. Da eine Musikhochschule ein über dem Durchschnitt liegendes wissenschaftliches und künstlerisches

Fachniveau anstrebt, wird ihrerseits auch von dem Lehrer, den sie ausbildet, eine entsprechende überdurchschnittliche Vorqualifikation gefordert, die sich auf allgemeine Musiklehre, Musikgeschichte, musikalisches Gehör und Beherrschung eines Haupt- und Nebeninstrumentes beziehungsweise des Gesangs bezieht. Die teilweise hohen Anforderungen, die lange Vorbereitungen benötigen, sollten rechtzeitig erfragt werden. Man beachte in diesem Zusammenhang, daß bei der in einigen Bundesländern derzeit üblichen zentralen Studienplatzverteilung für bestimmte Fächerkombinationen Ortswünsche nicht immer in Erfüllung gehen. An Studienorten ohne spezielle Musikhochschuleinrichtungen werden als Aufnahmeverfahren häufig nur Beratungsgespräche und Orientierungstests durchgeführt. Die Ausbildung selbst hat ebenso unterschiedliche Akzentsetzung, einmal werden mehr *musik*-pädagogische, zum anderen mehr musik-*pädagogische* Schwerpunkte geboten.

Die Studiendauer ist je nach geplanter Lehramtsprüfung sechs beziehungsweise acht Semester lang, wobei dies Mindestzeiten sind. Musik wird als Fach neben anderen Schulfächern und dem Fach Erziehungswissenschaften studiert, das heißt, es nimmt nur etwa ein Drittel der gesamten Studienkapazität in Anspruch. Dies verlangt eine nicht unbeträchtliche Lernkonzentration, denn hinsichtlich der geforderten eigenen Musizierpraxis ist ohne dauerhaftes Üben das geforderte Können nicht erreichbar. Sofern nicht vorhanden, müssen Grundkenntnisse im Klavierspiel nachträglich erworben werden.

Die Studieninhalte variieren je nach gewählter Schulstufe hinsichtlich ihrer wissenschaftlichen und pädagogischen Tiefe, ebenso die Anforderungen an die eigene Hörfähigkeit, Gesangs- und Instrumentalbeherrschung. Die musikpädagogische Unterrichtspraxis wird in dem zwischen erstem und zweitem Staatsexamen liegenden Vorbereitungsdienst vermittelt.

An allen Schulsystemen ist weiterhin ein Bedarf an Musiklehrern zu verzeichnen, allerdings nicht in jeder Fächer- beziehungsweise Lernbereichskombination. Hier ist es ratsam, vorab differenzierte Informationen bei Prüfungsämtern. Die Aufstiegsmöglichkeiten bis zum Schulleiter, ja auch weiter in die Schulverwaltungen sind auch für Musiklehrer gegeben.

Weitere Informationen gibt der Verband deutscher Musikschulen e.V. (VdM), Bundesgeschäftsstelle, Villichgasse 17, 5300 Bonn 2.

Literatur:
Musik und Bildung.
Zeitschrift für Musikerziehung, Verlag B. Schott's Söhne, Mainz; Kraus E. (Hrsg.) Musik in Schule und Gesellschaft, Mainz 1972.

Musiklehrer/-in an Musikschulen
Musiklehrer/-in im freien Beruf

Viva, viva la musica!

Mit diesem Text, der in einen großen Notenschlüssel eingedruckt ist, wirbt das Plakat für eine Veranstaltung in der städtischen Musikschule. Es handelt sich um das Abschlußkonzert, das am Ende der Jahresarbeit allen beteiligten Musikern und Musikgruppen die Möglichkeit geben soll, ihr Können den interessierten Musikliebhabern und den eigenen Angehörigen und Bekannten vorzuführen. Die Darbietungen umfassen mehrere Stilrichtungen. Die Zahl der Mitwirkenden ist groß: vom Jugendchor bis zum Flötenensemble, vom Gesangssolisten bis zur Harfespielerin. Es ist das Verdienst eines Mannes, der hier im Hintergrund bleibt, daß es in der Stadt so vielseitige musikalische Aktivitäten gibt. Er ist der Musiklehrer an der Musikschule, selbst ein begeisterter Klavierspieler und Sänger. Lange Jahre harter Arbeit mit den einzelnen, meist jugendlichen Schülern liegen hinter ihm. Er hatte den Jugendlichen nicht nur ihr heutiges Können beigebracht, er hatte ihnen auch die Einsicht vermittelt, daß ausdauerndes Üben zu Erfolgen führt, die sich auch öffentlich vorzeigen lassen. Das wirkte ansteckend!
Natürlich war er auch nicht allein tätig. Um ihn herum scharten sich Musiker und Musikfreunde unterschiedlicher Art. Und wenn er bei dem einen oder anderen das Gefühl hatte, daß dieser sein Können auch anderen vermitteln konnte, versuchte er meist mit Erfolg, ihn als nebenberuflichen Mitarbeiter für die begonnene Arbeit zu gewinnen. Es waren nicht nur seine musikalischen, sondern auch seine menschlichen und organisatorischen Fähigkeiten, die ihm in seinem Beruf zugute kamen.
Die Ausbildung zum Musikschullehrer oder zum selbständigen Musiklehrer ist nicht an bestimmte Bildungsabschlüsse gebunden. Der Realschulabschluß genügt, wegen späterer Fortbildungsmöglichkeiten, die an höhere Bildungsabschlüsse gebunden sind, wird aber zum Abitur geraten.
Wichtiger sind die Kenntnisse auf musikalischem Gebiet, die durch eine Aufnahmeprüfung nachzu-

weisen sind. Sie gliedert sich in allgemeine Musiklehre und Musiktheorie einschließlich Musikgeschichte, in Hörerziehung, Grundlagen des Klavierspiels und in die Beherrschung des instrumentalen Hauptfachs. Dies kann ein Solo-Instrument (Klavier, Akkordeon, Orgel, Saiten-, Zupf- oder Blasinstrument), aber auch Solo-Gesang mit Instrumentalbegleitung sein. Ferner sollten eine rhythmisch-musikalische Grundveranlagung und ein gehöriges Maß pädagogischer Begabung vorhanden sein. Einzelheiten der Prüfungsanforderungen können bei den Ausbildungsinstituten erfragt werden. Solche Ausbildungsseminare beziehungsweise -institute befinden sich an nahezu allen Einrichtungen musikalischer Berufsausbildung.

Die eigentliche Ausbildung dauert mindestens sechs Semester und wird mit einer staatlichen Musiklehrerprüfung abgeschlossen.

Inhalte des Studiums sind ein Hauptfach (Instrument oder Gesang), Musikkunde und Musikpädagogik. Hierbei können Schwerpunkte gebildet werden in Instrumental- beziehungsweise Gesangspädagogik, allgemeiner Musikerziehung, rhythmisch-musikalischer Erziehung, Tonsatz und Hörerziehung und in Jazz und Popularmusik. Der theoretische Unterricht wird in den beiden letzten Semestern durch unterrichtspraktische Übungen ergänzt.

Aufgabe des so ausgebildeten Musiklehrers ist es, vor allem junge Menschen zur Musikliebe hinzuführen, musikalische Begabungen zu wecken und zu fördern und sie durch Musik zu erziehen. Diese Aufgabe kann er entweder selbständig wahrzunehmen, sofern er eine hinreichende Zahl von Schülern findet, die ihn privat in Anspruch nehmen. Meist wird er aber bestrebt sein, seine Tätigkeit im Rahmen einer bestehenden Institution (zum Beispiel einer städtischen Musikschule) der Musikpflege auszuüben, die ihm hinsichtlich seines Lebensunterhalts größere Sicherheiten bietet als eine freiberufliche Tätigkeit. Hier kann er auch neben Förderung einzelner Schüler das gesamte örtliche Musikleben aktiv mitgestalten. Hierzu ist oft die Zusammenarbeit mit unterschiedlichen Trägern der Musikpflege unerläßlich, mit Lehrern der öffentlichen Schulen ebenso wie mit örtlichen Musikvereinen oder Einzelkünstlern. Häufig dürften beide Ausübungsformen gleichzeitig möglich sein, besonders dann, wenn er selbst ein überdurchschnittlicher Instrumentalmusiker oder auch Sänger ist oder gar mehrere Bereiche musikalisch perfekt beherrscht.

Die Weiterbildung des Musiklehrers hängt neben seinem Können von seiner künstlerischen Eigeninitiative ab, entweder als Musiker oder als Lehrer Tätigkeitsfelder zu erschließen, die normalerweise Hochschulabsolventen vorbehalten sind und zu deren Ausübung auch für ihn in der Regel weitere intensive Studien bei anerkannten »Meistern« erforderlich sind, die er eben an Hochschuleinrichtungen findet.

Musiktherapeut/-in

Heilen mit Musik

Heute geht es in der Teambesprechung um eine Patientin, um die sich der Musiktherapeut in den vergangenen Wochen regelmäßig gekümmert hat. Völlig verschlossen und in sich gekehrt war sie nach einem Selbstmordversuch in die Klinik gekommen. Das Team, bestehend aus einem Arzt, einer Sozialarbeiterin, einer Psychologin, einem Psychotherapeuten, mehreren Krankenschwestern sowie dem Musiktherapeuten, kennt ihren bisherigen Lebensweg, der ihr aussichtslos erschienen war. Es war schwer, ihr Vertrauen zu gewinnen, Zugang zu ihr zu finden. Aus den Akten war bekannt, daß sie früher einmal Klavier gespielt hatte. Dies war der Anlaß, warum man auch den Musiktherapeuten einbezogen hatte. In vielen Stunden gemeinsamen Musikhörens und Klavierspielens war es ihm gelungen, ihre Verkrampftheit ein wenig zu lösen, sie sogar zum Mitwirken in einer kleinen Instrumentalgruppe zu bewegen. Heute will der Musiktherapeut dem Team über die bisherigen Erfolge berichten, um den weiteren Therapie-Plan für die kommende Zeit abzustimmen.

Zu den Patienten des Musiktherapeuten gehören Kinder und Erwachsene, seien sie durch Geburt oder Krankheit bzw. Unfall körperlich oder geistig behindert oder psychosomatisch erkrankt. Auch autistische Kinder, psychisch Kranke und Verhaltensgestörte gehören zu dem Patientenkreis. In der Therapie nimmt die Musik als besonderes Ausdrucks- und Kommunikationsmedium eine zentrale Stellung ein. Dabei kennt Musiktherapie aktive und rezeptive Formen: Entweder werden die Patienten zu nachahmendem oder kreativem musisch-tänzerischen bzw. instrumentellen Mitwirken angeregt oder sie erhalten Gelegenheit zum Zuhören und Aufnehmen der Musik.

Neben seiner musikalischen und therapeutischen Fachbildung muß der Musiktherapeut eine ausgewogene Persönlichkeitsstruktur besitzen und über ein sehr ausgeprägtes Wahrnehmungs- und Einfühlungsvermögen verfügen. Sein Interesse am aktiven Musizieren und Musikerleben muß bestimmt sein von den therapeutischen Zielen und Teilschritten. Dabei muß er oft auf schnelle, leicht nachweisbare Erfolge seines Tuns verzichten, muß sehr viel Geduld und Beharrlichkeit aufbringen können. Als Einsatzorte kommen selten Einzelpraxen, in der Regel größere Einrichtungen in Betracht, die räumlich und personell für längerfristige Therapiemaßnahmen ausgestattet sind: psychiatrische und psychosomatische Heilstätten, die auf Kinder, Erwachsene oder ältere Menschen spezialisiert sind; ferner Betreuungs- und Rehabilitationseinrichtungen für Behinderte. Der Beruf des Musiktherapeuten ist relativ neu, ein verbindliches Berufsbild existiert noch nicht. Die Beschäftigungsmöglichkeiten hängen von therapeutischen Erfolgen und ihrer gesellschaftlichen und gesundheitspolitischen Anerkennung ab. Derzeit prägt noch das Selbstverständnis der besuchten Ausbildungsstätte Form und Inhalt von Aufgaben und Tätigkeiten der relativ wenigen Berufspraktiker.

Alle Ausbildungswege, wie immer sie voneinander abweichen mögen, verfolgen das Ziel, neben musiktherapeutischen Inhalten auch medizinisches, psychologisches, psychotherapeutisches, pädagogisches, sozialpädagogisches, allgemein-musikalisches und — vereinzelt — auch religiös-philosophisches Fachwissen als Hintergrund und Hilfe für die künftige Arbeit zu vermitteln. Die Ausbildung wird derzeit von fünf Instituten angeboten:

1. Musiktherapeutische Arbeitsstätte e.V., Arno-Holz-Straße 16, 1000 Berlin 41;
2. Institut für Musiktherapie Johanna v. Schulz, Am Hegewinkel 86, 1000 Berlin 37;
3. Fachhochschule der Stiftung Rehabilitation, Fachbereich Musiktherapie, Ziegelhäuser Landstraße 1, 6900 Heidelberg;
4. Staatliche Hochschule für Musik Rheinland, Grenzland-Institut Aachen, Theaterplatz 14, 5100 Aachen (u. a. in Zusammenarbeit mit der Hochschule und dem Gemeinschaftskrankenhaus Herdecke, Beckweg 4, 5804 Herdecke/Ruhr);
5. Hochschule für Musik und Darstellende Kunst, Harvestehuder Weg 12, 2000 Hamburg 13 (in Zusammenarbeit mit der Universität).

Musikwissenschaftler/-in

Kleiner Arbeitsmarkt für Spezialisten

München, im März.
Ein Fernsehfilm über das Leben Napoleons soll gedreht werden. Alle Beteiligten, Regisseur, Drehbuchautor, Schauspieler, Produzent, Kameramann, Kostümbildner, Friseur und Innenarchitekt haben eine genaue Vorstellung davon, wie die Szenen aussehen müssen. Schließlich wissen sie alle aus Bildern und Geschichten, wie es um die Zeit Napoleons ausgesehen haben muß. Da taucht eine Schwierigkeit auf: Welche Musik soll man im Film unterlegen, der ja historisch genau sein soll? Nach längerem Suchen findet man einen Fachmann, der die verschiedenen Musikstile der Vergangenheit ganz genau studiert hat, der auch präzise sagen kann, daß man im Jahre 1769, dem Geburtsjahr Napoleons, andere Musikstücke komponiert hat als 1821, dem Todesjahr. Dieser Fachmann ist ein Musikwissenschaftler, der die unterschiedlichen Musikstile der Vergangenheit historisch genau in diesen Film einsetzt und damit dem Zuschauer, dem Kenner und dem Laien, den Eindruck vermittelt, daß Bild und Musik exakt zusammenpassen.

Köln, im Juli.
Das Open-Air-Konzert läuft gerade. Die sechsköpfige Beat- und Rockband, umgeben von riesigen Lautsprechern, elektronischen Instrumenten, Hallgeräten, Mikrofonen und einer Lichtorgel, hat mit ihrer Starnummer die Stimmung der ungefähr fünftausend Zuhörer so richtig angeheizt. Besonders beeindruckend ist der Organist, der auf seinen Keyboards unwahrscheinliche Geräusche und Klangfarben hervorzaubert. Er kann mit seinem Instrument andere Musikinstrumente, teilweise sogar menschliche Stimmen imitieren. An der Entwicklung dieser elektronischen Instrumente sind, so glaubt man landläufig, vorwiegend Elektrotechniker und Elektroniker beteiligt gewesen. Es ist kaum bekannt, daß hier auch Spezialisten mitgearbeitet haben, die sich unter anderem mit den sogenannten Ein- und Ausschwingvorgängen von Schallerzeugern beschäftigen: Musikwissenschaftler, deren Studienschwerpunkt und berufliches Arbeitsfeld die musikalische Akustik ist.

Berlin, im Oktober.
In Berlin findet zur Zeit die »Ostasiatische Woche« statt. Ein Schwerpunkt ist die Darstellung koreanischer Kunst. Malereien werden gezeigt, Theaterstücke aufgeführt, koreanische Lieder

vorgetragen. Diese musikalischen Darbietungen sind für den europäischen Zuhörer fremdartig, sie klingen völlig ungewohnt; begleitet werden die Sänger von eigenartigen Schlag- und Zupfinstrumenten. Auch hier gibt es Fachleute, die dem interessierten Laien die musikalische Ausdruckswelt des asiatischen Landes erläutern können: Musikwissenschaftler, die sich auf das Gebiet der Musikethnologie spezialisiert haben.

Die drei beschriebenen Episoden machen deutlich, daß die Fachleute für Musik, der Musikhistoriker, der Spezialist für musikalische Akustik und der Musikethnologe in der Regel im Hintergrund spektakulärer Ereignisse bleiben. Sie sind alle drei Musikwissenschaftler, sie haben Musikwissenschaft mit unterschiedlichen Schwerpunkten studiert.

Bei der Musikwissenschaft handelt es sich um ein Studienfach, das zwar tatsächlich unter Ausschluß der praktischen Musiklehre mit unterschiedlichen Inhalten und damit auch recht verschiedenen Berufszielen studiert werden kann. Praktische Musiklehre bedeutet in diesem Zusammenhang das Beherrschen eines Musikinstruments und die Kenntnis der Harmonielehre sowie der klassischen kontrapunktischen Regeln als Voraussetzung für die theoretische Bewältigung musikwissenschaftlicher Zusammenhänge. Jeder, der sich also für Musikwissenschaft als Studienfach interessiert, schafft sich aber selbstverständlich eine gute Grundlage, wenn er, gleich auf welchem Instrument, musizieren kann.

Im Verlauf der abendländischen Geschichte hat Musik, als Gegenstand der Musikwissenschaft, eine Art Doppelnatur angenommen. Verkürzt dargestellt kann man sagen, daß die Betrachtungsweisen im Laufe der Zeiten immer hin und her pendelten zwischen Musik als Gegenstand mathematischer Zusammenhänge (zum Beispiel Schwingungen, Frequenzen, Obertöne, Konsonanzen, Dissonanzen und so weiter) und als »redende« Kunst (Empfindungen auslösend, dramatisches Mittel zur Darstellung von Handlungs- und Gefühlssituationen).

Seitdem die Musik an den Universitäten Gegenstand wissenschaftlicher Forschung geworden ist und seitdem im Verlaufe moderner Grundlagenforschung die vielfältigen Beziehungen zwischen Musik und Mensch aufgedeckt worden sind, haben sich neue Arbeitsgebiete für die Musikwissenschaft ergeben, so etwa Musikpsychologie, Musiksoziologie mit Auswirkungen auf Felder wie Musiktherapie und Musikpädagogik.

Je größer die Spezialisierung, um so kleiner der Arbeitsmarkt. Dieses gilt im besonderen Maße für die Musikwissenschaft, die zu den sogenannten »kleinen« Fächern des Lehrangebotes der Universitäten gehört. Je enger umrissen nämlich der Studienschwerpunkt gewählt wird, um so größer ist das Risiko, die erworbenen Kenntnisse später beruflich nicht nutzen zu können, weil entsprechende Stellen nicht angeboten werden. Deshalb haben in der Vergangenheit viele Studenten, die sich für Musikwissenschaft interessierten, eine gewisse berufliche Absicherung durch ein vorheriges Studium der Schulmusik oder Kirchenmusik vorgenommen oder sie haben während des Studiums frühzeitig, durch nebenberufliche Mitarbeit, den Einstieg in die Medien (Presse, Rundfunk, Musiktheater, Musikverlag, Schallplattenproduktion, Archive, Bibliotheken und so weiter) vorbereitet. Da Musikwissenschaft, im Gegensatz beispielsweise zu den Ingenieurwissenschaften, kein »Brotstudium« war und ist, wurde und wird den Studierenden ein hohes Maß an Flexibilität bei der Orientierung auf eine spätere berufliche Tätigkeit abverlangt. Generell lassen sich berufliche Chancen für »die« Musikwissenschaftler nicht abschätzen; es kommt auch hier, wie die Juristen formulieren, »immer auf den Einzelfall an«. Der Wunsch allerdings, sich auf dem Wege über das Studium der Musikwissenschaft ausschließlich mit den schönen Künsten zu beschäftigen, ist zu wenig; berufliche Perspektiven sollten frühzeitig erwogen und angepeilt werden.

**Orgelbauer/-in (Industrie)
Orgel- und Harmoniumbauer/-in (Handwerk)**

Dies Handwerk hat goldenen Klang

Wer über Grundfertigkeiten im Klavierspiel verfügt oder sogar auf der Heimorgel ein wenig spielen kann (ohne nun gleich Musik studieren zu wollen) und gern mit einigem Geschick handwerklich arbeiten möchte, kann im Beruf des Orgelbauers ein vielseitiges und anspruchsvolles Anwendungsgebiet seines Interesses finden. Arbeit findet er entweder im industriellen Orgelbau – hier manchmal spezialisiert auf die Herstellung von Einzelteilen, wie Orgelpfeifen, Spieltischen, Balg- und Windanlagen –; oder im Handwerk, wo auch der Bau des kleineren Harmoniums zu seinen Aufgaben gehört.

Ein Abschluß der Hauptschule mit

guten Noten in Mathematik und den naturwissenschaftlichen Fächern reicht aus, besser ist natürlich die Mittlere Reife. Dazu sollte die Bereitschaft zu genauer, sorgfältiger Arbeit und eine musikalische und zeichnerische Begabung kommen.

Wozu dies nötig ist, zeigt die Abwicklung eines Orgelbauprojektes:

Da will vielleicht eine Kirche eine neue Orgel aufstellen. Bei den ersten Vorbesprechungen ist bereits der Orgelbauer beteiligt. Architektonische Überlegungen (die neue Orgel soll ja dem Baustil der Kirche angepaßt sein), die Statik der das Instrument tragenden Decke, die Größe und die Akustik des Raumes, der beschallt werden soll, all dies spielt für die Auslegung der Orgel eine Rolle. Auf der Grundlage solcher Beratungen entstehen Bauzeichnungen und technische Berechnungen. Nach der Kalkulation des erforderlichen Zeitaufwands und des Materialbedarfs kann der Kostenvoranschlag erstellt werden. Jedes Instrument ist ein besonderes Einzelstück und muß deshalb speziell konzipiert werden.

Für den Bau der Orgel werden verschiedene Materialien verwendet; es gibt Pfeifen aus Holz und aus Metall. Es sind Kenntnisse, wie sie auch zum Beispiel der Tischler besitzt, nötig, um sauber sägen, hobeln und verleimen zu können. Aber auch die Verarbeitung von Metallen und der sichere Umgang mit den dafür benötigten Werkzeugen will gelernt sein. Der Orgelbauer muß Bleche schneiden, bohren, feilen und löten. Manche Bauteile stellt er selber her, indem er Zinn und Blei schmilzt und das Werkstück gießt. Immer häufiger hat er auch Kunststoffe zu verarbeiten. Aus mehreren Pfeifen werden Register zusammengestellt, und langsam wächst in der Werkstatt das Instrument. Der Orgelklang entsteht durch den Luftstrom, der zum Beispiel durch einen Gebläsemotor in die Pfeife gelangt; also müssen haltbare Balg- und Windanlagen gebaut werden. Die Orgel mit ihren Bestandteilen ist ein kompliziertes, zum Teil mit elektronischen Steueranlagen versehenes System. So muß der Orgelbauer sogar elektrische Schaltungen installieren können. Bedient wird das Instrument über den Spieltisch, der im wesentlichen aus Klaviaturtasten und einer Registerschaltung besteht. So gehört schon einiges an mechanisch-technischem Verständnis dazu, den Luftstrom zu leiten, die Ventile der Pfeifen entsprechend zu steuern und die Register so zu verankern, daß keine Vibrationen an anderen Bauteilen entstehen und ungewollte Nebenklänge hervorrufen. Und vor allem soll für den Organisten ein bedienungsfreundlicher Arbeitsplatz entstehen. Orgelbauer arbeiten häufig im Team.

In der Werkstatt entsteht zum erstenmal der volle Klang, obwohl das Instrument nur provisorisch zusammengebaut ist. Sind Klang und Bedienung ohne Beanstandungen geprüft, wird alles wieder zerlegt und geht auf die Reise. Am Bestimmungsort (in unserem Fall war es eine Kirche) entsteht nun die Orgel erneut. So ein Zusammenbau kann schon einige Tage dauern. Wer Orgelbauer werden will, muß sich darauf einrichten, häufiger beruflich unterwegs zu sein. Noch etwas wird deutlich. Das Aufstellen der Orgelpfeifen kann schwere körperliche Arbeit bedeuten. Deshalb findet man wenig Orgelbauerinnen. Für sie eignet sich vielleicht eher der Beruf der Orgel- und Harmoniumbauerin.

Schließlich muß das Instrument noch auf die Akustik des Raumes eingestellt werden, eine Aufgabe für den Intonateur, einen Spezialisten unter den Orgelbauern, der über ein besonders gutes musikalisches Gehör verfügen und schon etwas sicherer auf dem Instrument spielen können muß.

Weitere Spezialisierungen in diesem Beruf ergeben sich durch die Aufgaben des Orgelstimmens, der Einzelteilherstellung (zum Beispiel von Pfeifen) oder der künstlerischen Bearbeitung des Holzgehäuses. Über eine Spezialisierung ergeben sich auch Aufstiegsmöglichkeiten. Hilfreich könnte der Besuch von Kursen an der Bundesfachschule für Musikinstrumentenbau in Ludwigsburg sein. Dort kann auch, wie in jedem anderen Handwerk, eine Meisterprüfung abgelegt werden. Einen berufsbezogenen Studiengang gibt es nicht.

Zur Zeit gibt es etwa 430 Ausbildungsverhältnisse. Die Lehre dauert dreieinhalb Jahre. Die Berufsaussichten nach bestandener Gesellenprüfung sind immer noch gut; es gibt kaum Gefahr, etwa durch Maschinen ersetzt zu werden. Der Verdienst liegt nach einigen Berufsjahren bei etwa DM 3000,– im Monat. Da es für dieses alte Handwerk mehr Bewerber als Ausbildungsplätze gibt, muß mit Wartezeiten gerechnet werden; dann empfiehlt es sich vielleicht, nach Alternativen zu suchen. Deshalb ein Hinweis auf andere Berufe, in die sich ein Interesse an der Verbindung von Musik und Handwerk einbringen ließe: Klavierbauer, Geigenbauer, Holz- und Metallinstrumentenbauer — je nach musikalischem Schwerpunkt.

Neben dem Bau neuer Instrumente beschäftigt sich der Handwerker mit der Reparatur defekter Bauteile, der Ergänzung oder teilweisen Erneuerung. Besondere Anforderungen stellen dabei alte Instrumente mit ihren heute teilweise ungebräuchlichen Materialien und nicht zuletzt wegen ihres hohen Wertes an den Restaurator von Musikinstrumenten, der bei Museen angestellt ist und nach abgeschlossener Lehre noch eine Einarbeitungszeit oder ein Praktikum absolvieren muß.

Raumausstatter/-in

Modern durch Material und Farbe

»Romantisch oder klassisch, eher duftig und leicht oder etwas strenger, dem Stil der übrigen Einrichtung absolut angepaßt oder als Kontrapunkt dazu — wie hätten Sie es denn gerne?«, könnte die erste Frage des Raumausstatters an einen Kunden lauten. Er ist der Fachmann für die Ausgestaltung von privaten Wohnungen, Gaststätten, Konzertsälen und anderen Räumen. Wer möchte nicht seinem neuen Haus den letzten Pfiff geben, eine gemütliche, anheimelnde Atmosphäre schaffen, mit warmen Farben der Familie und den Gästen Entspannung und Wohlbehagen bieten?

Jeder, der selbst einmal eine Wohnung eingerichtet hat, weiß vom Unterschied zwischen nackten Zimmerwänden, Fenstern und Fußböden und der eines Tages fertigen Wohnung. Er weiß auch, wie viele Überlegungen notwendig sind, um Wandbekleidungen, Fußbodenbeläge, Fensterdekorationen und Polstermöbel mit der sonstigen Einrichtung und den persönlichen Bedürfnissen und Empfindungen in Einklang zu bringen. Aber nicht nur Harmonie und Schönheit sind gefragt, sondern es müssen auch ganz nüchterne Überlegungen angestellt werden, ob etwa bestimmte Materialien oder Montageformen den örtlichen Gegebenheiten entsprechen, ob der finanzielle Rahmen durch die speziellen Wünsche nicht gesprengt wird usw.

Für all das, was im Zusammenhang steht mit dem

- Dekorieren von Fenstern,
- Bekleiden von Wänden und Decken,
- Verlegen von Bodenbelägen aus Textil und Kunststoffen,
- Polstern von Sesseln und Bänken,

ist der Raumausstatter der sachkundige Fachmann, der mit Rat und Tat hilft.

Aus der Aufgabenstellung ergeben sich vielfältige Anforderungen.

Geschmack, Schönheitssinn, Farbempfinden und Farbsicherheit sowie Phantasie müssen beim Raumausstatter in besonderem Maße vorhanden sein, will er zum Beispiel einem Kunden seinen Rat begründen, warum nur ein getrimmter Teppichboden zur gewählten Fensterdekoration paßt. Die Fähigkeit zur handwerklichen Ausführung der Ideen ist aber sicher genau so wichtig. Leute mit den sprichwörtlichen zwei linken Händen sind auch in diesem Handwerk nicht gefragt. Vielmehr verlangt der Umgang mit Holz, Kunststoffen, Textilien unterschiedlichster Art, Gummi, Stein und so weiter und diversen Techniken ein beachtliches handwerkliches Geschick. Auch Nur-Künstler werden ihre Befriedigung in diesem Beruf nicht finden.

Da recht häufig Flächen- und Körperberechnungen durchgeführt werden müssen, sollten entsprechende Vorkenntnisse in Geometrie vorhanden sein.

Hinsichtlich der körperlichen Beanspruchung ist zu erwähnen, daß viele Arbeiten im Stehen und auch auf Leitern (zum Beispiel das Anbringen von Gardinen oder Deckenbekleidung) verrichtet werden müssen. Auch das Verlegen von Teppichböden (auf den Knien) und das Befördern von Teppichrollen und Polstermöbeln ist nicht gerade eine leichte Arbeit. Wegen dieser Belastungen werden Mädchen von manchen Betrieben nicht eingestellt.

Mode verändert sich rasch. Neue Werkstoffe kommen auf den Markt. Daher muß der Raumausstatter flexibel, anpassungsfähig und lernbereit sein und für sein ganzes Berufsleben bleiben.

Zu den besonderen Umständen des Berufes gehört noch der häufig wechselnde Arbeitsplatz (Werkstatt, Neubau oder Wohnungsrenovierung).

Ständiger Umgang mit Kunden setzt Kontaktfähigkeit und Sicherheit voraus.

Raumausstatter ist ein staatlich anerkannter Ausbildungsberuf im Handwerk. Die Ausbildung dauert drei Jahre. Sie wird im Ausbildungsbetrieb und in der Berufsschule durchgeführt. Vor dem zweiten Ausbildungsjahr findet zur Ermittlung des Ausbildungsstandes eine Zwischenprüfung statt. Die Gesellenprüfung am Ende der Ausbildung erstreckt sich auf folgende Fertigkeiten und Kenntnisse, die durch den in der Berufsschule vermittelten Lehrstoff ergänzt werden:

– Kenntnisse des Ausbildungs-

betriebes, Arbeitsschutz, Unfallverhütung, technische Vorschriften.
- Be- und Verarbeiten von Werkstoffen und Vorbereiten der Untergründe:
  Gemeint ist hier zum Beispiel das Messen, Anreißen, Feilen, Bohren, Sägen und Kleben von Holz, Metallen und Kunststoffen oder auch Entrosten und Spachteln von Untergründen als Vorbereitung für eine Bespannung oder Beklebung.
- Polstern:
  Wenn auch die handwerkliche Herstellung von Polstermöbeln angesichts kostengünstigerer Angebote der Möbelindustrie immer weiter zurückgeht, ist die Aufarbeitung und Restaurierung vor allem alter, wertvoller Stilmöbel nach wie vor eine Domäne des Raumausstatters. Dies setzt Kenntnis der Stilrichtungen und Gestaltungselemente voraus. Dazu ist beispielsweise das Ausmessen, Anzeichnen, Zuschneiden, das Polstern mit verschiedenen Stoffen, das Nähen sowie das Anfertigen und Reparieren von Federungen zu erlernen.
- Dekorieren:
  Hier kommt es besonders auf Gestaltungsideen an. Ebenso sind umfangreiche Kenntnisse über Stoffqualitäten und Verarbeitungsmöglichkeiten wichtig. Ausmessen, Zuschneiden — mit der Hand und Maschine —, Nähen sowie Anbringen, Raffen und Drapieren sind unter anderem die zu erledigenden Arbeiten. Manche Betriebe unterhalten Nähateliers, wo angestellte Näherinnen (Ausbildungsberuf: Polster- und Dekorationsnäher/-in) diese Arbeiten ausführen.
- Verlegen von Bodenbelägen aus Textilien und Kunststoffen:
  Dies erfolgt je nach Teppichart und Untergrund durch loses Auflegen oder Verkleben oder mit Hilfe von Spannleisten. Besonders schwierig kann zum Beispiel die exakte Verlegung eines Teppichbodens auf einer Wendeltreppe sein. Die Verlegung eines Kunststoffbelages in einem »Naßraum« verlangt spezielle Schweißtechniken, um eine wasserdichte Verbindung zu erreichen.
- Bekleiden von Wänden und Decken:
  Hier spielen Stilrichtungen und Gestaltungselemente wieder eine besondere Rolle. Skizzen müssen angefertigt und Berechnungen vorgenommen werden, dazu ist Material zu prüfen und auszuwählen. Da

die Bekleidung von Wänden und Decken nicht nur schmükkenden Charakter hat, sondern auch gegebenenfalls schall- und wärmedämmende Effekte erzielt werden sollen, müssen Dämmstoffe und Unterpolsterungen bedacht und angebracht werden. Unter Umständen sind dann wertvolle Tapeten oder sonstige Verkleidungen aus Textil, Holz, Metall oder Kork anzubringen.

Will der Raumausstatter auf dem laufenden bleiben, ist er auf regelmäßige Weiterbildung und Information über neue Werkstoffe und Modetendenzen angewiesen.

In größeren Betrieben kann eine Spezialisierung sinnvoll und notwendig sein, zum Beispiel als Fußbodenleger oder »Dekorateur« (Fensterdekorationen).

Über die Meisterprüfung kann der Raumausstatter gehobene Positionen, etwa in großen Einrichtungshäusern oder in der Industrie erreichen – oder einen eigenen Betrieb eröffnen. Außerdem ist die Fortbildung zum Techniker, oder nach Erwerb der Fachhochschulreife ein Studium möglich, zum Beispiel mit dem Abschluß Innenarchitekt.

Der steigende Lebensstandard und der Wunsch vieler Menschen nach schönen Wohnungen haben dem Raumausstatter bisher gute Berufschancen eröffnet. Allerdings wirken sich rückläufige Baukonjunktur und allgemeine Spartendenzen unmittelbar auf die Auftragslage aus. Die breite Verwertbarkeit beruflicher Kenntnisse setzt den Raumausstatter jedoch in die Lage, sich veränderten Bedingungen auf dem Arbeitsmarkt und in der Gesamtwirtschaft relativ gut anpassen zu können.

Regisseur/-in

Im Kreuzfeuer der Kritik

Auf der Bühne ist er nicht zu sehen, aber im Programmheft steht sein Name in ganz dicken Buchstaben; man spricht von ihm achtungsvoll, anerkennend – oder auch mit Ablehnung: vom Regisseur.

Alle Fäden laufen bei ihm zusammen. Er hat es in der Hand, ob eine Aufführung gelingt und beim Publikum wirklich ankommt, denn für den künstlerisch-darstellerischen Gesamteindruck ist er letztlich allein verantwortlich.

Regisseure arbeiten in vielfältigen Bereichen. Typische Ausübungsformen sind:
- Musiktheater-Regisseur,
- Sprechtheater-Regisseur,
- Hörspiel-Regisseur,
- Filmregisseur,
- Regisseur einer Modenschau,

— Dokumentarregisseur für Fernsehfilme.
Dabei handelt es sich nur um eine Auswahl.
Trotz aller Spezialisierungen gibt es unübersehbare Gemeinsamkeiten: Regisseure *führen* andere Menschen im wahrsten Sinn des Wortes. Jede Betonung, jeder Schritt, jede Geste, jedes Kostüm, jeder Licht-Effekt muß zur Gesamtkonzeption stimmen. Oft arbeiten Hunderte, beim Film manchmal über tausend Menschen zusammen, die sich alle nach den Weisungen der Regie zu richten haben. Im kleinen Team kann es dabei auch einmal Diskussionen zwischen Regisseur und Mitwirkenden geben, in Großproduktionen ist das kaum noch denkbar.

Ja, und dann ist da das Produkt: ein künstlerisches, unterhaltsames oder sachorientiert zu verwendendes Produkt — sei es ein Zeichentrickfilm oder eine vergnügliche Operette. Drehbuch und Stück wollen gründlich gelesen, treffend interpretiert — und überzeugend inszeniert werden. Immer muß der Gesamteindruck wie aus einem Guß sein, alle Details müssen stimmen — unabhängig wieviel Experten und Statisten mitwirken.

Neben dem Menschen ist die Technik wichtigster Partner des Regisseurs. Dies gilt nicht nur bei Film und Fernsehen, auch die technische Apparatur einer Theaterbühne ist beachtlich differenziert. Drehbühnen oder Versenkungen werden genutzt; Mikrophone und Lautsprecher erweitern die akustischen Möglichkeiten; Licht wird in unzähligen Nuancen und Farben eingesetzt.

So zahlreich wie die Ausübungsformen sind die Anforderungen dieses Berufs. Fachkenntnisse im gewünschten Tätigkeitsgebiet (zum Beispiel Kenntnis der Opernliteratur oder der Lebensgewohnheiten von Seekühen oder der Kostüme des 13. Jahrhunderts) sind unerläßlich, um überzeugend darstellen zu können. Dazu gehört dann eben unter Umständen auch sorgfältiges Auswerten von Quellenmaterialien, die vom Dramaturgen beziehungsweise von den Regie-Assistenten beschafft und vorbereitet werden. Möglichst sollte der Regisseur selbst wissen und beherrschen, was er von den Mitarbeitern verlangt. Er sollte selbst auf der Bühne vortragen oder eine komplizierte Kamera bedienen oder Trickbilder zeichnen können.

Ein beständiges, intensives Interesse an künstlerischen Ausdrucksformen, Entscheidungsfreude, starken Durchsetzungswillen und sprachliche Gewandtheit benötigt jeder Regisseur. Ideenreichtum sowie bildliches beziehungsweise hörbildliches Vorstellungsvermögen lassen sich während der Ausbildungszeit bis zu einem gewissen Grad erwerben. Sehr wichtig ist die Fähigkeit, gleichzeitig mehreres tun zu können, beispielsweise einen Brief zu schreiben, dabei fernzusehen und zu telefonieren; beim Dirigieren vieler Menschen mit unterschiedlichen Rollen erweist sich diese Fähigkeit als großer Vorteil.

Auf Dauer und Verteilung seiner Arbeitszeit kann der Regisseur kaum Einfluß nehmen. An Theatern ist der Arbeitstag oft erst mitten in der Nacht zu Ende, trotzdem beginnt er pünktlich am nächsten Morgen. In Hörfunk und Fernsehen wird bei Live-Sendungen rund um die Uhr produziert. Dem Filmregisseur kann es passieren, daß er fünf Tage hintereinander morgens um 4 Uhr auf einen schönen Sonnenaufgang in der Wüste warten muß.

Der Vielzahl der Regie-Tätigkeiten entsprechen auch unterschiedliche Ausbildungsmöglichkeiten. Im Gegensatz zur DDR gibt es in der Bundesrepublik Deutschland und in Österreich keine geregelte Ausbildung zum Regisseur. Es finden sich daher in dieser Sparte neben Schauspielern auch Ärzte, Juristen und Theologen als Theaterregisseure. Lediglich in der Dokumentarfilm-Branche sind vorwiegend Fachwissenschaftler mit Zusatzkenntnissen tätig.

Künstlerische Regisseure gehen häufig folgende Ausbildungswege:

1. Erlernen der darstellenden Kunst (Schauspieler, Sänger);
2. Direkt-Engagement als Regie-Assistent (zum Beispiel aus langjähriger Statisten-Tätigkeit);
3. Fachstudium (zum Beispiel Germanistik, Theaterwissenschaft, Psychologie, Soziologie);
4. Besuch einer der wenigen Spezialausbildungseinrichtungen an Film- und Fernsehhochschulen, Regieklassen an Musikhochschulen/Hochschulen für Darstellende Kunst.

Mit dem Abschluß seiner Hochschulausbildung wird der angehende Regisseur jedoch zunächst noch eine Reihe von Lehrjahren am Theater oder bei einer Rundfunkanstalt als Regie-Assistent verbringen müssen. Wie lange es dauert, bis die erste Chance zur eigenständigen Regie winkt, ist von seinem persönlichen Engagement, Geschick und dem Wohlwollen jener abhängig, die über die Finanzmittel verantwortlich bestimmen.

Der Arbeitsmarkt für Regisseure

unterscheidet sich deutlich vom Arbeitsmarkt anderer Berufe. Maßstab für beruflichen Erfolg oder Mißerfolg bleibt immer die Resonanz beim Publikum: von dieser vorher nur schwer einschätzbaren Wirkung hängen letztlich immer die Chancen auf ein Engagement ab.

Am Theater ist der Bühnennormalvertrag üblich, mit einer Laufzeit von einem Jahr, seltener auch bis zu fünf Jahren; viele Bühnen wechseln dann ihre Spielleiter, um dem Publikum neue Ideen präsentieren zu können. Es kann aber auch im Interesse des Regisseurs liegen – dies gilt vor allem für jüngere Regisseure –, häufiger an anderen Bühnen mit einem anderen Ensemble Neues auszuprobieren. Eine andere Arbeitsform ist der Stückvertrag beim Theater oder die freie Mitarbeit bei Hörfunk und Fernsehen. Hier gilt es, ein vollständiges Produkt abzuliefern – gefällt es, werden weitere Aufträge folgen.

Die Produktionen, für die der Regisseur sich engagiert, sind aufwendig; sie werden überwiegend aus Steuergeldern oder von finanzkräftigen Auftraggebern bezahlt. Das macht diesen Beruf in starkem Maße auch von der wirtschaftlichen Großwetterlage abhängig. Nicht nur der Regisseur von Werbe-Spots bekommt Wirtschaftsflauten zu spüren, auch mancher Theaterbesuch wird verschoben, um die Haushaltskasse zu schonen.

Bedingt durch neue Medienformen wie Kabelfernsehen oder die Video-Technik werden sich in den nächsten Jahren die Tätigkeitsfelder für Regisseure ausweiten. Das könnte möglicherweise auch dazu führen, daß sich das Berufsbild dann mit dem des Produzenten beziehungsweise des Redakteurs vermischt.

Mehr zur beruflichen Situation von Regisseuren findet sich bei: Fohrbeck, Karla/Wiesand, Andreas J.: *Der Künstlerreport*, München 1975. Deutsches Bühnen-Jahrbuch, hrsg. von der Genossenschaft Deutscher Bühnen-Angehörigen, Hamburg (erscheint jährlich).

Restaurator/-in
Restaurator/-in, Diplom-Möbelrestaurator/-in

Altes wiederbeleben!

Unbeachtet und schon etwas heruntergekommen stand der alte Sekretär im Arbeitszimmer. Einige der Schubfächer hatten längst ihre hübschen Köpfe verloren und auf der Vorderseite fehlten bei den Einlegearbeiten mehrere Ebenholzstückchen. Ein Fuß war einfach durch einen Fichtenklotz ersetzt worden, dessen Holz natürlich überhaupt nicht zum edlen Kirschbaum des Biedermeier-Sekretärs paßte. Die Familie fand das Möbel unpraktisch und unmodern; sie wollte es loswerden.

Der befragte Antiquitätenhändler erkannte den Wert des seltenen Stücks sofort und kaufte ohne Zögern. Er wußte, wie ein solcher Schrank aussehen kann, wenn er nur wieder gründlich aufgearbeitet ist; denn der ursprüngliche Glanz läßt sich mit fachmännischer Hilfe durchaus wiederherstellen!

Dabei kommt es allerdings darauf an, daß wirklich nur jemand die Restaurierungsarbeiten übernimmt, der sich mit Stilepochen, Holzarten, Konstruktion und den seinerzeit angewandten Techniken des Zusammenbauens, Verleimens, Furnierens, Polierens und Lackierens tatsächlich gut auskennt. Nicht jeder, der sich heute Restaurator nennt, beherrscht dies alles sicher. Wie das kommt? Der Beruf des Restaurators ist bislang noch nicht gesetzlich geschützt. Viele der sogenannten Restauratoren haben weder eine abgeschlossene Ausbildung noch eine umfassende praktische Einweisung in einer der wenigen fachlich anerkannten Restaurierungswerkstätten durchlaufen. Schließlich geht es ja beim Restaurieren keineswegs nur um oberflächlichen Ersatz fehlender Teile, sondern allermeist um grundlegende (material- und stilgetreue) Wiederherstellung von Gebrauchs- und Wertgegenständen aus früheren Jahrhunderten, was letztlich zuverlässig nur auf der Grundlage sorgfältiger kunst- und kulturgeschichtlicher Analyse erfolgen kann.

Und es sind ja auch nicht nur alte Möbel, die eine Auffrischungskur benötigen, sondern auch Gemälde, Kostüme und Kleider, Bauwerke, Ton- und Glasgefäße, Skulpturen, Silber- und Goldschmuck, Bücher, Graphiken, Münzen, Uhren, sakrale Gegenstände, Musikinstrumente, Wandteppiche und vieles andere mehr. Folgende Aufgaben stellen sich dabei dem Restaurator:

1. Restaurieren und Instandsetzen,
2. Erhalten und Pflegen (einschließlich Reinigen),
3. Erforschen und Dokumentieren der Technologien.

Restaurieren bedeutet, die noch vorhandene, unwiederbringlich wertvolle Substanz wieder zur Geltung zu bringen. Dazu sind ein sehr hohes Maß an Material- und Werkkunde sowie ausgeprägte handwerkliche Fertigkeiten notwendig – nachgewiesen durch

den erfolgreichen Abschluß einer einschlägigen Berufsausbildung, beispielsweise in folgenden Berufen:
1. Tischler, Holzbildhauer, Vergolder
   für: Gemälde, Skulpturen, Kunstgewerbe;
2. Steinbildhauer, Steinmetz, Stukkateur
   für: Steinkunstwerke (zum Beispiel an Kirchen und Schlössern);
3. Schneider, Sticker, Weber
   für: Textilien (zum Beispiel Kleider, Teppiche, Decken);
4. Buchbinder
   für: Bücher, Handschriften, Grafiken, Landkarten;
5. Tischler, Musikinstrumentenbauer
   für: Möbel, Musikinstrumente;
6. Goldschmied, Silberschmied, Gürtler, Graveur
   für: Metall, Kunstgewerbe, archäologische Restaurierung;
7. Glasmaler
   für: Glasfenster.

Zusätzlich zur einschlägigen handwerklich-technischen Befähigung muß beim Restaurator das starke persönliche Interesse treten, Altes, Überkommenes wieder zu beleben. Nur wirklich liebevolle Geduld macht es möglich, das oftmals erforderliche Maß an Ausdauer und Sorgfalt aufzubringen, um beispielsweise mehrfach übermalte Farbschichten eines Deckengemäldes so schonend zu entfernen, daß das Original nicht verletzt oder gar zerstört wird. Restaurierungsarbeit ist oft genug Sisyphusarbeit! Und bringt meist alles andere als schnell oder leicht verdientes Geld!

Teilweise erfordert die Arbeit Einblick in wissenschaftliche und künstlerische Grundlagen und Hintergründe, zum Beispiel der Volkskunde, der Archäologie, der Kunstgeschichte oder auch von Chemie und Physik, um den Arbeitsbedingungen, -mitteln und -verfahren sowie dem künstlerischen Anspruch und Stil der damaligen Zeit wirklich gerecht werden zu können und soweit wie möglich nahe zu kommen (»Werktreue«). Das Restaurieren von Kunstwerken kann selbst zur eindrucksvollen »Kunst« werden, die erst durch langjährige fachliche Erfahrung erreicht wird.

Trotzdem sind Restauratoren keineswegs schöpferisch-künstlerisch, sondern verantwortungsvoll nachvollziehend tätig. Sie haben für den materiellen Bestand der anvertrauten Gegenstände zu sorgen, um sie in ihrer tatsächlichen historischen oder künstlerischen Bedeutung richtig zu erfassen, zu bewahren und darzustellen. Von Restauratoren wird daher heute häufig verlangt, ihre Aufgaben arbeitsteilig im Team – zum Teil mit Kunsthistorikern, Volkskundlern und Archäologen – zu erfüllen.

Die gegenwärtig übliche Form des Zugangs zum Beruf des Restaurators besteht in der praktischen Einübung in einer Restaurierungswerkstatt. Am Werkstück wird dabei unmittelbar festgelegt und begründet, warum welche Verfahren und Arbeitsschritte angewandt werden sollen. Der Volontär arbeitet hier von Anfang an praktisch mit, in der Regel unbezahlt, teilweise auch mit Arbeitsvertrag. Mit zunehmendem Schwierigkeitsgrad wächst die Verantwortung und das fachliche Beurteilungsvermögen über Materialien, Hilfsmittel, Werkzeuge, Techniken usw. Bei der Auswahl für die wenigen verfügbaren Volontariatsstellen, die in freien Werkstätten beziehungsweise in Restaurierungswerkstätten großer Museen und bei den Landesämtern für Denkmalpflege angeboten werden, haben Bewerber mit einer einschlägigen Berufsausbildung deutlich den Vorrang vor Abiturienten oder Realschulabsolventen. Das Volontariat dauert üblicherweise etwa drei Jahre.

An der Staatlichen Akademie für Bildende Künste Stuttgart, Am Weißenhof 1, 7000 Stuttgart 1, besteht die Möglichkeit zu einem Hochschulstudium im Fach »Restaurierung und Technologie von Gemälden und gefaßten Skulpturen« mit dem Studienabschluß Diplom-Restaurator. Vorausgesetzt wird dafür ein grundlegendes Praktikum von 32 Monaten Dauer in einer Restaurierungswerkstatt mit Schwerpunkt Gemälde und/oder Skulpturen. Die wesentlichen Inhalte des Studiums sind: Kunstgeschichte, Restaurierungsgeschichte, Werkstoff- und Stilgeschichte, Ikonographie, Gemäldeuntersuchung und Dokumentation, fachbezogene Chemie und Physik, Bestimmung von Holzarten, Natur- und Aktzeichnen.

An der Bayerischen Staatsbibliothek, Ludwigstraße 6, 8000 München 34, sowie an der Herzog-August-Bibliothek, Lessingplatz 1, 3340 Wolfenbüttel, wird die Ausbildung zum Archiv-, Buch- und Graphikrestaurator angeboten.

Das Römisch-Germanische Zentralmuseum in 6500 Mainz, Ernst-Ludwig-Platz 2, bietet die Möglichkeit der Ausbildung zum Archäologie- und Ethnologie-Restaurator.

Frühestens ab dem Winter-Semester 1984/85 wird in Düsseldorf ein Studiengang eingerichtet sein, der voraussichtlich stark naturwissenschaftlich ausgerichtet ist.

Pro Jahr sollen etwa zehn Studenten aufgenommen werden, die neben der Hochschulreife wenigstens eine zweijährige restauratorische oder anderweitig einschlägige Praxis vorweisen müssen, um zugelassen zu werden.
Im übrigen steht zu erwarten, daß die Vorbereitung auf den Beruf einheitlich geregelt und die Berufsbezeichnung gesetzlich geschützt wird. Solange dies aber noch nicht erfolgt ist, sollte man Angebote zu einer ungewöhnlich raschen Ausbildung sehr genau prüfen und das Urteil eines anerkannten Restaurators einholen.
Verdienst- und Aufstiegsmöglichkeiten werden zutreffenderweise als relativ begrenzt angesehen.
Weiterbildungsmöglichkeiten bieten die beiden wichtigsten Berufsverbände:
- Deutscher Restauratoren-Verband e.V., Widenmayerstraße 34, 8000 München 22;
- Arbeitsgemeinschaft des technischen Museumspersonals, Schloß Seehof, 8602 Bamberg.

An die Restaurierungswerkstatt des nächstgelegenen größeren Museums beziehungsweise an das jeweilige Landesamt für Denkmalpflege sollte sich wenden, wer sich tatsächlich ernsthaft für eine Ausbildung zum Restaurator beziehungsweise zur Restauratorin entscheiden möchte.

Sänger/-in
Stimmband-Athleten

Um ein mögliches Mißverständnis von vornherein auszuschließen: Schlager- und Pop-Stars oder Jazzsänger gehen ganz andere Wege als die im folgenden beschriebenen. Hier sollte nur weiterlesen, wer mit Kunstlied, Opernarie, Operettencouplet, Chorgesang oder mit dem Unterricht in diesen Fächern zu tun haben möchte.
Sänger üben ihre Kunst für ein Publikum aus, sei es allein oder vereint mit anderen Stimmen. Meistens werden sie auf einer Bühne stehen, also Figuren verkörpern. Dramatische Darstellungskraft und schauspielerische Begabung sind dafür notwendig. Wichtiger noch ist aber die innere Dramatik und Lyrik der Stimme; Musik ist ein Medium, das Imagination ermöglicht. Durch Musik werden andere sichtbare und unsichtbare Dinge ersetzt, verstärkt, betont, persifliert usw. Die Musik läßt Beziehungsebenen neben Handlungsebenen treten und öffnet damit realitätsübergreifende Dimensionen.
Heute steht dem Interpreten ein Repertoire offen, das vom Gregorianischen Choral bis zu modernster Geräuschtechnik reicht; aber immer ist es die menschliche

Stimme, die die Musik neu schafft. Ihre Modulationsmöglichkeiten gehen weit über das hinaus, was ein Instrument leisten kann; ja sogar elektronische Synthesizer, mit denen man frequenzgenau menschliche Stimmen imitieren kann, erreichen nie die aus dem Gefühl des Moments geborene Nuance des menschlichen Gesangs, die unwiederholbar ist.

Über die Fähigkeiten, die naturgegeben vorhanden sein sollten, will man sich für eine Sängerkarriere entscheiden, gehen die Meinungen auseinander, da ein Teil davon auch erst während des Studiums erworben werden kann. Die Ausbildungsfähigkeit einer Stimme sollte allerdings vor einem Studium fachmännisch begutachtet werden. Der Einsatz dieser Stimme bei der Interpretation musikalischer Kunstwerke, die Akzentuierung von dramatisch bis poetisch, erfordert neben dem geistig-musikalischen Einfühlungsvermögen auch theoretische Kenntnisse der Musikliteratur. Auch die körperliche Belastung beim Singen großer Partien ist recht hoch.

Wer die Rollen der Isolde oder der Carmen kennt, kann ermessen, welche Gedächtnisleistungen von Sängern verlangt werden. Das Erarbeiten eines umfangreichen Repertoires in Originalsprache und gegebenenfalls in deutscher Übersetzung gehören zu den Hauptaufgaben im Studium.

Weiter muß sich der angehende Sänger darüber im klaren sein, daß ein Unterschied zwischen einer Badewannen-Kavatine und dem Auftritt vor Publikum besteht: jeder Auftritt auf einer Bühne ist von Lampenfieber begleitet, das beherrscht werden muß. Auch das äußere Erscheinungsbild des Sängers ist nicht ohne Belang, denn äußere und innere Ausstrahlung ergänzen sich und sind mitbestimmend für späteren Erfolg.

Es gibt zwei Möglichkeiten, den Sängerberuf zu erlernen. Der strapaziösere (aber meist erfolgversprechendere) führt über ein Gesangsvollstudium an einer Musikhochschule oder einem Konservatorium und dauert zwischen vier und sechs Jahren. Klavierunterricht und zahlreiche theoretische Fächer gehören mit zur Ausbildung. Im zweiten Abschnitt erfolgt eine Spezialisierung in drei Richtungen: Über die Konzertklasse, die mit der Künstlerischen Reifeprüfung beendet wird, soll der Weg in die Konzertsäle führen. Die Opernklasse – manchmal auch eine spezielle Opernchorklasse – mit Ausbildungsfächern wie Bühnenfechten oder dramatischem Unterricht führt zur Bühnenreifeprüfung oder nach kürzerer Studienzeit zur Chorreifeprüfung.

Schließlich kann man an den meisten Hochschulen auch eine musikpädagogische Studienrichtung einschlagen, die mit der Staatlichen Prüfung für Musikerzieher abschließt.

Ein anderer Weg führt über den Privatunterricht, also der Ausbildung bei Sängern und Gesangspädagogen. Diese Ausbildung kann natürlich im Glücksfall jede Hochschulausbildung in den Schatten stellen, wenn man auf den individuellen Förderer und Entwickler der eigenen stimmlichen Fähigkeiten stößt. Gelingt dies nicht, was leider häufig der Fall ist, kann der Schaden größer sein als der Nutzen.

Hinsichtlich der Berufsaussichten künftiger Sänger sind sehr differenzierte Anmerkungen angebracht. Stars von Bühne und Konzertsaal haben keinen Arbeitsmarkt, sondern nur volle Terminkalender. Zu dieser dünnen Spitzenschicht vorzustoßen, setzt aber voraus, sich in der zweiten Linie behauptet zu haben. Diese Gruppe der Solisten für mittlere und kleine deutsche Bühnen ist einer sehr harten, auch internationalen Konkurrenz ausgesetzt. Im allgemeinen werden nur Bühnennormalverträge mit kurzen Laufzeiten (normalerweise ein Jahr) abgeschlossen; die Bezahlung der Solisten liegt manchmal unter der der Chorsänger.

Für angehende Opernchor- oder Rundfunkchorsänger sieht die Lage hingegen günstiger aus. Bei einem jährlichen Nachwuchsbedarf von rund einhundert ausgebildeten Kräften, der alle Stimmlagen gleichermaßen betrifft, bestehen an einigen Häusern sogar Nachwuchssorgen. Dazu kommt die tarifvertragliche Absicherung des Arbeitsplatzes und des Einkommens. Aufstiegsmöglichkeiten vom Chor ins Solofach bestehen für besondere Talente allemal.

Andere berufliche Möglichkeiten sind für den Sänger sehr dünn gesät. Außerhalb der eigentlichen Gesangstätigkeit sind allenfalls noch gesangspädagogische Aufgabenstellungen denkbar. Es leuchtet aber ein, daß hier insbesondere Sänger erfolgreich sein werden, die in ihrem Fach bereits eine gewisse Karriere hinter sich gebracht und sich einen Namen erworben haben. Dies gilt in besonderen Maße für Lehrtätigkeiten an staatlichen Hochschulen. Im Musikschulbereich, insbesondere bei der Anleitung von Kindern und Jugendlichen, sind ebenfalls vereinzelt Beschäftigungsmöglichkeiten für Sänger gegeben.

Zur besseren Selbsteinschätzung ist ein häufiger Besuch von Opernvorstellungen und Konzerten und die Auseinandersetzung mit Partien für die eigene Stimmlage wichtiger als theoretisches Wissen über den Beruf. Die Mitgliedschaft in einem Laienchor erbringt ebenfalls viele Erfahrungen, die nicht über Sekundärliteratur vermittelbar sind.

Schauspieler/-in

Zwischen Selbstaufgabe und Egozentrik

Als ein über achtzigjähriger, weit über Stuttgart hinaus bekannter Schauspieler am dortigen Theater noch einmal eine Rolle probte, entschuldigte er sich, daß er zunächst einmal allein auf der Bühne sein wollte. Allein probieren, sich allein vorbereiten. Dies sei, so bekannte er offen, Ausdruck einer gewissen Angst, die er nie ganz verloren habe: Angst vor sich selbst, vor den Kollegen, vor dem Regisseur, vor möglichen Zuschauern.

Nicht nur, daß sich diese Angst mit der Zeit eher verstärkt als verliert, sie ist beinahe zwangsläufig mit dem Beruf verknüpft. Sie stellt ein geradezu notwendiges Produktionsmittel des Schauspielers dar: Lampenfieber ist nur der akute Zustand. Der Schauspieler hat zunächst einmal nur sich: seine Stimme, Sprache, Bewegungen, Mimik, seinen Körper, seine intellektuellen Fähigkeiten (zum Beispiel sein Gedächtnis!), seine Gefühle und Bedürfnisse. Alles zusammen, also letztlich seine ganze Person, ist Arbeitsmaterial für die Darstellung von Rollen, wird in die Arbeit an der Rolle eingebracht. Jedes Spiel taucht den Schauspieler ganz hinein: Das oft schmerzvoll erarbeitete Ergebnis wird schließlich Abend für Abend öffentlich ausgestellt.

Sensibilität, Reizempfindlichkeit, Dünnhäutigkeit sind Voraussetzungen für diesen Beruf. Diese Eigenschaften können sich unter den nicht ganz einfachen beruflichen Bedingungen des Schauspielerdaseins verstärken. Sie bergen aber auch Gefahren in sich: Egozentrik, dauerndes Von-Sich-Reden, Abkapselung gegenüber ›normalen‹ Mitmenschen, Unfähigkeit, zwischen Rolle und der eigenen Person zu trennen.

Schauspieler zu werden bedeutet: bereit zu sein zu hohem persönlichem Risiko. Einerseits muß immer die ganze Person eingesetzt werden, andererseits ist der Beruf von extremer Flüchtigkeit und Unstetigkeit geprägt. Publikumserfolge können ebenso kurzlebig sein wie momentanes

»Gefragtsein« bei einem Regisseur. Um »weiterzukommen«, muß man häufiger die Bühnen, also die Städte wechseln, oder man muß zwischendurch in Fernseh-, Festspiel-, Rundfunk- und Filmproduktionen mitwirken. Privatleben, Ehe, Familie, Freundschaften können empfindlich in Mitleidenschaft gezogen werden. Schauspieler bauen sich kaum irgendwo ein Einfamilienhaus. . .
Der Schauspieler, der an einem Theater engagiert ist, ist Mitglied eines als Team arbeitenden Ensembles, von dem jeder einzelne sein Handwerk gründlich gelernt hat.
Der normale Weg, Schauspieler zu werden, beginnt in der Regel nach der mittleren Reife oder dem Abitur mit dem Vorsprechen an einer der neun staatlichen oder städtischen Schauspielschulen in der Bundesrepublik. Angesichts dessen, daß sich auf zwanzig bis vierzig freie Plätze pro Schule das zehn- bis fünfzehnfache an Kandidaten bewerben, ist die Aussicht auf sofortige Annahme an einer Schule eigener Wahl sehr gering, so daß viele Bewerber auch nach Österreich oder der Schweiz auszuweichen versuchen. – Die Ausbildung dauert drei bis vier Jahre und endet mit einer im Rang eines Diploms stehenden Abschlußprüfung.

Im Fächerkatalog jeder Schule finden sich: Sprecherziehung und Stimmbildung, Körpertraining, Tanz und Bewegungsübungen und vor allem der dramatische Unterricht, der Improvisation, szenische Übungen, Rollenstudium und eventuell die Übernahme kleinerer Rollen an städtischen Bühnen einschließt. Dazu kommen Chanson-, Musical- und pantomimischer Unterricht sowie theoretische Seminare über Theatergeschichte, Medienkunde, Arbeitsrecht und andere Gebiete.
Die meisten aller fertig ausgebildeten Schauspieler sind an einem Städtischen-, Landes- oder Staatstheater beschäftigt, das aus öffentlichen Geldern finanziert wird. Hieraus ergeben sich finanzielle und politische Abhängigkeiten, zumal auch dieser Beruf von der Sparpolitik im öffentlichen Sektor betroffen ist: Einerseits breitet sich Arbeitslosigkeit unter den Schauspielern aus, andererseits steigen die Leistungsanforderungen für die beschäftigten Künstler in Form von mehr Proben, mehr Vorstellungen, Sparsamkeit in der Ausstattung, kürzerer Probenzeit, Disziplinierung bei Unpünktlichkeit usw. Der Mythos uneingeschränkter künstlerischer Freiheit wird also empfindlich durch profane Abhängigkeiten gestört, denen der Arbeitsplatz des Schau-

spielers unterliegt. Für Schauspielerinnen verschärft sich die Situation noch insofern, als es sehr viele weibliche Berufsangehörige, aber weit weniger weibliche (Haupt-)Rollen gibt. Zudem kann der Vertrag, den der Schauspieler abschließt, mit der künstlerischen Freiheit kollidieren. In der Regel werden per Vertrag Beschäftigungsdauer (normalerweise zwei Jahre), Gage (sehr unterschiedlich) und der Anspruch auf die Anzahl »tragender« Rollen festgelegt. Dieser Vertrag bindet beide Seiten, das heißt er kann unter Umständen einem Schauspieler untersagen, an einer anderweitigen Produktion teilzunehmen, er verpflichtet aber auf der anderen Seite den Regisseur, bei der Rollenbesetzung die vertraglichen Ansprüche auf tragende Rollen zu berücksichtigen.

Wie alle anderen Theaterleute hat auch der Schauspieler keine Normalarbeitszeit. Das bedeutet, daß er häufig weit mehr als vierzig Stunden pro Woche arbeitet, daß es Hochphasen und Leerlaufstrecken gibt und ein Anspruch auf Freizeit an Wochenenden oder Feiertagen nicht existiert; beispielsweise drängt gerade am Silvesterabend das Publikum ins Theater. Alle hier genannten negativen Begleiterscheinungen des Berufs dürften aber wohl keinen Schauspieler davon abhalten, spielen zu wollen. Der innere Zwang, sich zu produzieren, sich auszuspielen und die Faszination einer gelungenen kollektiven Leistung des Ensembles lassen die Bretter wirklich die Welt bedeuten. Vor dem Erfolg stehen jeweils harte Probierphasen und Irrtümer, neue Ideen und Ratlosigkeit, bis langsam die vom Regisseur und dem Dramaturgen geplante Gesamtkonzeption Gestalt gewinnt. An diesem Prozeß sind alle, vom Maskenbildner bis zum Beleuchter, beteiligt. Wenn eine Inszenierung wirklich ein Erfolg wird, dann ist sie das Ergebnis eines gemeinschaftlichen Arbeitsprozesses, in dem sich alle daran Beteiligten gefunden haben.

Der Beifall des Publikums wird dann den Schauspieler erneut darin bestärken, sich auf das Wagnis seines Berufs immer wieder einzulassen.

Literaturhinweis:
Sydow, Annegret / Schlischefsky, Alexander, *Arbeitsfeld Theater*. Wilhelmshaven 1982.

Schauwerbegestalter/-in

Die Augen ansprechen

»Der Kunde ist König«, dieses Motto gilt nicht nur für jedes Verkaufspersonal, sondern auch für den Schauwerbegestalter. Er muß die einzelnen Waren so wirkungsvoll dekorieren, daß der Kunde sie betrachtet, ihren Wert erkennt und dadurch Kaufwünsche geweckt werden.

Nicht nur die Schaufenster sind zu gestalten, immer mehr rückt auch die Ausgestaltung der Verkaufsräume in den Vordergrund, vor allem in neuen Supermärkten und Kaufhäusern. Ebenso werden Werbestände für Messen, Ausstellungen, Straßen und Fußgängerzonen erstellt.

Das Arbeitsjahr beginnt für einen Schauwerbegestalter meistens damit, daß ihm von der Geschäftsführung eines Unternehmens ein sogenannter Werbeplan vorgegeben wird. Daraus geht hervor, welche Waren wann und wie durch entsprechende Maßnahmen in den Vordergrund gerückt werden sollen. Jede einzelne Filiale eines Kaufhauskonzerns erstellt dann für sich noch einen weiteren Plan, in dem die Termine etwa für Anzeigenwerbung, Prospekte, Postwerbung und die zur Verfügung stehenden Geldmittel festgelegt sind.

Danach erst fängt die eigentliche gestalterische Arbeit an. Der Schauwerbegestalter muß zunächst den zur Verfügung stehenden Raum genau ausmessen, um die Größenverhältnisse bei der Planung der Werbungsarbeit berücksichtigen zu können. Es werden dann Skizzen der entsprechenden Gestaltungsideen gezeichnet. In großen Kaufhäusern wird allerdings häufig schon ein Gestaltungsvorschlag für alle angeschlossenen Filialen von der Schauwerbezentrale vorgegeben. Dieser Entwurf muß dann vom Schauwerbegestalter beziehungsweise dessen Abteilungsleiter auf die Situation des einzelnen Hauses übertragen werden. Die Auswahl der Ware, deren Menge und die Wahl der Gestaltungsmittel ist natürlich abhängig von der Größe der Werbefläche, dem Werbemotto und der Zielgruppe (junges oder älteres Publikum), die angesprochen werden soll. Schauflächen werden nach Themen wie zum Beispiel »Italien«, »Reisezeit«, »Badefreuden«, »Winter« oder »Glücks-Kauf für Sparer« dekoriert.

Kaufhauskonzerne versorgen ihre jeweiligen Filialen mit Werbemitteln. Es ist heute auch so, daß Requisiten, Einbauteile, Poster oder Folien von Dekomittel-Herstellern fertig angeboten werden. Jede Schauwerbeabteilung verfügt in der Regel auch über einen Bestand an Dekorationsmaterial, das – je nach Bedarf erneuert oder verändert – wieder benutzt werden kann. Gelegentlich müssen jedoch Gestaltungsmittel vom Schauwerbegestalter nach eigenen Ideen hergestellt werden. Dabei arbeitet er mit unterschiedlichen Materialien, Maschinen und Werkzeugen. So werden Bespannstoffe genäht und mit dem Tacker angeheftet, Tapeten geklebt, Farben mit Pinsel, Rolle oder Spritzpistole aufgetragen, Folien geschweißt, Styropor mit dem Glühdraht modelliert, Kunst- und Trockenblumen zu Gestecken oder kleinen Bäumchen verarbeitet und Hölzer geschnitten und miteinander verbunden. Schauwerbegestalter müssen unter anderem mit Hammer, Säge, Zange und Schere sicher umgehen können.

Um Plakate, Preisschilder oder Scheibenaufkleber zu entwerfen, muß der Schauwerbegestalter die wichtigsten Schriftarten und Beschriftungstechniken kennen, also Schriftschreiben mit Feder, Filzstift oder Pinsel, Stempeldruck, Schablonenschreiben, Siebdruck und andere. Aus der abwechslungsreichen Arbeit des Schauwerbegestalters ersieht man, daß er eigentlich viele Tätigkeiten anderer Berufe beherrschen muß.

Für die Warenaufmachung benutzt der Schauwerbegestalter weitere Gestaltungshilfen wie Schaufensterfiguren unterschiedlicher Fabrikate und Typen, Halbbüsten, Dekorationsständer, Regale, Podeste und Schmuckmaterial (Schals, Ketten usw.).

Wenn die Vorbereitungsarbeiten in der Werkstatt beendet sind, erfolgen Aufstellung und Anordnung der Gestaltungsmittel und Waren in den Schau- und Verkaufsräumen. Dabei muß der Schauwerbegestalter auch in der Lage sein, Beleuchtungsstrahler effektvoll einzusetzen.

Nicht selten wird in unbeheizten Vitrinen oder in heißen Schaufensterräumen hockend oder kniend sowie auf Leitern stehend auf engstem Raum gearbeitet. Dafür werden gute Körperbeherrschung, Schwindelfreiheit und eine robuste Gesundheit vorausgesetzt. Teilweise sind auch die körperlichen Anforderungen sehr hoch, insbesondere beim Transport von Leitern, Schaufensterfiguren, Einbauteilen und bei schweren Waren wie Möbeln, Fernsehgeräten oder Kühlschränken. Der Schauwerbegestalter muß voll farbtüchtig sein. Handwerkliches Geschick, Einfallsreichtum und gestalterische Begabung sowie die Fähigkeit zur Teamarbeit sind erforderlich.

Die Ausbildung dauert drei Jahre und erfolgt überwiegend im Einzelhandel. Als Einstellungsbedingung wird von den Betrieben in der Regel ein guter Hauptschulab-

schluß, teilweise auch der mittlere Bildungsabschluß gefordert.
Nach beruflicher Bewährung ist innerhalb von größeren Schauwerbeabteilungen oder Schauwerbeunternehmen der Aufstieg zum »ersten Schauwerbegestalter«, »Assistenten« oder »Schauwerbeabteilungsleiter« möglich. Der in den verschiedenen Aufgabenbereichen erfahrene Schauwerbegestalter kann sich auch selbständig machen.
Der Beruf steht sowohl Jungen als auch Mädchen offen. In der Regel ist das Ausbildungsstellenangebot geringer als die Bewerberzahl.
Die Berufsaussichten sind sehr von der konjunkturellen Entwicklung abhängig. Voraussetzung für gute Beschäftigungsmöglichkeiten ist möglicherweise die Bereitschaft zum Wohnortwechsel. Günstige Berufsaussichten haben eigentlich nur wirklich begabte Schauwerbegestalter, die sich stets auf Änderungen des Käuferverhaltens neu einstellen können.
Literaturhinweise:
Peter Quast, Schaufenstergestalter in der Lehrabschlußprüfung, 3 Bände, Verlag Passavia, Postfach 2147, 8390 Passau 2

Schilder- und Lichtreklamehersteller/-in

Einladende Lichtspiele

Denken wir uns einmal alle Neonreklamen, alle Werbetafeln, Hinweis- und Verkehrsschilder weg — es wäre dunkel, farblos und kahl in unserer Stadt. Kein Glitzern bunter Farben auf nassem Asphalt, keine schnelle Orientierungsmöglichkeit für den Autofahrer. Das bunte Bild unserer Städte wird zu einem großen Teil von einem Berufsstand mitgeprägt, der allgemein wenig bekannt ist — dem Schilder- und Lichtreklamehersteller, auch Werbetechniker genannt.
An einem großen Geschäftshaus ist ein Gerüst aufgebaut. Drei Männer klopfen, bohren und schrauben in luftiger Höhe. Ein riesiger Schriftzug soll einmal die Front über den Schaufenstern zieren. Die Metallhalterungen für die einzelnen Buchstaben sind schon fest montiert — stabile, kräftige Winkeleisen. Noch lärmt die Schlagbohrmaschine, um auch für die letzten Buchstaben soliden Halt zu schaffen. Die Elektroanschlüsse hat einer der Männer schon vorbereitet.
Auf dem Lieferwagen liegen die bunten Acrylglas-Einsätze für die Leuchtstoffröhren bereit. Daneben noch eine Leiter, die Werkzeugki-

ste, allerlei Haken und Winkel aus Metall.

Es geht schon etwas rauh zu, wenn draußen bei Wind und Wetter montiert werden muß. Doch ist das Arbeitsgebiet des Werbetechnikers nicht ausschließlich durch Arbeiten im Freien bestimmt, viele Tätigkeiten sind auch im Betrieb zu verrichten.

So müssen Vorlagen und Schablonen entworfen und gezeichnet werden. Hierfür ist eine ruhige Hand nötig, viel zeichnerisches Geschick und natürlich Sinn für Formen und Farben. Nicht nur die eigene Phantasie spielt hier eine Rolle; es müssen auch die Wünsche und Vorstellungen des Kunden berücksichtigt werden. Steht der Entwurf und wird er vom Kunden akzeptiert, müssen Werkstattzeichnungen angefertigt werden, oft in Originalgröße. Sie dienen als Arbeitsanweisung, als Schablone für die Fertigung der Leuchtreklame oder Werbetafel. Natürlich müssen sie exakt sein; eventuell vorhandene Fehler würden sonst in die Fertigung übernommen.

In den Werkstatträumen werden Glasplatten geschnitten, die Kanten geschliffen. Anschließend werden die Platten mit Schriftzügen in verschiedenen Farben bemalt. Ein anderer Handwerker schneidet mit einer kleinen elektrischen Laubsäge Buchstaben aus Kunststoff aus.

Im Nebenraum schleift ein junger Mann mit einem elektrischen Schwingschleifer an einer großen Holzplatte. Er hat einige Unebenheiten verspachtelt und wird anschließend vorstreichen. Den Lack für größere Flächen trägt er dann mit der Spritzpistole auf. Vorher hat er den passenden Farbton genau nach Vorlage selbst gemischt. Man könnte meinen, hier sei kein Schilder- und Lichtreklamehersteller bei der Arbeit, sondern ein Maler und Lackierer.

Eine Frau arbeitet an einem kleinen Reisebus. Auf Seitenwände und Türen malt sie den Reklame-Schriftzug des Reiseunternehmens. Um jeden Buchstaben exakt und sauber zu gestalten, stützt sie ihre rechte Hand auf einen Stab, dessen Ende, mit einem weichen Stoffpuffer versehen, an der Wagenwand aufliegt.

Viele Schilder werden gleich in Serie hergestellt. Hierfür wäre das Malen von Hand zu teuer, weshalb das Siebdruckverfahren eingesetzt wird. Die dafür erforderlichen Schablonen jedoch werden in Handarbeit hergestellt. Sie werden in ein Kunststoffsiebtuch eingearbeitet, indem die nicht zu druckenden Flächen mit einer härtenden Paste bestrichen werden, wodurch sich die Siebporen schließen. Durch das im Sieb offen gebliebene Motiv wird die Druckfarbe mit einem Schaber hindurchgestrichen auf die Platte. Satte, leuchtende Farben lassen sich so erzielen.

Häufig sind Vergrößerungen oder Verkleinerungen von Motiven oder Schriften erforderlich. Dafür gibt es Reproduktionskameras. Auf lichtempfindliches Papier oder Filmmaterial werden zum Beispiel Buchstaben oder Embleme projiziert. Dann geht's zu wie im Fotolabor beim Entwickeln von Filmen oder Fotos. Hier fließen Arbeitselemente des Druckvorlagenherstellers ein. Wird aus den Papierbildern und Positivfilmen das Werbemotiv zusammengestellt (montiert), ist auch eine Verwandtschaft zur Tätigkeit des Umbruchs (Montage) des Druckformherstellers erkennbar.

Es gehören schon zwei geschickte Hände dazu, um all die verschiedenartigen Arbeiten des Schilder- und Lichtreklameherstellers exakt und sauber auszuführen. Oft werden Geduld und Ausdauer auf die Probe gestellt, wenn es gilt, den ganzen Tag sorgfältig und konzentriert bei der Sache zu sein. Wer sich dies alles zutraut, wer außerdem körperlich robust genug ist, schwindelfrei und nicht anfällig für Erkältungen, der kann die dreijährige Ausbildung in einem Betrieb der Werbetechnik antreten. Es gibt allerdings in jeder Stadt nur wenige Betriebe dieser Branche.

Die Gesamtzahl der Auszubildenden im Bundesgebiet liegt in allen drei Ausbildungsjahren zusammen nur zwischen 700 und 800.

Neben den Anforderungen in handwerklicher Gestaltung sind auch gewisse schulische Leistungen Voraussetzung zur Berufsausbildung. Die Geheimnisse der Elektrotechnik für eine Werbeanlage sind nicht ganz einfach. Außerdem muß relativ viel gerechnet werden, und es gilt, sich mit Bauvorschriften, Baustilen und Arbeitsschutzbestimmungen auseinanderzusetzen. Vielfach werden deshalb Bewerber mit mittlerem Bildungsabschluß bevorzugt, jedoch hat auch der gute Hauptschüler durchaus Chancen. Auch Mädchen werden für diesen Beruf immer wieder eingestellt.

In den letzten Jahren hat der Berufsstand eine gute wirtschaftliche Entwicklung genommen. Auch oder gerade in wirtschaftlich ungünstigen Zeiten wird um Kunden geworben.

Wer die Meisterprüfung in diesem Handwerk ablegen möchte, kann die Meisterschule in Lahr/Schwarzwald oder in Stuttgart besuchen. Auch für ein Studium zum Grafikdesigner bietet der Beruf eine gute Grundlage, sofern die schulischen Qualifikationen dafür vorliegen.

Schmucksteinfasser/-in

Edelsteine – Edelmetalle

»Alles sitzenbleiben, keiner bewegt sich«, rief eine energische Stimme durch den Raum. Vier Mann, die um einen Werktisch saßen, verharrten regungslos; nur ihre Augen gingen suchend über den Werktisch und durch den Raum. Einem der dort tätigen Fasser war ein klitzekleiner Brillant aus der Fassung gesprungen. Und so ein kleiner Kerl ist nur schwer wiederzufinden, wenn er sich nicht selber verrät.

Diamanten bestehen aus kristallisiertem Kunststoff. Sie haben eine hohe Lichtbrechung und diese wird durch die besondere Schliffform zum Brillanten noch gesteigert. Das geschulte Auge des Schmucksteinfassers weiß denn auch das kurze Aufblitzen eines Lichtreflexes richtig zu deuten, und nach kurzer Zeit sitzt der Ausreißer wieder in seiner Fassung. Der Fasser drückt nun vorsichtig die einzelne ein wenig überstehenden Krappen der Fassung über den Rand des Brillanten. Mit einem Körnereisen werden die Krappen nochmals bearbeitet, so daß es aussieht, als ob der Stein von vier kleinen Kügelchen gehalten würde.

Dieser Arbeitsvorgang wiederholt sich noch einige Male; denn insgesamt sind zwölf kleine Brillanten zu fassen, die um einen Amethyst angeordnet sind. Die weißbläulich funkelnden Brillanten bilden zu dem tiefvioletten Amethyst einen besonders reizvollen Kontrast. Der Amethyst selbst sitzt in einer Zargenfassung. Der Fasser hat ihn mit Hilfe von Sticheln in die Zarge eingepaßt und dann das überstehende Metall der Zarge mit Punzen und Hammer über den Rand des Amethyst getrieben. Dabei mußte er sehr behutsam vorgehen, denn leicht kann durch unsachgemäße Arbeit der Stein einen Riß bekommen oder eine Ecke abspringen. Dann wäre nicht nur die ganze Arbeit umsonst gewesen, es wäre auch beträchtlicher materieller Verlust entstanden.

Ein Schmucksteinfasser muß denn auch die Beschaffenheit von Edelsteinen und anderen Schmucksteinen genau kennen. Er muß die Fundorte wissen, die Härtegrade kennen und alle Steine nach ihrer chemischen Zusammensetzung beurteilen können. Aber auch von Metallen muß er viel verstehen, besonders von den Edelmetallen, mit denen er zu tun hat: Gold,

Silber, Platin. Platin ist ein zur Fassung von Brillanten besonders bevorzugtes Edelmetall. Nicht nur seiner weißen Farbe wegen, sondern auch, weil es relativ weich ist.

Der Fasser arbeitet an einem Werktisch, »Brett« genannt, auf dem er sein Handwerkszeug griffbereit angeordnet liegen hat: Säge, Bohrer, Hammer, Feilen, Zangen, Punzen und Stichel. Über dem Werkbrett hängt eine Hängebohrmaschine mit biegsamer Welle und Handbohrstück, mit dem der Fasser je nach Erfordernis bohren, fräsen oder auch eine Fassung antreiben kann.

Vom Goldschmied bekommt er die bis auf die Fasserarbeiten fertigen Schmuckstücke zur weiteren Verarbeitung. Um die zu fassenden Stücke besser handhaben zu können und um ihnen einen festen Untergrund für die Fassarbeit zu geben, werden wie auf einem Kittstock aufgekittet oder in einen Fasskloben eingespannt.

So hält der Schmucksteinfasser denn in der einen Hand, am Werkbrett abgestützt, Kittstock oder Fasskloben und greift mit der anderen Hand die jeweils erforderlichen Werkzeuge. Größere und flächigere Stücke werden auf eine Kittkugel aufgekittet, die man dann in die gewünschte Arbeitsrichtung drehen kann.

Zunächst wird die Fassung für den Stein vorbereitet, das heißt der Stein muß in der Fassung eine gute Auflage bekommen. Es dürfen keine Spannungen in der Fassung entstehen, denn das könnte gegebenenfalls zu Rissen führen. Dann werden die Krappen angedrückt oder der Zargenrand angetrieben.

Eine besondere Faßtechnik wird bei Brillantschmuck angewandt. Brillanten werden vertieft in das Material eingesetzt. Aus dem sie umgebenden Metall wird dann mit einem Stichel ein Span teilweise herausgestochen und mit einem Körner zu einer kleinen Kugel über den Steinrand gedrückt. Solche Fassungen sieht man vor allem bei Schmuckstücken, deren Oberfläche überwiegend mit Brillanten besetzt ist.

Die Fassungen für lichtdurchlässige Edel- und Schmucksteine werden zumeist so gefertigt, daß durch möglichst viel Licht von allen Seiten Farbe und Lichtbrechung der Steine noch mehr zur Geltung kommen.

Fasser müssen über ein besonderes Feinhandgeschick verfügen. Sie müssen dafür eine ruhige Hand haben, vor allem aber viel Geduld. Da überwiegend mit der Lupe gearbeitet wird, werden an die Sehfähigkeit besondere Anforderungen gestellt. Gestalterische

Fähigkeiten und zeichnerische Begabung sind Grundvoraussetzungen für das Erlernen dieses Berufes.

Schmucksteinfasser müssen selbständig Entwurfsskizzen fertigen und bei der fachlichen Beratung der Kundschaft mitwirken. Daß der beständige Umgang mit so hochwertigem Material Vertrauenswürdigkeit voraussetzt, versteht sich von selbst.

Die Ausbildungszeit bis zur Ablegung der Gesellenprüfung dauert drei Jahre. Bei besonderen Leistungen kann natürlich auch hier die Abschlußprüfung vorzeitig abgelegt werden. Die erforderlichen Kenntnisse und Fertigkeiten müssen allerdings bei einer Zwischenprüfung nachgewiesen werden. Über den Hauptschulabschluß sollte man schon verfügen, wenn man sich für eine solche Ausbildung entschließt. Gute Chancen hat man aber auch mit qualifizierteren Schulabschlüssen, die besonders wichtig sind, wenn man zu einem späteren Zeitpunkt eine Weiterbildung anstrebt.

Nach fünfjähriger Gesellenzeit und dem Besuch entsprechender Vorbereitungskurse kann die Meisterprüfung abgelegt werden. Fassermeister haben die Möglichkeit, leitende Stellungen in großen Handwerksbetrieben sowie in der Schmuckwarenindustrie einzunehmen oder sich auch selbständig zu machen.

Nach dem Erwerb der Fachhochschulreife kann eine Fachhochschule für Gestaltung besucht werden. Wer über entsprechende Begabung verfügt, kann hier seine gestalterische Ausbildung fortsetzen und mit einer staatlichen Prüfung, zum Beispiel als Designer, abschließen. Für Designer bestehen vor allem Möglichkeiten in den Entwurfsateliers großer Juweliere oder in den Ateliers der Schmuckwarenindustrie.

Das Bedürfnis, Schmuck zu besitzen, gehört wohl zum Menschen; vor allem wertvoller Schmuck ist nicht zuletzt auch als Kapitalanlage interessant. So ist denn anzunehmen, daß auch weiterhin mit hoher Nachfrage nach wertvollen Schmuckstücken gerechnet werden kann.

Der Beruf des Schmucksteinfassers wird demnach fortbestehen, die Beschäftigungmöglichkeiten hängen jedoch auch immer von den Fähigkeiten des einzelnen ab.

Schriftsetzer/-in

Im Kampf mit dem Druckfehlerteufel

»Es wird wirklich Zeit«, hatte der Werklehrer vor einer Woche im Unterricht festgestellt, »daß ihr einmal erfahrt, wo und wie Bücher hergestellt werden.«

Und so stand denn die Klasse 8 b der Heinrich-Heine-Schule in der Graphischen Druckanstalt, um sich an Ort und Stelle einmal zu erkundigen, was der *Schriftsetzer* denn so zu tun hat.

Schriftsetzermeister Hansen führte die Klasse in einen Raum, in dem zwischen Setzregalen ein junger Mann und ein Mädchen standen. »Unsere Neuen«, sagte er und auf die verwunderten Blicke der Schülerinnen hin: »Ja, auch Mädchen können diesen Beruf erlernen.« Im ersten Vierteljahr lernen auch heute noch alle Auszubildenden den Handsatz kennen. Dies ist die Art, wie schon zu Gutenbergs Zeit gesetzt wurde: Bleibuchstaben (= Lettern) werden mit der Hand aus dem Setzkasten herausgenommen und in dem wichtigsten Werkzeug des Setzers, dem Winkelhaken, gesammelt, zu Zeilen gleicher Länge geordnet und dann zur Druckform weiterverarbeitet.

Vor allem Druckaufträge in kleiner Auflage, wie Familiendrucksachen (Hochzeitsanzeigen, Trauerbriefe), oder Geschäftsdrucksachen (Quittungsbögen, Briefbögen), können auch heute noch im Handsatz hergestellt werden.

Etwa ein Viertel aller graphischen Betriebe in der Bundesrepublik arbeiten auch heute noch ausschließlich mit Hand- oder Bleisatz.

Im Zuge der technischen Weiterentwicklung wurde schon Mitte der siebziger Jahre der Handsatz jedoch stark zurückgedrängt. Maschinensetzer, die nach abgeschlossener Setzerausbildung an der Linotype (Zeilensetzmaschine) oder Monotype arbeiteten, hatte es bis dahin schon gegeben. Mit dem Einzug der neuen Technologien stehen den Jüngern der Schwarzen Kunst jedoch ganz andere Möglichkeiten offen. Der Text wird nun über eine Schreibmaschine, an die auch ein Bildschirm angeschlossen werden kann, in eine Datenverarbeitungsanlage eingegeben. Oder er wird auf fotomechanischem Wege (Fotosatz) hergestellt. Bevor dies jedoch geschehen kann, muß der Schriftsetzer in der Arbeitsvorbereitung das Manuskript prüfen und berechnen, einen Entwurf zur Text- und Bildgestaltung (»Layout«) nach eigenen Vorstellungen oder denen des Kunden fertigen und für die weitere Bearbeitung das Manuskript mit Satzanweisungen versehen.

Am Ende der Textbearbeitung steht beim Fotosatz ein Film- oder Papierabzug.

Außer der Tätigkeit an der Fotosetzmaschine muß der Schriftsetzer auch Arbeiten an der Reproduktionskamera verrichten. Hier gilt es, Vergrößerungen oder Verkleinerungen zu fertigen. Damit für die spätere Druckform eine Kopiervorlage entsteht, übernimmt der Schriftsetzer die Schrift- und Bildmontage. Am Ende dieses Arbeitsganges übernimmt der *Druckformhersteller* dann die vom Schriftsetzer fertiggestellte Kopiervorlage.

Obwohl die Tätigkeit des Schriftsetzers stark technisiert wurde, ist auch heute noch gestalterische Fähigkeit nötig und wichtig: Entscheidungen über Schriftart und -größe, Anordnung der Zeilen und das Mischen verschiedener Schriften müssen vom Schriftsetzer getroffen werden.

Selbstverständlich ist deshalb, daß er gute Kenntnisse in der Rechtschreibung besitzen muß. Man hat sich daran gewöhnt, von *Druck*fehlern zu sprechen; eigentlich liegt die Ursache für den Fehler aber beim Setzer!

Solide Kenntnisse werden auch im Rechnen verlangt, denn die modernen Maschinen nehmen dem Setzer zwar vieles ab, aber die Berechnungen stellt er immer noch selber an. Der Umgang mit Maschinen setzt auch technisches Verständnis voraus.

Eine wesentliche Anforderung: der Schriftsetzer muß sich über längere Zeit konzentrieren können. Wer rasch mit den Gedanken abschweift, arbeitet unter Umständen fehlerhaft und wird zu häufig Korrekturen vornehmen müssen. Selbstverständlich sollte der angehende Schriftsetzer auch über Kenntnisse im Maschinenschreiben verfügen. Die früher ausschließlich im Stehen ausgeübte Tätigkeit kann heute weitgehend im Sitzen verrichtet werden. Dafür hat durch die überwiegende Tätigkeit am Bildschirm die Belastung der Augen zugenommen.

Am Ende des zweiten Ausbildungsjahres (Gesamtdauer: drei Jahre) muß in einer Zwischenprüfung der Nachweis über erworbene Kenntnisse und Fertigkeiten erbracht werden. Bei gutem Notenschnitt und dem Einverständnis von Betrieb und Schule kann die Ausbildung um ein halbes Jahr verkürzt werden. Sofern ein Berufsgrundbildungsjahr oder eine Berufsfachschule der graphischen Richtung vor Aufnahme der Ausbildung erfolgreich besucht wurde, wird dies als erstes Ausbildungsjahr angerechnet.

Die Spezialisierung vieler Handwerks- und Industrie-Betriebe auf bestimmte technische Systeme kann bei einem Betriebswechsel für den Schriftsetzer mit Schwierigkeiten verbunden sein. Auch heute haben die technischen Ent-

wicklungen in der Satztechnik viele Arbeitsplätze gekostet.
Weiterbildungsmöglichkeiten gibt es zum staatlich geprüften Techniker der Fachrichtungen Graphisches Gewerbe, Druck und Drucktechnik sowie im Studium zum Diplom-Ingenieur (FH) der Fachrichtung Druckereitechnik.

Silberschmied/-in

Schalen, Kelche, Leuchter...

Helle Klänge drangen aus der Werkstatt. Metall schlug auf Metall. Hin und wieder verstummten die Schläge, dann setzten sie wieder ein. Gleichmäßig, präzise und mit viel Ausdauer wurden sie geführt.
Vor dem Amboß, der in einen Holzklotz eingelassen war, saß ein Silberschmied. In der einen Hand hielt er ein rundes Stück Silberblech, das er wie um eine Achse langsam weiterdrehte, in der anderen hielt er einen Hammer, mit dem er Schlag auf Schlag nebeneinander akurat auf das Silberblech setzte. Die Drehung des Silberblechs, der Hammerschlag und die Richtung, mit der der Schlag geführt wurde, zwangen das Blech in die gewünschte Form. So entstand innerhalb kurzer Zeit aus einer flachen Scheibe und nur durch die Einwirkung der gezielten Hammerschläge eine fast halbkugelförmige Schale. Das muß man natürlich können; jeden Schlag an die richtige Stelle, nicht zu fest und nicht zu zaghaft. Immer schön gleichmäßig muß das Metall bearbeitet werden, sonst verzieht sich die Schale, bekommt nicht die gewünschte Form und erhält durch die unterschiedliche Dicke des Metalls auch nicht die erforderliche Stabilität.
Die Abdrücke der Hammerschläge haben auf der Oberfläche des Metalls ein recht wirkungsvolles Muster hinterlassen. Jetzt fehlt eigentlich nur noch der Fuß, und die Schale ist fertig.
Außer mit Hammer und Amboß als seinen wichtigsten Werkzeugen arbeitet der Silberschmied, ähnlich wie ein Goldschmied, an einem Werkbrett. Da er jedoch in der Regel größere Werkstücke bearbeitet, ist auch sein Handwerkszeug zwangsläufig größer. Hammer, Säge, Bohrer, Zangen, Feilen und einiges andere Handwerkszeug hat er auf dem Werkbrett in seiner Nähe griffbereit und gut übersichtlich angeordnet liegen. Bohrmaschine mit biegsamer Welle und den verschiedensten Einsätzen, Schleif- und Poliermotor, Pressen und eine große Blechschere sind ebenfalls vorhanden. Zur Behandlung der Oberfläche, um Messing zu versilbern, oder

um einem silbernen Gegenstand ein antikes Aussehen zu verleihen, werden galvanische Bäder und eine Reihe von Chemikalien benötigt. Der Silberschmied sitzt zwar viel am Werkbrett, aber bei der Größe der von ihm zu bearbeitenden Gegenstände reicht das Brettwerkzeug nicht aus. So bewegt er sich dann auch überwiegend zwischen Amboß, Löttisch, zwischen Kratz-, Schleif- und Poliermotoren, zwischen Zieheisen und Pressen oder auch am Schmelzofen.

Silberne Gerätschaften dienen nicht immer nur als Zierde, sie sind auch Gebrauchsgegenstände. Und beim Gebrauch geht natürlich auch einiges entzwei und muß repariert werden. Abgebrochenes wird wieder angelötet, verlorengegangene Teile werden neu gefertigt und eingefügt, unansehnlich gewordene Stücke werden wieder aufgearbeitet.

Nicht nur praktische Fertigkeiten werden vom Silberschmied verlangt. Bei Planung, Entwurf, Neuanfertigung oder Reparatur – zum Beispiel von Kirchengeräten wie Monstranzen, Kelchen, Leuchtern – muß ein Silberschmied über entsprechendes Verständnis und Einfühlungsvermögen verfügen. Er muß sich in den Stilepochen auskennen und Kenntnis über ältere Arbeitstechniken besitzen. Er muß selbst Vorschläge machen und Entwurfsskizzen fertigen können. Und er muß in der Lage sein, das fehlende Einzelteil eines antiken Stückes nach bester historischer Kenntnis und eigener Phantasie selbst herzustellen, so daß es sich harmonisch in das Ganze wieder einfügt.

Eine besondere Arbeitstechnik ist das Ziselieren. Mit Hammer und Punzen werden aus dem Metall Figuren, Schriftzeichen oder andere Verzierungen plastisch herausgetrieben.

Andere Teile wiederum werden gegossen, etwa Griffe für Tabletts oder Verzierungen für Silbergeräte. Dafür müssen zuvor Gußmodelle gefertigt werden und wie ein Bildhauer muß ein Silberschmied in der Lage sein, auch eine Metallplastik herzustellen.

So ist er vor allem schöpferisch tätig. Zeichnerische Begabung, handwerkliches Geschick sind Grundvoraussetzungen zum Erlernen dieses Berufes. Im Gegensatz zum Goldschmied hat ein Silberschmied mehr Körperkraft aufzuwenden. Bei Schmieden, Drücken, Pressen und Ziehen muß man schon mal richtig zupacken können.

Die Ausbildung dauert dreieinhalb Jahre und schließt mit der Gesellenprüfung ab. Im allgemeinen findet während der Ausbildung einmal eine Zwischenprüfung statt. Bei besonders gutem Abschneiden ist es möglich, vorzeitig zur Abschlußprüfung zugelassen zu werden. Nach fünfjähriger Gesellentätigkeit und dem Besuch entsprechender Vorbereitungskurse kann man die Meisterprüfung ablegen. Für die Ausübung einer leitenden Tätigkeit in einem größeren Handwerksbetrieb oder auch in Betrieben der Silberwarenindustrie sowie zum Eröffnen eines eigenen Betriebes ist die Meisterprüfung notwendig und für die Ausbildung von Nachwuchskräften unbedingt vorgeschrieben.

Durch den Besuch einer Fachoberschule kann die Fachhochschulreife erworben werden. Fachhochschulreife und besondere künstlerische und gestalterische Begabung ermöglichen den Besuch einer Fachhochschule für Gestaltung. Hier erfolgt eine weitere Ausbildung etwa zum Designer oder Industrieformgestalter, die mit einer staatlichen Abschlußprüfung abschließt. Beschäftigungsmöglichkeiten gibt es vor allem in der Silberwarenindustrie, aber auch in Industriezweigen, bei denen die künstlerische Gestaltung von Gebrauchsgegenständen eine Rolle spielt.

Silber ist nach Gold und Platin das begehrteste Edelmetall. In Form von Münzen, Bestecken, Leuchtern, Pokalen, Dosen und anderen Gebrauchs- oder Ziergeräten begegnen wir ihm täglich. Die Arbeitstechniken haben sich im handwerklichen Bereich nur unwesentlich geändert. Und auch der Silberschmiedeberuf selbst ist immer attraktiv geblieben und wird es auch weiterhin sein. Dementsprechend groß ist die Nachfrage nach Ausbildungsstellen.

Der Bedarf an Nachwuchskräften ist in den letzten Jahren im wesentlichen gleich geblieben.

Sozialpädagog(e)/-in, Diplom-Musiktherapie —

Mozart auf Rezept?

Zu beschreiben, was Berufstätige dieser Ausbildungsrichtung tun, ist schon deshalb schwierig, weil der 1979 geschaffene vierjährige Ausbildungsgang erst 1983 die ersten Absolventen ins Berufsleben entläßt. Es gibt diesen Beruf im Arbeitsleben also noch gar nicht. Aber es gibt dort schon seit einiger Zeit Musiktherapeuten. Um diesen Beruf zu erlernen, mußte man bis vor fünf Jahren noch nach Holland, England oder Österreich gehen. In Deutschland gab es nur zwei private Schulen, die die Ausbildung als berufsbegleitende

Weiterbildung anboten. Als dann diese Ausbildung in Deutschland etabliert wurde, bildeten sich zwei unterschiedliche Ausbildungsrichtungen heraus.

Der augenfälligste und für den Ausbildungsinteressenten wichtigste Unterschied liegt in der Gewichtung der musikalischen Praxis. Musiktherapeuten der Aachener Musikhochschule haben eine einjährige therapeutische Spezialisierung auf ein komplettes Musikstudium aufgesetzt; der Diplom-Sozialpädagoge, Studienrichtung Musiktherapie, hingegen ist ein vollausgebildeter Sozialpädagoge und kann die Musik als besondere Methode einsetzen, wie zum Beispiel andere Pädagogen die Gestalttherapie.

Die Ausbildung soll in diesem Beitrag vor die »denkbare« Berufspraxis gestellt werden, da letztere aus den geschilderten Gründen bis jetzt wohlüberlegte Spekulation bleiben muß.

Nur eine Ausbildungseinrichtung führt die Ausbildung zum Diplom-Sozialpädagogen, Studienrichtung Musiktherapie, derzeit durch, und zwar die Fachhochschule der Stiftung Rehabilitation, Fachbereich Musiktherapie, Bonhoefferstraße, 6900 Heidelberg 1. Wie bei allen Fachhochschulen ist die Fachhochschulreife oder das Abitur Studienvoraussetzung.

Außerdem muß der Bewerber ein mindestens sechswöchiges klinisches Vorpraktikum in einer psychiatrischen Klinik nachweisen. Der Studiengang beginnt nur zum Wintersemester. In der Stiftungsfachhochschule Heidelberg werden Behinderte und Nichtbehinderte gemeinsam auf den Beruf vorbereitet; für Behinderte gelten bei der Aufnahme in die Fachhochschule zum Teil Sonderbedingungen, die in Heidelberg unmittelbar zu erfragen sind.

Vor dem Studienbeginn werden aber auch in Heidelberg Spreu und Weizen voneinander getrennt, das heißt der Bewerber muß sich einer Aufnahmeprüfung unterziehen, die aus einem psychologischen und einem musikalischen Teil besteht. Die musikalischen Vorbedingungen sind hier bei weitem nicht so hoch gesteckt wie in anderen Ausbildungseinrichtungen zum Musiktherapeuten. Aber die Grundkenntnisse im Instrumentalspiel, in der Musiktheorie und eine praktisch – musikalische Begabung sind schon gefragt.

Nach bestandener Aufnahmeprüfung geht der Student dann sofort in ein einjähriges Eingangspraktikum, in das acht einwöchige Blockseminare für den theoretischen Teil eingeschoben sind. Die insgesamt vier Jahre dauernde

Ausbildung wird auch noch von zwei weiteren Praktika unterbrochen. Der hohe Praxisanteil soll den angehenden Musiktherapeuten auf seine spätere Arbeit unmittelbar am eventuell späteren Arbeitsplatz vorbereiten. Die enge Verzahnung der Stiftungsfachhochschule Heidelberg mit den dort vorhandenen Rehabilitationseinrichtungen läßt die Frage der Praktika nicht zum Problem werden; dies legt natürlich auch für später eine klinische Tätigkeit, zum Beispiel im Rahmen von Rehabilitationszentren nahe.

Wenn der Studierende die Abschlußprüfung abgelegt hat, darf er sich Diplom-Sozialpädagoge, Studienrichtung Musiktherapie nennen. Theoretisch stehen ihm damit alle klassischen Arbeitsfelder von Sozialpädagogen offen, er ist aber auch in dem speziellen Tätigkeitsbereich von Musiktherapeuten einsetzbar. Näheres über die Berufsrealität dieser beiden Berufe findet sich unter den Stichworten »Sozialpädagoge« und »Musiktherapeut«.

Ob die Berufsrealität zeigen wird, daß der in Heidelberg Ausgebildete in beiden Berufszweigen zum vollwertigen Konkurrenten für die grundständig ausgebildeten Absolventen werden kann, müssen die nächsten Jahre zeigen. Eine damit erreichbare Doppelqualifikation würde die Arbeitsmarktchancen nicht unerheblich erhöhen. Es bestehen aber berechtigte Zweifel, ob diese Gleichwertigkeit im Vergleich zu vollausgebildeten Musikern erreicht wird. Tätigkeiten, in denen praktisches Musizieren und Zusammenspiel als Therapieform eingesetzt wird, würden dann für den Diplom-Sozialpädagogen, Studienrichtung Musiktherapie, in den Hintergrund treten. Eine Beschäftigung im Umgang mit behinderten Kindern und Jugendlichen, die heilpädagogisch orientiert ist, ohne Kinderpsychiatrie oder Psychotherapie im eigentlichen Sinne zu sein, ist für den Heidelberger Absolventen wohl wahrscheinlicher. Konkret bedeutet dies, die Musik zu nutzen, um zum Beispiel Autismus bei Kindern oder Störungen bei der Koordinierung des Bewegungsapparates von Menschen aufzubrechen oder vergessen zu machen und zu einer seelischen Öffnung oder zu lockernder Bewegung zu animieren. Rhythmische Übungen oder Spiele mit Tanz und Gesang gehören ebenso ins Repertoire des Sozialpädagogen/Musiktherapeuten.

Wo Sprache nicht mehr hilft, kann manchmal schon das Hören von Musik beitragen, Verkrampfungen aufzuheben.

Der Diplom-Sozialpädagoge, Studienrichtung Musiktherapie, wird in den allermeisten Fällen im Team arbeiten mit Ärzten, Psychologen und anderen Heilhilfsberufen oder mit Sonderschullehrern. Die Chancen, mit einer eigenen Praxis bestehen zu können, dürften sehr gering sein, da die Art der Erkrankungen, beziehungsweise Störungen gegen die die Musiktherapie eingesetzt werden kann, fast immer eine klinische Behandlung erfordert.

Weitere Einzelheiten über den Diplom-Sozialpädagogen, Studienrichtung Musiktherapie, findet man im Blatt zur Berufskunde über »Musiktherapeuten«, in dem diese Spezialisierungsform mit abgehandelt wird.

Steinmetz/-in (Industrie)
Steinmetz/-in und Steinbildhauer/-in (Handwerk)

Basalt, Marmor und Granit

Die Trauerfeierlichkeiten waren vorbei, die Blumen auf dem Grabhügel verwelkt. Nun galt es, einen passenden Grabstein auszuwählen. Mit recht vagen Vorstellungen suchten die Familienangehörigen einen Steinmetz auf. Von ihm erwarteten sie, daß er die Wünsche der Familie verstehen und sie in konkrete Gestaltungsvorschläge umsetzen konnte. Der Stein sollte schlicht und doch ausdrucksvoll sein; ausschließlich durch seine natürliche Maserung sollte er wirken.

Die Familie war auf fachmännischen Rat angewiesen; zu vielfältig sind Natur- und Kunststeine, ihre Farben und Formen sowie die Bearbeitungsarten (zum Beispiel Schliff). Und schließlich soll durch eine ansprechende Schrift das Ganze zu einer Einheit werden. Dank seiner langjährigen Erfahrung konnte der Steinmetz den Kunden ästhetisch überzeugende Vorschläge machen.

Gemeinsam wurde der rohe Steinblock ausgesucht, der nach Aufmaß, Skizzen und Maßzeichnungen in die eigentliche Form gebracht werden mußte. Diese handwerkliche Schwerarbeit erfolgt teils mit Maschinen, teils mit traditionellem Werkzeug (Hammer, Meißel, Winkel und Zirkel, Senkel und Richtscheit). Durch moderne Transport-, Hebe- und Schneidegeräte wird die frühere körperliche Schwerarbeit heute erheblich gemindert. Um die Oberfläche wunschgemäß zu gestalten, kommt es vor allem auf ausgeprägtes Augenmaß, räumliches Vorstellungsvermögen und sicheres Feingefühl an.

Neben dem wesentlichen Aufgabengebiet der Grabmalgestaltung führen Steinmetze auch wichtige

Arbeiten an Neu- und Altbauten aus; zum Beispiel in der Gestaltung von Treppen, Fußböden, Tür- und Fensterumrahmungen, Fassadenverkleidungen, Brunnenanlagen, Terrassen- und Brückenbauteilen.

Zu einem wachsenden Aufgabenfeld hat sich die Denkmalpflege entwickelt — bedingt durch die zunehmende Luftverschmutzung: Reliefs an Kirchen und Schlössern, Gedenktafeln, Sonnenuhren, Steinbänke, freie Plastiken usw. brauchen Pflege, Konservierung sowie gegebenenfalls Erneuerung. Nicht ohne Grund vereinigt daher der handwerklich ausgebildete Fachmann die beiden Berufe Steinmetz und Steinbildhauer in sich. Denn im Gegensatz zum industriellen Steinmetz benötigt der Handwerker auch sichere kunsthistorische Kenntnisse über Baustile, Symbolik, Ornamentik und auch Heraldik (Wappenkunde). Insbesondere beim freien Arbeiten in Stein kommt es auf künstlerisches Gestalten an: Vom Bleistift-Entwurf über das kleine Gipsmodell bis zur überdimensionalen Marmor-Skulptur. Gestaltungsfreude muß sich mit sicherem Formempfinden verknüpfen. Beides ist auch erforderlich für jeweils stilvolle und historisch passende Schriftgestaltung, denn Steinmetze arbeiten keineswegs nur mit fertigen Schriftmustern.

Der Steinmetz arbeitet überwiegend allein, wobei er jedoch gelegentlich auf Mithilfe angewiesen sein kann und entsprechend zur Mithilfe bei anderen bereit sein muß. Fast immer arbeitet er im Stehen und ist zwangsläufig — trotz moderner Absauganlagen — gewissen Staub- und Lärmbelästigungen ausgesetzt.

Die betriebliche Ausbildung dauert drei Jahre. Sie erfolgt in Handwerksbetrieben mit dem Ziel des Abschlusses als Steinmetz und Steinbildhauer. Bei industriellen Bauunternehmungen schließt die Ausbildung mit dem Facharbeiterbrief zum Steinmetz ab. Daher gelten in Handwerk und Industrie auch jeweils unterschiedliche Ausbildungsrahmenpläne.

Nach drei bis fünf Jahren praktischer Tätigkeit als Handwerksgeselle beziehungsweise als Facharbeiter kann ein Meisterkurs besucht werden, der auf die Meisterprüfung vorbereitet. Daneben bestehen Aufstiegsmöglichkeiten zum Versetzmeister, Werkmeister und Steintechniker. Zur Aufgabe von Steintechnikern gehören Betriebsüberwachung, Materialeinkauf, Kalkulation, Terminierung und Abrechnung der Aufträge sowie die Beratung von Bauherren und auch von Architekten.

Für gestalterisch besonders Befähigte besteht die Möglichkeit zur Weiterbildung zum Restaurator an speziellen Fachschulen beziehungsweise Kunsthochschulen, zum Teil auch in internationalem Rahmen! Das erfolgreiche Bestehen der Meisterprüfung ermöglicht die Gründung eines selbständigen Betriebs, was die rechtliche Seite angeht — die finanziellen Hürden gilt es auch noch zu überwinden.

Es mag vielleicht überraschen, aber es könnte für manches Mädchen, das diesen Beruf nicht von vornherein ablehnt, ermutigend sein zu wissen, daß Ende 1982 von den 1908 Auszubildenden im Handwerk immerhin schon 136 Mädchen waren. Der Beweis braucht also nicht mehr erbracht zu werden, daß auch in diesem Beruf Frauen leistungsfähig und anerkannt sind.

Hinsichtlich der Beschäftigungsmöglichkeiten läßt sich zumindest feststellen: So unsicher und von Wirtschaftsschwankungen abhängig sich die Auftragsentwicklung im Bereich Bau- und Denkmalspflege darstellt, so stabil und gleichbleibend ist sie andererseits im Bereich der Herstellung von Grabmalen.

Sticker/-in

Ausflug in die Vergangenheit

Kennen Sie Bayeux? Sollten Sie einmal in der Nähe der Normandie sein, fahren Sie dort mal vorbei. Es lohnt sich! Vor allem, wenn Sie sich für alte Stickerei interessieren. Denn dort hängt im ersten Stockwerk der Stadtbücherei die berühmte »Tapisserie de la Reine Mathilde«. Der gestickte Wandteppich zeigt die Eroberung Englands durch die Normannen und soll gegen Ende des 11. Jahrhunderts entstanden sein. Er hat die geradezu gigantischen Ausmaße von 70 m Länge und 50 m Breite. Und dort können Sie natürlich auch die vielfältigen Aarten von Stickstichen bewundern — die fachliche Leistung der Stikker von damals. Heute ist der Sticker unter anderem auch mit dem Restaurieren von alten, erhaltenswerten — und damit auch wertvollen — Stickereien beschäftigt. Wäre unser Wandteppich von Bayeux nicht im Laufe der Zeit immer wieder fachkundig ausgebessert, restauriert worden, könnte man die Eroberung Englands sicherlich nicht mehr in allen Einzelheiten verfolgen!

Die Sache mit dem Restaurieren ist vielleicht für viele das interessanteste, aber für Sticker oder Stickerin bei weitem nicht das einzige Aufgabengebiet. Breiten Raum im Aufgabenfeld nimmt auch die Stickerei im sakralen Bereich ein. So werden zum Beispiel Meßgewänder, Fahnen und andere Gegenstände für kirchliche Zwecke bestickt. Daneben wird natürlich auch Wäsche, Kleidung und — nicht zu vergessen — die Wohnung gern durch Besticktes verschönert. Wie sieht nun die *Tätigkeit* des Stickers im einzelnen aus?

Wie zu Ur- und Großvaters Zeiten geht der Sticker vom Auftrag, vom Entwurf aus. Er überträgt ihn auf das Grundmaterial, das vorher in einen Stickrahmen gespannt wurde und fixiert das Ganze. Das Grundmaterial kann unter anderem aus Leinen, Baumwolle, Wolle, Seide oder synthetischen Stoffen bestehen. Nun kann die eigentliche Stickarbeit beginnen. Dazu benötigt der Sticker neben den entsprechenden Nadeln, Scheren, Fingerhüten unterschiedliche Stickfäden. Dabei kann es sich um Fäden aus tierischen, pflanzlichen oder synthetischen Garnen handeln. Aber auch andere Gestaltungsmittel wie Perlen, Kordeln, Lederriemen und Goldfäden werden verarbeitet.

Beim eigentlichen Stickvorgang liegt der Stickrahmen meist in einem Ständer, so kann der Sticker beidhändig arbeiten und die verschiedenartigsten Stickstiche ausführen.

Neben Kreuz-, Stiel- und Plattgesticktem (das kennen Sie sicher noch aus dem Handarbeitsunterricht) beherrscht der Sticker beziehungsweise die Stickerin aber auch noch die vielfältigsten Varianten der Loch-, der Weißstickerei, der Nadelmalerei, Applikationsarbeiten, Metall- und Gobelinstiche.

Diese und andere Techniken werden während der Ausbildung vermittelt, wie auch Kenntnisse über die zu verarbeitenden Roh- und Hilfsstoffe.

Bei größeren gleichlautenden Aufträgen — also Serien — begibt sich der Sticker an die Stickmaschine. Den Umgang damit gilt es auch während der Ausbildung zu erlernen.

Sticktätigkeit wird vorwiegend im Sitzen ausgeführt und erfordert keine große Kraftanstrengung. Wesentlich sind gutes Seh- und Farbunterscheidungsvermögen und eine ausgeprägte Geschicklichkeit beider Hände.

Damit so ein kleines Kunstwerk in sich akkurat wirkt, muß man sehr exakt und sorgfältig auch mit feineren Materialien arbeiten können. Wichtig ist weiterhin die Fähigkeit, Farben und Formen gut zu kombinieren. Darüber hinaus sind eigene Vorstellungen, Ideen, also eine gewisse künstlerische Begabung, sehr gefragt. Außerdem ist eine gute Portion Ausdauer auf jeden Fall vonnöten.

Man sollte schon Spaß am Handarbeiten, am Gestalten und häufig auch am Experimentieren mit Stoffen, Garnen, Farben und Mustern haben, wenn man diesen Beruf ergreifen möchte. Interesse an geschichtlichen, besser noch kunstgeschichtlichen Darstellungen, wäre vor allem für die Restaurierungsarbeiten angebracht.

Die dreijährige *Ausbildung* findet in Handwerksbetrieben und der Berufsschule statt und endet mit einer Prüfung vor der zuständigen Handwerkskammer. Trotz der vielfältigen Einsatzgebiete der Sticker ist der Arbeits- und Ausbildungsstellenmarkt für diesen Beruf sehr klein. Ende 1982 gab es nur 134 Auszubildende in allen drei Ausbildungsjahren im ganzen Bundesgebiet.

Vom Berufsbild her wird kein spezieller Schulabschluß vorausgesetzt. Bezogen auf die beruflichen Anforderungen sollte der Hauptschulabschluß eigentlich genügen. Da aber nur wenig Ausbildungsplätze zur Verfügung stehen, ist es denkbar, daß bei gleicher handwerklicher Geschicklichkeit Bewerber mit einer qualifizierten Schulausbildung bevorzugt werden.

Die *Zukunftsaussichten* hängen hier einmal mehr von jedem einzelnen und damit auch von seinen handwerklichen und vor allem künstlerischen Fähigkeiten ab. Die Chancen, in diesem Beruf seine Brötchen und mehr zu verdienen steigen, wenn man in einem artverwandten Beruf — zum Beispiel dem des Webers — eine weitere Ausbildung anschließt.

Gewiß ist es heute, in der Zeit des knappen Geldes, nicht einfach, gestickte Kunstwerke an den Mann zu bringen, bei allem Einfallsreichtum und Geschick.

Andererseits sind selbstgefertigte Handarbeiten — gerade Kreuz- und Plattgesticktes — in jüngster Zeit wieder in Mode. Und hier — zum Beispiel als Kursleiter für Stickkurse an Volkshochschulen oder ähnlichen Institutionen — scheinen sich für die Zukunft weitere Möglichkeiten abzuzeichnen!

Techniker/-in für Raumgestaltung und Innenausbau

Die Atmosphäre muß stimmen!

Das berufliche Betätigungsfeld des Technikers für Raumgestaltung und Innenausbau begegnet uns heute tagtäglich und überall. In Geschäften, Gaststätten, Warteräumen, Bibliotheks-, Kino- und

Theatersälen, in Versammlungs- und Repräsentationsräumen, Kirchen, Sport- und Bäderhallen erleben wir stets neu die zweckmäßige und dekorative Innenraumgestaltung.

Der Techniker für Raumgestaltung und Innenausbau arbeitet in Architekturbüros oder in Planungsabteilungen von Innenausbau- und Einrichtungsbetrieben. Zu seinen Aufgaben gehören die Gestaltung und Ausstattung von Innenräumen und Inneneinrichtungen vom Entwurf und der Konzeption bis zur Konstruktions- und Fertigungsplanung. Er berät in allen Fragen einer zweckmäßigen und ansprechenden Gestaltung von Innenräumen, indem er technisch und wirtschaftlich plant, die Räumlichkeiten ausmißt, Grundrißzeichnungen anfertigt, Angebote, Kostenvoranschläge und Konstruktionszeichnungen erstellt. Er berät seine Kunden bei der Auswahl von Dekorationsstoffen, Tapeten und Einrichtungsgegenständen und achtet hierbei auf Form, Farbe, Lichteinflüsse und Raumausnutzung. Häufig ähnelt seine Tätigkeit der des Innenarchitekten. Ihm obliegen Wand- und Deckendekorationen (Tapeten, Holzverkleidungen, Stoffbespannungen), die Fußbodengestaltung (Parkett, Fliesen, Teppichböden), Gardinen und Vorhangauswahl und -anbringung. In der Ausstellungsgestaltung ist er für die gesamte Innenausstattung von Ständen auf Messen und Ausstellungen verantwortlich. In den Entwurfsbüros von Einrichtungshäusern berät er die Kunden über Möbel und Raumtextilien und entwirft Sonderanfertigungen und Ausbauten. Formensinn, Geschmack, Farbgefühl, Einfallsreichtum, Einfühlungsvermögen, Genauigkeit, Gestaltungsfähigkeit, Kontaktfähigkeit, gutes räumliches Sehvermögen und bildhaftes Vorstellungsvermögen erleichtern ihm diese Aufgaben. Er arbeitet hierbei überwiegend in geschlossenen Räumen.

Zugangsvoraussetzungen für den Beruf des Technikers für Raumgestaltung und Innenausbau sind:

1. Hauptschulabschluß oder vergleichbare Schulbildung;
2. abgeschlossene Berufsausbildung als Raumausstatter, Parkettleger, Schauwerbegestalter oder Tischler und zwei Jahre praktische Tätigkeit in diesen Berufen.

Bewerber aus anderen für diese Fortbildung geeigneten Berufen werden zugelassen, wenn sie nach Möglichkeit ein Jahr in einer Tischlerei gearbeitet haben.

Die Fortbildung erfolgt an der

Werkkunstschule Flensburg (Lutherplatz 1, 2390 Flensburg). Hier erwirbt er sich farb- und formgestalterische Fähigkeiten sowie bautechnische, werkstoffkundliche, konstruktive, fertigungstechnische und betriebswirtschaftliche Kenntnisse.

Die Fortbildung zum Techniker für Raumgestaltung und Innenausbau kann unter bestimmten Voraussetzungen nach dem Arbeitsförderungsgesetz gefördert werden. Anträge sind vor Schulbeginn bei dem Arbeitsamt des Wohnortes zu stellen.

Die Verdienstmöglichkeiten sind sehr unterschiedlich und richten sich nach Leistung und Berufserfahrung sowie nach Aufgabenbereichen und Verantwortlichkeit.

Bei Erlangung der Fachhochschulreife ist ein beruflicher Aufstieg zum Innenarchitekten durch ein Fachhochschulstudium möglich.

Die Beschäftigungsaussichten für Techniker für Raumgestaltung und Innenausbau sind regional verschieden. Am ehesten finden diese universell einsetzbaren Fachkräfte ihren Arbeitsplatz als Einrichtungsberater in großen Einrichtungshäusern sowie als Facharbeiter in Betrieben des Innenausbaus, zum Beispiel im Ladenbau.

Textiltechnische(r) Assistent/-in
Bekleidungstechnische(r) Assistent/-in
Technische(r) Assistent/-in, Fachrichtung Gestaltung, Schwerpunkt Textil

Fast wie im Krimi

Sie kennen die Geschichte! Freitagskrimi — ein Mord wird gemeldet! Das Opfer: ein junges Mädchen, hat sich gewehrt, wurde erdrosselt. In der verkrampften Hand des Opfers findet sich ein abgerissener Knopf mit Gewebereten. Knopf und anhängender Stoff kommen ins Labor. So, nun verkürzen wir die Story etwas und nähern uns dem eigentlichen Thema: im Labor wird das Gewebe analysiert — mit dem Ergebnis, daß das Gewebe von einem grauen Flanellanzug stammt! Der Mörder wird um 21.13 Uhr überführt.

So passiert's natürlich nur im Fernsehen. Aber wenden wir uns wieder den Labors zu, in denen textile Rohstoffe, Fasern und Gewebe untersucht, überprüft, bestimmt, kontrolliert — kurzum: nach bestimmten Normen analysiert werden. In diesen Labors sitzen unter anderem textiltechnische Assistentinnen, Fachrichtung Prüfwesen, die diese Untersuchungen durchführen. Sie arbeiten mit hochentwickelten, teilwei-

se elektronischen Geräten und Anlagen, führen Farbmischungen durch, sind an neuen Faserentwicklungen durch Messungen und deren Auswertungen beteiligt.
Neben der Fachrichtung Prüfwesen besteht eine weitere Ausbildungsfachrichtung: Spinnerei, Weberei und Maschentechnik.
Textiltechnische Assistentinnen sind unter anderem mit der Terminplanung beschäftigt. Kommt ein Auftrag herein, muß berechnet werden, wann mit der Fertigung im Betrieb begonnen werden muß, um den vereinbarten Termin der Auslieferung an den Kunden einhalten zu können. Dabei wird mit berücksichtigt, daß die Fertigungsabläufe — wann was wie zu produzieren ist — wirtschaftlich, das heißt kostensparend und damit preisgünstig zu gestalten sind.
Bekleidungstechnische Assistentinnen beschäftigen sich darüber hinaus noch mit dem Zuschnitt (Schnittkonstruktion und -gestaltung) und arbeiten mit bei der Zusammenstellung der Kollektion.
Eine weitere Fachrichtung sei hier ebenfalls genannt:
Technische Assistenten, Fachrichtung Gestaltung, Schwerpunkt Textil. Diese Assistenten beschäftigen sich in erster Linie mit dem Entwurf und der Gestaltung von Garnen und Textilien und können in Textilbetrieben, im Garngroßhandel, in Verlagen mit Textilzeitschriften oder in Werbeagenturen beschäftigt sein.
Die *Anforderungen*, die an diese Assistentinnen jeweils gestellt werden, unterscheiden sich je nach Fachrichtung: für alle jedoch gleich wichtig sind naturwissenschaftlich-technisches Verständnis (Umgang mit technischen Apparaturen und Maschinen), logisches Denkvermögen (zur Erfassung auch schwieriger Abläufe), vollkommene Beherrschung der Grundrechenarten und der Rechtschreibung (Kalkulation und Büroarbeit). Auch organisatorische Fähigkeiten sind gefragt. Bei der bekleidungstechnischen Assistentin kommen noch zeichnerische Fähigkeiten hinzu (Modellentwurf, Schnittkonstruktion). Allen gemeinsam aber sollte großes Interesse an Textilien, an deren Erzeugung beziehungsweise Verarbeitung sein.
Die Ausbildung findet an staatlichen oder staatlich anerkannten privaten Berufsfachschulen statt. Sie dauert in der Regel zwei Jahre. Als schulische Voraussetzung wird der mittlere Bildungsabschluß erwartet, für die bekleidungstechnische Assistentin ist ein einschlägiges einjähriges Betriebspraktikum (zum Beispiel der

erfolgreiche Abschluß der ersten Stufe in der Stufenausbildung der Bekleidungsindustrie) erwünscht. Auch für die Fachrichtung Spinnerei, Weberei, Maschentechnik wird ein gezieltes Praktikum empfohlen.

Bekannte Ausbildungseinrichtungen sind:

Für textiltechnische Assistenten, Fachrichtung Prüfwesen: Staatliche Textilfachschule Münchberg, Kulmbacher Straße 76, 8660 Münchberg.

Für textiltechnische Assistenten, Fachrichtung Spinnerei, Weberei und Maschentechnik: Staatliche Fachschule für Textil- und Bekleidungswesen, Technikum für Textilindustrie, Kaiserstraße 99, 7410 Reutlingen 1.

Für technische Assistenten, Fachrichtung Gestaltung, Schwerpunkt Textil: Berufsfachschule für Technische Assistenten Fachrichtung Gestaltung, Schwerpunkt Textil, Gewerbliche Schulen III an der Stadt Wuppertal, Schluchtstraße 30, 5600 Wuppertal 2.

Für bekleidungstechnische Assistenten: Staatliche Fachschule und Berufsfachschule für Bekleidung, Stengelstraße 25, 8674 Naila; Staatlich anerkannte Berufsfachschule für die Bekleidungsindustrie, Schneidmühlweg 3, 8750 Aschaffenburg.

Weiterbildungsmöglichkeiten bestehen unter anderem zum Techniker (bzw. zur Direktrice) nach entsprechender Berufspraxis.

Am Technikum für die Textilindustrie in Reutlingen wird die Möglichkeit geboten, durch Belegung des Wahlfaches Mathematik und eine Zusatzprüfung die Fachhochschulreife zu erwerben. Damit steht dann der Weg zum Diplom-Ingenieur (FH) für Textiltechnik offen!

Die *Zukunftsaussichten* sind schwer zu beurteilen. Seitens der Berufsfachschulen werden sie natürlich positiv bewertet. Mitentscheidend für die Aussichten jedes Interessierten werden neben dem weiteren Konjunkturverlauf (die Textil- und Bekleidungsindustrie ist extrem konjunkturabhängig) vor allem die eigenen Fähigkeiten und das eigene Durchsetzungsvermögen sein!

Textil-Designer/-in

Webstuhl und Farbe

Ein Garnvertreter hat seinen Besuch bei einer kleineren Weberei angekündigt. Dort erwartet ihn der zuständige Textildesigner, der die Auswahl bezüglich Qualität und Farbe der Garne für die Weberei treffen muß. Auf der großen Arbeitsplatte im Atelier liegen

Berge von Mustersträngen, Farbpaletten, Qualitätsangaben. Da der Textildesigner die Absatzmöglichkeiten seiner Weberarbeiten genau kennt, wählt er mit sicherer Hand das Material aus, das er zur Herstellung der gefragten Stoffe benötigt. Der Betrieb stellt qualitativ hochwertiges Tuch und auch einige Möbelstoffe in exklusiver Ausführung her und hat dafür einen guten Kundenstamm.

Der Textildesigner hat seine Wahl getroffen und bestellt größere Materialmengen. Die aktuellen Modefarben hat er dabei recht schnell zur Seite gelegt, denn bei den Qualitäten, die seine Weberei anstrebt, werden ausgesprochene Trendfarben kaum abzusetzen sein. Die Ware hätte in der nächsten Saison an Aktualität verloren; dafür allerdings wäre dann der Preis zu hoch.

Nun beginnt die eigentliche Arbeit des Textildesigners: das Entwerfen von Mustern. Dazu benötigt er ein sicheres Gefühl für Farben und gestalterische Fähigkeiten. Außerdem muß er die Fertigungsmethoden in der Weberei genau kennen, denn sein Entwurf muß ja auch technisch realisierbar sein. Die Möglichkeiten der Stoffmusterung in einer Schaftweberei beschränken sich im wesentlichen auf Streifen und Karos, während der Jacquard-Webstuhl fast alle Musterausführungen ermöglicht. Beim Entwerfen werden beispielsweise mit Filzstiften Farben und Formen aneinandergereiht und zu größeren Flächen zusammengesetzt. Es wird so lange verändert, bis der Designer mit seinem Muster zufrieden ist. Dieses Muster muß nun patroniert werden, es wird eine Art technischer Zeichnung hergestellt, die der richtigen Einstellung des Webstuhls zugrunde liegt. Danach kann die Produktion beginnen.

Ein anderes Arbeitsgebiet für den Textildesigner liegt in der Textildruckerei. Hier spielen Modetrends eine recht große Rolle, denn Druckstoffe sind für die Abnehmer meistens preisgünstiger als durchgewebtes Tuch. Fertig gewebte und veredelte, also geschmeidig gemachte Stoffe werden häufig im Siebdruckverfahren bedruckt. Textildesigner sind auch in der Teppichherstellung zu finden, wo sie sich in den Knüpf- und Webtechniken auskennen müssen, um die entworfenen Muster verwirklichen zu können.

Ein anderes Arbeitsgebiet ist die Garn- und Zwirnherstellung. Aus Rohmaterial wird maschinell Garn hergestellt, anschließend gefärbt und zum Weben weitergegeben.

Außerdem ist es möglich, als Textildesigner in der Fachpresse oder

auch freiberuflich tätig zu werden.
Für all diese möglichen Aufgaben braucht der Textildesigner neben dem bereits angesprochenen Farbempfinden und seiner Kreativität je nach Arbeitsgebiet auch den richtigen Riecher für Farben und Qualitäten. Was er entwirft, soll sich ja auch verkaufen lassen. Das schließt wiederum eine gewisse Kompromißbereitschaft gegenüber dem eigenen und dem Geschmack anderer ein. Neben den technischen Erforderungen muß sich der Textildesigner auch mit marktwirtschaftlichen Gepflogenheiten auseinandersetzen.
Als Vorbereitung für all diese Tätigkeiten ist ein achtsemestriges Studium an einer Fachhochschule oder Hochschule für Bildende Kunst erforderlich. Neben dem Abitur oder der Fachhochschulreife muß sehr häufig ein mindestens dreimonatiges Vorpraktikum in der Textilindustrie abgeleistet werden. Außerdem wird an jeder Hochschuleinrichtung vor Beginn des Textildesignstudiums die Ablegung einer Eignungsprüfung zur Feststellung der künstlerisch-gestaltenden Begabung verlangt. Für diese Eignungsprüfung muß eine Mappe mit eigenen Arbeiten vorgelegt werden, die von Dozenten der jeweiligen Hochschule beurteilt wird.
Anschließend wird der Bewerber zur Aufnahmeprüfung an die Hochschule eingeladen, wo er innerhalb einer festgesetzten Zeit eine bestimmte Aufgabe erfüllen muß.
Sind diese Hürden genommen, ist der Studienplatz leider immer noch nicht sicher. Mode-Design gehört in die Gruppe des Produktdesign; diese Studienplätze werden in Nordrhein-Westfalen und Hessen von der Zentralstelle für die Vergabe von Studienplätzen (ZVS) in Dortmund vergeben. Hier ist mit einem Numerus clausus zu rechnen. In den anderen Bundesländern erfolgt die Bewerbung direkt an der Hochschule, aber auch hier ist teilweise mit hochschulinternen Beschränkungen zu rechnen. Es kann daher nur empfohlen werden, sich frühzeitig über die Zulassungsbedingungen und Praktikantenbestimmungen der jeweiligen Hochschule oder Fachhochschule zu informieren.
Im Studium muß sich der angehende Designer zunächst mit Grundlagenfächern der Gestaltung, aber auch anderer Bereiche auseinandersetzen: Farbenlehre, Gestaltungslehre, Elementarzeichnen, technisch konstruktives Zeichnen, Darstellungstechnik, Web- und Maschinentechnik, Kunstgeschichte, Vertragsrecht,

Mathematik, Fachenglisch, Fotografie und Chemie.
Nach vier Semestern wird eine Zwischenprüfung abgelegt. In den nächsten vier Semestern, dem Hauptstudium, erfolgt die praxisnähere Ausrichtung. Der Schwerpunkt liegt hier auf Technologie und Design. Der Student muß sich auseinandersetzen mit Bindungstechniken, Rohstofflehre, Web- und Druckgestaltung, Warenkunde, allgemeiner Technologie, Textilveredelung, aber auch mit begleitenden Fächern wie elektronische Datenverarbeitung, Soziologie, Psychologie und Betriebswirtschaftslehre. Für die Abschlußarbeit muß ein Designthema selbständig durchgeführt werden.
Der fertige Designer stößt derzeit bei der Stellensuche auf einige Schwierigkeiten. Das Angebot an qualifizierten Arbeitskräften ist recht groß, so daß auch Absolventen mit guten Diplomen nicht in jedem Fall eine Chance der Anstellung haben. Leichter wird es sicher für denjenigen werden, der während seines Studiums möglichst viel Praxiserfahrung sammeln konnte. Außerdem sollte jeder Textildesigner damit rechnen, den Wohnort wechseln zu müssen.

Textilmustergestalter/-in

Mit Bleistift, Feder und Tusche

Rätsel: Was haben Omas handgearbeitetes Stickbild, der Bettvorleger im Schlafzimmer und Vaters bedruckte Kochschürze gemeinsam?
Des Rätsels Lösung: Alle diese Textilien sind durch die Hände von Textilmustergestaltern gegangen. Natürlich war nicht nur ein Mustergestalter an der Entstehung dieser Textilien beteiligt, sondern sicherlich mehrere. Denn diese Gestalter beziehungsweise Gestalterinnen arbeiten in unterschiedlichen Fachrichtungen:
Gewebe
Masche
Handstickerei
Maschinenstickerei
Textildruck und
Tufting (Nadelflor).
So lassen sich Omas Stickbild der Richtung Handstickerei, der Bettvorleger der Richtung Tufting und die Kochschürze der Richtung Textildruck zuordnen.
Welche *Aufgaben* haben nun diese Textilmustergestalter? Ganz allgemein läßt sich diese Frage so beantworten: Sie *zeichnen Muster* für die Textilindustrie – zunächst nach Vorlagen, später auch nach eigenen Ideen –, vergrößern oder verkleinern diese Muster, übertragen schwarz-weiße Muster

Textilmustergestalter/-in

in farbige Vorlagen (kolorieren). Eine weitere, allen Textilmustergestaltern gemeinsame wichtige Aufgabe ist die Verteilung des entworfenen Musters auf der vorgegebenen Fläche (rapportieren). Unsere Künstler arbeiten nicht nur in Textilbetrieben, sondern auch in Musterateliers.

Sie benutzen zu ihrer Tätigkeit unterschiedliche Utensilien: für Schwarz-weiß-Zeichnungen: Bleistift, Zeichenfeder und Tusche oder auch Zeichenkohle; ansonsten Pinsel und Farben. Natürlich kann man in diesem Beruf nicht auf so wirksame Hilfsmittel wie Lineal, Winkel und Reißschiene verzichten.

So, Arbeitsgeräte, Vorlagen beziehungsweise Ideen sind vorhanden – und jetzt kann's losgehen! Kann's wirklich losgehen? Wohl kaum, die Muster gingen ja ins Blaue, ein gut Teil davon wäre für die Weber, die nach diesen Vorlagen arbeiten sollen, einfach nicht realisierbar und zwar deshalb, weil unter anderem nicht berücksichtigt wurde, daß sich ein Baumwollgarn beim Weben anders verhält als ein Wollgarn und die Wirkung damit eine ganz andere sein kann.

Es wird also klar, ohne Hintergrundwissen geht's nicht. Dieses Hintergrundwissen, das man sich während der Ausbildung aneignet, bezieht sich einmal auf das Gebiet der Gestaltungsweise. Darunter versteht man die Kenntnisse der Farblehre, der Stilarten, Farbmischung und -abstufung usw. Zum anderen bezieht sich das Hintergrundwissen auf das Gebiet der Technologie, das heißt auf die Kenntnis darüber, welche Faserarten, Gewebe, Stickstiche, Maschenwaren es gibt, wie sie entstehen und auch wie man mit den entsprechenden Textil-, Druck- oder Stickmaschinen umgehen muß. Daß es sich dabei – je nach Fachrichtung – um unterschiedliche Technologien beziehungsweise eingesetzte Maschinen handelt, ist selbstverständlich.

Welche *Anforderungen* werden nun in diesem Beruf gestellt? Allgemein läßt sich sagen: Eine recht gute körperliche Konstitution ist nötig, weil zumindest während der Ausbildung zeitweise an den Textilmaschinen selbst mitgearbeitet werden muß. Weiterhin ein gutes Farbunterscheidungsvermögen und gut ausgeprägtes räumliches Vorstellungsvermögen – weil auch perspektivisch gezeichnet wird.

Natürlich muß ein ausgesprochenes Zeichentalent vorliegen. Darüber hinaus sollte man in der Lage sein, exakt und sorgfältig zu arbeiten, sollte auch über eigene Ideen, also eine gewisse Kreativi-

tät verfügen – bloß gut abzeichnen zu können, reicht für die spätere Berufstätigkeit nicht aus! Nicht zuletzt wichtig sind natürlich ein großes Interesse an Mode, Farb- und Formzusammenstellungen und das Interesse an technischen Fragen.
Für die Fachrichtung Handsticken kommt noch die Freude am Handarbeiten hinzu, denn während der Ausbildung werden alle Stickstiche vermittelt.
Die *Ausbildung* wird in den Betrieben der Textilindustrie und in der Berufsschule durchgeführt, kann aber auch in überbetrieblichen Lehrwerkstätten stattfinden.
Die Ausbildung dauert in der Regel drei Jahre und endet mit der Prüfung vor der zuständigen Industrie- und Handelskammer.
Welcher Schulabschluß von den Ausbildungsbetrieben erwartet wird, ist unterschiedlich – vom Gesetz her wird kein bestimmter Abschluß vorausgesetzt. Möchte man sich jedoch in Richtung Techniker oder Designer fortbilden, sind qualifizierte Abschlüsse notwendig.
Nun noch ein paar Worte zu den *Zukunftsaussichten:* In den vergangenen Jahren waren in der gesamten Textilindustrie – aus unterschiedlichen Gründen – Konkurse leider nicht selten. Wie es weitergeht, läßt sich noch nicht absehen; es ist jedoch zu hoffen, daß die übriggebliebenen Betriebe sich einer soliden wirtschaftlichen Grundlage erfreuen.
Im Handarbeitsbereich – Fachrichtung Handstickerei – ist übrigens ein zunehmend positiver Trend zu verzeichnen.

Tischler/-in

Wo gehobelt wird, fallen Späne

Was tun, wenn an dem kunstvoll bemalten alten Bauernschrank erkennbar der Zahn der Zeit genagt hat? Wer hilft, wenn die Türe einmal klemmt, eine Treppenstufe ausgewechselt werden muß? In solchen Fällen ist stets das Fachwissen des Tischlers gefragt. Als Mann für alle Fälle fertigt er in der Regel Einzelstücke nach den individuellen Gegebenheiten und Wünschen an; er ist den Nachteilen einer Massenproduktion nicht unterworfen. Dabei kann er auch gelegentlich entwerfen und gestalterisch mitarbeiten. Natürlich unter Berücksichtigung der technischen und handwerklichen Möglichkeiten – und des Geldbeutels des Kunden. Aber auch Reparaturen und Restaurationen gehören zu seinen Aufgaben.
Die Tätigkeit des Tischlers besteht hauptsächlich aus Handarbeit.

Sein Arbeitsplatz ist in der Werkstatt, in der Wohnung (beispielsweise beim Einbau eines Schrankes) oder auch auf dem Neubau (wo er Fenster und Türen einsetzt). Handsäge, Hobel, Stecheisen, Hammer und Zange sind dabei die wichtigsten Werkzeuge. Unerläßlich bei der Fertigung ist heute auch der Einsatz von Holzbearbeitungsmaschien. Außer den Standardmaschienen zum Sägen, Bohren, Hobeln und Fräsen finden sich besonders in größeren Betrieben auch Spritzstände und Trocknungsanlagen sowie Vorrichtungen zum Schleifen, Pressen und Furnieren.

Da Vollholz oder Massivholz arbeitet, das heißt sich verändert, sind für bestimmte Verwendungszwecke Furnier-, Faser-, Holzspan- und Tischlerplatten günstiger zu verwenden. Häufig sind diese Platten noch zu furnieren, also mit hauchdünnen Holzflächen zu belegen oder mit Kunststoff zu beschichten. Kunststoffe, Aluminium und Glas haben inzwischen ihren festen Platz besonders beim Innenausbau. Fenster aus Kunststoff oder Metall bedürfen keiner besonderen Pflege und werden deshalb häufig Holzfenstern vorgezogen. Hier müssen vom Tischler besondere Bearbeitungstechniken angewandt werden.

Der Tischler arbeitet in der Regel in geschlossenen Räumen, gelegentlich, etwa beim Einsetzen von Fenstern und Türen und dem Treppeneinbau, in zwar überdachten, aber doch oft noch zugigen Neubauten. Er sollte daher nicht besonders empfindlich gegen Erkältungskrankheiten sein. Trotz Absauganlagen gibt es auch weiterhin eine gewisse Belastung durch Holzstaub. Die Arbeit ist hauptsächlich im Stehen zu verrichten. Daher sind gesunde Füße wichtig. Durch den Einsatz von Maschinen sind schwere körperliche Arbeiten seltener geworden. Mädchen werden auch aus diesem Grunde zunehmend ausgebildet.

Keine Hektik, aber rasches Reaktionsvermögen sind neben Vorsicht und Sorgfalt bei der Arbeit mit hochtourigen Holzbearbeitungsmaschinen unerläßlich.

Da auch Holzschutzarbeiten zu verrichten sind, muß der Tischler die pflanzlichen und tierischen Holzschädlinge und die von ihnen hervorgerufenen Schäden kennen und ihre Bekämpfung, unter anderem mit chemischen Holzschutzmitteln, beherrschen. Häufige Arbeit in der Gruppe setzt Anpassungsfähigkeit und Teamgeist voraus. Da der Tischler sowohl ein gestaltender als auch ein ausgesprochen technischer Beruf ist, muß er Ideen entwickeln (die nicht selten auch zeichnerisch zu skizzieren sind), räumliches Vorstellungsvermögen haben, um etwa die Zeichnungen des Architekten oder Innenarchitekten zu verstehen und sie umsetzen zu können, er muß aber auch eine möglichst kostengünstige praktisch-technische Realisierung im Blick behalten. Gut entwickelte Handgeschicklichkeit und technisches Einfühlungsvermögen versetzen ihn in die Lage, auch bei schwierigen Anforderungen noch eine praktikable Lösung zu finden.

Die Ausbildung des Tischlers dauert drei Jahre und endet mit der Gesellenprüfung vor der Handwerkskammer. Die Ausbildung in der holzverarbeitenden Industrie führt zum Beruf des Holzmechanikers. Als Zugangsvoraussetzung wird in der Regel wenigstens der Hauptschulabschluß vorausgesetzt, in der letzten Zeit zunehmend auch der mittlere Bildungsabschluß. Der Besuch einer Berufsgrundschule/Berufsgrundbildungsjahr oder einer Berufsfachschule in der entsprechenden Fachrichtung wird auf die Ausbildungszeit angerechnet. Die (weitere) Ausbildung erfolgt im Ausbildungsbetrieb und in der Berufsschule. Von Innungen und Kammern werden zusätzliche überbetriebliche Lehrgänge angeboten. Gemäß dem Ausbildungsberufsbild sind folgende Fertigkeiten und Kenntnisse zu erlernen:

- Arbeitsschutz und Unfallverhütung
- Tätigkeiten in der Arbeits- und Betriebsorganisation
- Verwendung von Holz und Holzwerkstoffen
- Grundfertigkeiten der Holzbe- und der Holzverarbeitung
- Verwendung von Klebstoffen
- Herstellung von Holzverbindungen
- Grundfertigkeiten der Metallverarbeitung
- Arbeiten mit Kunststoff und Glas
- Montieren von Beschlägen und Verarbeiten von Hilfsstoffen
- Anfertigen und Lesen von Skizzen und Zeichnungen nach den geltenden Normen
- Verarbeiten von Furnieren
- Richten, Schärfen und Instandhalten von Werkzeugen
- Grundfertigkeiten der Bedienung und Wartung mechanischer, pneumatischer, hydraulischer und elektrischer Maschinen und Geräte
- Einrichtung, Bedienung und Wartung von Maschinen, Anlagen und Vorrichtungen
- Herstellung von Teilen und Zusammensetzen der Teile zu Erzeugnissen
- Behandlung von Holzoberflächen

- Ausführung von Maßnahmen des konstruktiven und chemischen Holzschutzes
- Einbau von montagefertigen Teilen und Erzeugnissen.

Nach der Ausbildung gibt es vielfältige Spezialisierungs- und Aufstiegsmöglichkeiten. So sind manche Betriebe auf Treppenbau, andere auf Innenausbau oder Möbeleinzelanfertigung spezialisiert. Innerhalb dieser Betriebe kann sich der Tischler beispielsweise in der Hauptsache auf Maschinenarbeiten konzentrieren, auf Handarbeiten an der Hobelbank oder die Behandlung von Holzoberflächen durch Beizen, Mattieren oder Polieren.

Der normale berufliche Aufstieg führt zum Meister. Mit der Meisterprüfung ist zugleich die Berechtigung zur Gründung eines eigenen Betriebes und zur Ausbildung verbunden. Auch eine Weiterbildung zum Techniker oder (bei vorliegender Fachhochschulreife) zum Ingenieur der Fachrichtung Holztechnik, auch zum Innenarchitekten ist möglich. Zunächst sollte man jedoch sorgfältig die Arbeitsmarktchancen prüfen.

Tischlerbetriebe gibt es überall. Ein Arbeitsplatzwechsel ist daher selten sonderlich schwierig und in der Regel notwendigerweise nicht mit einem Wohnortwechsel verbunden. Der Werkstoff Holz ist in den letzten Jahren wieder besonders gefragt. Das Tischlerhandwerk konnte sich daher bisher und kann sich sicher auch in Zukunft gut behaupten. Die Einbeziehung von Metallen, Glas und Kunststoffen in die Herstellung und Bearbeitung beweist Anpassungsfähigkeit, der hohe fertigungs- und maschinentechnische Stand der meisten Betriebe ist Garant für eine längerfristige positive Entwicklung. Eine gewisse Abhängigkeit von der gesamtwirtschaftlichen Entwicklung, besonders der Baukonjunktur, ist natürlich vorhanden. Aber auch in schlechten Zeiten ernährt der Beruf aufgrund der Vielfalt der Aufgaben seinen Mann.

Tonmeister/-in

Meister des guten Klangs

Wenig feierlich geht es heute zu in der alten Kathedrale. Ein Orchester stimmt seine Instrumente, auf der Empore ist ein größerer Chor versammelt. An vielen Stellen des Kirchenraumes stehen Mikrofone, deren Leitungen sternförmig auf ein erhöhtes Podest zulaufen, auf dem zwei Männer ihren Platz eingenommen haben: der Dirigent und, an einem Mischpult, der Tonmeister. Er vertieft sich nochmals in seinen

Plan — ein Gemisch aus Noten und technischen Angaben in Buchstaben und Zahlen. Immer wieder wurde dieser Plan bei den vorangegangenen Proben geändert, ergänzt, immer wieder ließ er Mikrofone umstellen oder ersetzen. Häufig unterbrach er auch die Probe nicht nur mit technischen, sondern auch mit musikalischen Änderungsvorschlägen. Der Dirigent gab nicht allein den Ton an, der Tonmeister mischte mit. Die Aufzeichnung von Orgel, Solisten, Chor und Orchester zu einem ‚meisterhaften' Tongebilde war vornehmlich seine Leistung. Jetzt rückt er den Kopfhörer zurecht und nickt dem Dirigenten zu: die Aufnahmearbeit kann weitergehen.

Gegenüber dem Toningenieur ist der Tonmeister mehr Künstler mit qualifizierter technischer Zusatzbildung, obgleich sich beide Arbeitsgebiete auch häufig überschneiden. Die vom Tonmeister zu beherrschende Geräte- und Arbeitstechnik erstreckt sich auf die Vorbereitung meist musikalischer Tonaufzeichnung, ihre Durchführung und gegebenenfalls das spätere Zusammenfügen einzelner Teile zu einem Ganzen für die Wiedergabe. Das Erarbeiten eines optimalen Klangbildes erfordert besonders dann hohes Können und Geschick, wenn es nicht unter Idealbedingungen im Studio, sondern in Sälen, Kirchen oder gar im Freien geschieht, dies besonders bei einmalig stattfindenden Darbietungen in einem akustisch vorab nicht genau abzuschätzenden Raum und bei Live-Übertragung. Hier muß der Tonmeister sein musikalisches und technisches Können oft unter Zeitdruck und in unruhiger Umgebung reaktionsschnell und zuverlässig beweisen. Er nimmt jeden Korrekturbedarf sofort wahr und versucht, ihn mit Hilfe der Technik zu lösen. Das verlangt, daß er sich vorab genau mit dem dargebotenen Werk befaßt und die Intention des Komponisten und der Interpreten nachvollziehen und durch seine Unterstützung zur vollen Entfaltung bringen kann. Er benötigt zwar kein absolutes Gehör, aber eine hohe musikalische Wahrnehmungsfähigkeit und ein entsprechendes Musikgedächtnis, sei es in extremen Frequenzbereichen oder beim Heraushören einzelner Stimmen oder Instrumente aus einem Chor oder Orchester. Greift er kritisch und mit Änderungsvorschlägen ein, so muß er menschlich oft ein hohes Maß an Einfühlungsvermögen einbringen, denn nicht selten sind Künstler und Interpreten etwas extrem strukturierte und eigenwillige Persönlichkeiten, die er ja nicht verärgern oder umerziehen, sondern zu höchster Leistung anregen will. Geht es bei moderner ernster oder unterhaltender Musik gleichzeitig um den Einsatz elektronischer Instrumente, wird er neben seiner Hörfähigkeit auch geringste Varianten anzeigende akustische Meßgeräte einsetzen. Das bisher über reine Musikaufnahmen Gesagte gilt ebenso für die qualifizierte Sprachaufzeichnung etwa von Theaterstücken oder Sprache und Musik kombinierenden Opern, Operetten, Musicals und entsprechende Unterhaltungsveranstaltungen. Ein weiteres Aufgabenfeld findet er bei Film und Fernsehen, hier kommt hinzu die Abstimmung von Ton und Bild. Das setzt die Kenntnis der betreffenden dramaturgischen Gesetze voraus. Werden Ton und Bild getrennt aufgezeichnet, entstehen besondere Aufgaben bei der Synchronisation oder Vertonung. Hier braucht der Tonmeister auch optisches Wahrnehmungsvermögen und optisches Gedächtnis. Was der Choreograph bei der Umsetzung von Musik in Tanz leistet, muß der Tonmeister bei der Umsetzung visueller in akustische Abläufe erbringen.

Einsatzorte können alle Veranstaltungen sein, wo es um anspruchsvolle Tonaufzeichnung geht, sei es für den Hörfunk, das Fernsehen, die Film- und Phonoindustrie oder für Konzert-, Schauspiel- und Opernhäuser, dies im Dienst in- oder ausländischer Auftraggeber. Fremdsprachenkenntnisse, mindestens in Englisch, sind unumgänglich zur Verständigung mit Künstlern, die der deutschen Sprache nicht mächtig sind. Eine besondere Arbeitsbelastung ergibt sich aus dem Einsatz abends oder an Sonn- und Feiertagen und aus dem häufigen Arbeiten unter Zeitdruck, wenn etwa Künstler und Interpreten aus terminlichen oder finanziellen Gründen nur begrenzt zur Verfügung stehen. Hier sind dann keine langen Besinnungs- oder Ruhepausen möglich.

Das Abitur oder ein entsprechendes Reifezeugnis ist unerläßlich, da der Beruf nur über ein Hochschulstudium erreichbar ist. Wichtig sind gute Noten in Deutsch, Musik, Mathematik und Physik. Angeboten wird das Studium in Detmold (Staatliche Hochschule für Musik Westfalen-Lippe, Nordwestdeutsche Musikakademie, Allee 22, 4930 Detmold) und Berlin (Hochschule der Künste, Ernst-Reuter-Platz 10, 1000 Berlin 10 in Zusammenarbeit mit der Technischen Universität, Straße des 17. Juni 135, 1000 Berlin 12).

In Detmold wird vor Studiumbeginn ein halbes Jahr Werkpraxis verlangt, um einen Einblick in Organisation und Arbeitsmethoden der nachrichtentechnischen Geräteindustrie zu bekommen, gegebenenfalls auch in entsprechenden Laboratorien der Bundespost. An beiden Orten ist ferner eine Aufnahmeprüfung zu bestehen. Sie erstreckt sich auf Mathematik, Physik, Musik einschließlich Musikgeschichte und Instrumentalspiel auf zwei Instrumenten, von denen eines ein Tasteninstrument sein muß. Die uneingeschränkte, durch ärztliches Attest nachzuweisende Hörfähigkeit wird unter musikalischen Gesichtspunkten geprüft.

Das Studium dauert mindestens acht Semester und wird mit der Tonmeister-Diplomprüfung abgeschlossen. Die Fächer sind Mathematik, Physik, Elektrizitätslehre, Akustik, Nachrichtentechnik, technische Instrumentenkunde, Tonstudio- und Meßtechnik, Musikübertragungstechnik, Schallplattenkritik, instrumentales Haupt- und Neben-, beziehungsweise Pflichtfach, Gehörbildung, Instrumentenkunde, Partiturspiel, Partiturkunde und Geschichte der Instrumentation, Musiktheorie und Tonsatz, musikalische Formenlehre und Musikgeschichte. Theorie und Praxis miteinander zu verbinden durch Praktika in den Semesterferien, hat einen nicht hoch genug einzuschätzenden Wert. Nicht selten werden hier auch erste Verbindungen angeknüpft, die den späteren Berufseinstieg fördern.

Der Arbeitsmarkt ist begrenzt: Hauptarbeitgeber sind die Rundfunkanstalten, ferner Konzert-, Schauspiel- und Opernhäuser, die Schallplatten-, Kassetten- und Filmindustrie, entsprechende Geräte- und Instrumentenhersteller, im Einzelfall die Bundespost. Sie alle werden aber nur Bewerber einstellen, die in beiden Bereichen, der Technik und Musik, wirkliche Ton-Meister sind und eben nicht durch Toningenieure oder Tontechniker ersetzt werden können.

Regionale Unabhängigkeit, fachliche Beweglichkeit und Fremdsprachenkenntnisse erhöhen die Anstellungschancen. Selten wird sich ein Tonmeister in benachbarten Nebengebieten wohl fühlen, es sei denn in einem seinem besonderen Interesse entsprechenden Spezialsektor. Warum Damen in diesem Beruf fast gar nicht vorhanden sind, mag derjenige beantworten, der weiß, warum dies zum Beispiel auch bei Dirigenten und Kapellmeistern so der Fall ist. An Begabung und Leistungsvermögen sind die wenigen Tonmeisterinnen ihren männlichen Kollegen voll ebenbürtig.

Tontechnik, Dipl.-Ing. für

Der Ton macht nicht Musik allein

»Ton ab!« »Ton läuft!« Bei diesem kurzen Dialog vor Drehbeginn einer Filmszene geht es nicht nur um das Einschalten der Mikrofone. Schon lange vor Drehbeginn haben sich die beiden Dialogpartner, der Regisseur und der hinter den Kulissen arbeitende Toningenieur, mit dem Drehbuch befaßt und gemeinsam festgelegt, wie jede Einzelszene nicht nur optisch, sondern auch akustisch aufgenommen werden soll. Entsprechend mußte der Toningenieur laufend die Mikrofone aufbauen, austauschen und aussteuern. Auch hat er Nebengeräusche verschiedenster Art auf unterschiedlichen Tonträgern bereits zusammengestellt, die als Tonkulisse bei früheren Proben schon eingespielt wurden, um auch die Schauspieler anzuregen, das Gespielte möglichst echt zu gestalten.

Und auch nach Drehende geht seine Arbeit noch lange weiter. Mit Hilfe der von ihm beherrschten Geräte- und darüber hinausreichenden Tontechnik wirkt er — häufig auch selbst kreative Beiträge beisteuernd — an der endgültigen Zusammenstellung der Einzelszenen zu einem fertigen Ganzen mit. Je nach Aufgabe muß er mit Aufzeichnungen umgehen können, die vom einfachen Sprachton bis zum anspruchsvollen Musikstück reichen.

Für seinen Beruf mußte er hierzu neben technischem Verständnis auch musikalische Eigenschaften mitbringen, zum Beispiel das Klavierspiel beherrschen. Sein Tätigkeitsfeld findet er hauptsächlich bei Rundfunkanstalten und in der Schallplatten, Kassetten und Filme herstellenden Industrie, aber auch in Konzert-, Schauspiel- und Opernhäusern, Privatstudios, audiovisuellen Zentren unterschiedlicher Zielsetzung und in der Nachrichtengeräteindustrie, wo immer es um qualifizierte Tonaufzeichnung, -speicherung und -wiedergabe geht.

Das Erforschen und Entwickeln neuer Technologien gehört ebenso zu seinen Aufgaben wie der Umgang mit im Gebrauch befindlichen Anlagen und die Anleitung zu ihrem Einsatz. Firmen, die elektronische Musikgeräte herstellen, sind ebenso auf ihn angewiesen, wie etwa die Bundespost als Tonübermittler. Meist ist er nicht als Einzelperson gefordert, sondern als verantwortlicher Mitarbeiter in einem aus Künstlern und Technikern bestehenden Team, dies besonders bei qualifizierter Musikaufnahme. Wenn es gar darum geht, einmalig stattfindende Veranstaltungen aufzuzeichnen oder sogar live zu übertragen, werden an seine Leistungs- und Konzentrationsfähigkeit höchste Ansprüche gestellt, und das in meist sehr unruhiger Umgebung. Da Rundfunkanstalten in einigen Bereichen rund um die Uhr arbeiten, sind Nacht-, Wochenend- und Feiertagsarbeit für ihn selbstverständlich, häufig sogar besonders intensiv, da die Hörer hier die höchsten und vielfältigsten Ansprüche stellen. Sein Einsatzfeld reicht weit über das des Tontechnikers hinaus. Nicht umsonst ist dieser Beruf nur über ein Studium erreichbar. Es wird — einzig in Europa — angeboten im Fachbereich Elektrotechnik der Fachhochschule Düsseldorf (Josef-Gockeln-Straße 9, 4000 Düsseldorf 30), die dies durchführt in Zusammenarbeit mit dem nahegelegenen Robert-Schumann-Institut der Musikhochschule Rheinland (RSI, Fischerstraße 110, 4000 Düsseldorf 30).

Zugangsvoraussetzung ist mindestens die Fachhochschulreife einschließlich des nach festgelegten Richtlinien zu absolvierenden Praktikums. Bewerber mit einschlägiger Berufsausbildung, zum Beispiel als elektrotechnischer bzw. physikalisch-technischer Assistent oder als Radio- und Fernsehtechniker, bringen hier natürlich weit mehr Kenntnisse mit als Praktikanten. Zusätzlich wird vom RSI jährlich einmal eine künstlerische Eignungsprüfung durchgeführt. Hier ist das Klavierspiel nachzuweisen, das Spielen weiterer Instrumente ist förderlich. Ferner müssen die elementare Musiklehre beherrscht werden und ein sicheres Hörvermögen feiner Tonunterschiede auch in extremen Frequenzbereichen vorhanden sein. Hinzu kommen Kenntnisse in Musikgeschichte, Vertrautheit mit Musik und ein gutes musikalisches Gedächtnis. Das Studium wird nur im Wintersemester begonnen, die Platzzahl ist begrenzt und die Konkurrenz — auch unter internationalen Maßstäben — entsprechend hoch. Das Studium an der Fachhochschule erstreckt sich über mindestens sechs Semester und wird vorbereitet durch ein zweisemestriges Praktikum am RSI. Ein weiteres Semester ist für Abschlußprüfungen und Erstellen der Diplomarbeit vorzusehen.

Das künstlerische Praktikum besteht aus Seminaren und Instrumentalstunden, in denen folgende Fächer hinsichtlich differenzierter Grundlagenkenntnisse zu erarbeiten sind: Harmonielehre, Musikgeschichte, Gehörbildung, Studioarbeit, Dramaturgie, Literatur- und Partiturkunde, vergleichende Interpretationskunde, Formenlehre, Musikpsychologie, Musiksoziologie, Instrumentenkunde, Hören exotischer Klangbilder, Hören synthetischer Klangbilder, Instrumentalhauptfach. Insgesamt sind dies 42 Semesterwochenstunden, verteilt auf zwei Semester. Das Instrumentalhauptfach ist in der Regel ein Tasteninstrument, ersatzweise Gitarre. Bei einem anderen Melodieinstrument ist zusätzlich wöchentlich einstündig ein Tasteninstrument zu belegen und nachzuweisen.

Ein die Einzelleistungen ausweisendes Abschlußzeugnis des RSI ist Zulassungsvoraussetzung für das anschließende Studium. Für ehemalige Musikstudenten gelten im Einzelfall Sonderbestimmungen. Mit dem Ziel, den angehenden Toningenieur zu selbständiger verantwortlicher Eigenarbeit und Mitarbeit in Gruppen auf wissenschaftlicher Grundlage und mit wissenschaftlichen Methoden praxisbezogen auszubilden, erstreckt sich das Studium im Unterbereich Ton- und Bildtechnik neben Mathematik, Physik, allgemeiner Elektrotechnik, Nachrichtentechnik und Elektronik auf weitere speziell tontechnische Fächer, wie Musiktheorie, Akustik, Fernseh- und Tonstudiotechnik, künstlerisches Wahlpflichtfach, Musikgeschichte und Neue Musik, Dramaturgie, Instrumentalhauptfach, Gehörbildung, Literatur- und Partiturkunde, einige allgemeinwissenschaftliche Fächer und technische wie musische Wahlpflichtfächer.

Aus dieser Aufzählung ist leicht ersichtlich, daß das Fach Bildtechnik bislang nur stiefmütterlich behandelt wurde und der Schwerpunkt des Studiums neben den elektrotechnischen Fächern auf den musikalisch-tontechnischen liegt.

Die Beschäftigungsaussichten müssen als gut bezeichnet werden, speziell dann, wenn der Absolvent örtlich nicht gebunden und dank qualifizierter Englischkenntnisse auch bei internationalen oder ausländischen Firmen oder im Ausland arbeiten kann. Sollte einmal ein Einsatz im eigentlichen Fachgebiet nicht möglich sein, steht ihm dank seiner hohen Qualifikation immer auch das gesamte Arbeitsfeld der Nachrichtentechnik als Ingenieur offen. Musikalisch entsprechend begabten und ausgebildeten Toningenieuren gelingt auch der Einstieg in Funktionen, für die normalerweise ein Tonmeister erwünscht ist.

Innerbetriebliche oder -behördliche Aufstiegs- oder Übergangsmöglichkeiten aus Fachfunktionen in Organisations-, Verwaltungs- oder Leitungsaufgaben sind wie bei sonstigen Ingenieuren auch hier möglich.

Der Frauenanteil ist – ohne ersichtliche Sachgründe – gering. Bedenkt man den Frauenanteil von ca. 50 Prozent bei den Tontechnikern, so kann diese Schlußbemerkung durchaus als Anregung in dieser Richtung verstanden werden.

Weber/-in

Ein Beruf mit Tradition

In Ägypten hat man schon vor 7000 Jahren zu weben verstanden. Flachs und Leinen und auch tierische Fasern waren dabei wichtigste Materialien für die Herstellung von Decken, Netzen, Segeln, Tauen und Kleidungsstücken.

Aus dem mittleren ägyptischen Reich, 2025 bis 1785 vor Christus, kennt man erste Darstellungen eines Webstuhls.

Die primitive Vorform eines Webstuhls sah bei einigen Naturvölkern so aus, daß die Kettfäden parallel einzeln in der Erde befestigt wurden und sich so der waagerecht eingefädelte Webfaden leichter einführen ließ.

Erfolglos bemühte sich Leonardo da Vinci im 15. Jahrhundert darum, einen mechanischen Webstuhl zu entwickeln. Ein englischer Geistlicher ließ sich 1784 einen Maschinenwebstuhl patentieren. 10 Jahre später wurde im Jahre 1794 mit sogenannten Federschlagstühlen die erste mechanische Weberei in England gegründet. Damit begann die Konkurrenz für die Handwerker durch die industrielle Fertigung.

Heute besteht in einer mechanischen Weberei die Tätigkeit eines Webers fast ausschließlich aus der Überwachung des Produktionsablaufs. Der Handweber jedoch findet seinen Ansatz dort, wo in der mechanischen Weberei technische Probleme entstehen, wie bei der Verarbeitung noppiger Garne oder bestimmter Naturseidearten. Ist die Individualität des Kunsthandwerks gefragt, also die Herstellung von gemusterten Einzelstücken, so kann der Handweber seine Fähigkeiten voll ausschöpfen, zum Beispiel Gobelins weben. Grundsätzlich läßt sich sagen: unter Weben versteht man die Herstellung von Stoffen durch kreuzweises Durchwirken zweier Faden- oder Streifengruppen, der »Kette« und dem »Schuß«.

Gewebt wird für den Bekleidungsbereich, für Haus- und Heimtextilien und den technischen Bedarf.

Dabei werden immer noch pflanzliche Rohstoffe – Baumwolle, Hanf, Kokos, Flachs, Jute – und tierische Fasern – Naturseide, Alpacawolle, Angorawolle, Schafswolle – verarbeitet.
Relativ neu sind chemische Fasern, Halbsynthetics wie Kunstseide und Viscose und Synthetics wie Perlon und Diolen.
Nach dem vorliegenden Entwurf, der vom Kunden selbst oder von Künstlern, Textilgestaltern oder dem Handweber stammt, wird das entsprechende Material berechnet und zusammengestellt. Dabei spielen nicht nur Form- und Farbgefühl eine Rolle, sondern auch handwerklich-gestalterische Fähigkeiten. Phantasie und präzises Arbeiten sind demnach gleichermaßen gefragt. Ordnungssinn ist besonders wichtig.
Eigene Entwürfe zu gestalten ist eine reizvolle Aufgabe, die allerdings Fachkenntnisse voraussetzt.
Während der Ausbildung lernt der Weber die Grundregeln des Gewebeaufbaus, der Materialverwendung und technische Belange, zu denen Waren- sowie Werkzeugkunde und Kenntnisse des Webstuhlaufbaus zählen. Das heißt, neben einer allgemein guten Auffassungsgabe muß auch technisches Verständnis vorhanden sein.
Bei seiner Arbeit sitzt der Weber am Flach- oder Hochwebstuhl: mit den Füßen bewegt er die Tritte auf und ab, mit den Händen führt er das Schiffchen und bewegt seinen Oberkörper beim Anschlagen des Schußfadens vor und zurück. Dies setzt voraus, daß man über gesunde Arme und Füße, Beweglichkeit und gute Seh- und Farbtüchtigkeit verfügen muß, um den körperlichen Anforderungen des Berufs gewachsen zu sein.
Die Ausbildung zum Handweber dauert in der Regel drei Jahre und kann durch den Besuch einer entsprechenden Berufsfachschule, das Abitur, überdurchschnittliche Leistungen oder eine vorherige ähnliche Berufsausbildung um ein ganzes oder ein halbes Jahr verkürzt werden. Der praktische Teil der Ausbildung erfolgt in Handwebereien, gelegentlich auch in mechanischen oder industriellen Webereien; der theoretische Unterricht findet zweimal wöchentlich in der Berufsschule statt.
Bei manchen Betrieben, die auf bestimmte Techniken beschränkt sind, findet das letzte halbe Jahr der Ausbildung an einer Textilfachschule statt. Möglich ist auch eine mindestens sechsjährige Tätigkeit als Weber mit anschließender Externenprüfung.
Außer der dargestellten Ausbildung in Handwerksbetrieben be-

steht die Möglichkeit, eine Textilfachschule oder Webschule zu besuchen, die – meist in Verbindung mit einem Betriebspraktikum – zur Gesellenprüfung führt.

Das Gesellenstück, Arbeitsproben der verschiedenen Webtechniken, eine schriftliche Arbeit sowie eine mündliche Befragung sind Teile dieser Gesellenprüfung, die vor der Handwerkskammer abgenommen wird. Im Bereich der Industrie gibt es einen eigenständigen gestuften Ausbildungsgang zum → Textilmechaniker–Weberei beziehungsweise zum → Textilmaschinenführer–Weberei.

Ein erfolgreicher Abschluß im Handwerk bietet dem Weber Einsatzmöglichkeiten auch in der Industrie. Trotzdem darf nicht übersehen werden, daß der Arbeitsmarkt für Weber relativ begrenzt ist.

Berufliche Spezialisierungsmöglichkeiten zum Kontrolleur, Webstuhleinrichter, Garneinholzer, Schärer usw. sind vorhanden.

Als erster Geselle kann ein Handweber teilweise Aufgabenbereiche des Meisters übernehmen und sich selbst nach fünf Jahren Berufspraxis zur Meisterprüfung anmelden. Eine bestandene Meisterprüfung eröffnet neue Tätigkeitsgebiete: die Ausbildung des Berufsnachwuchses, die Führung eines eigenen oder fremden Betriebs, die Beratertätigkeit in der Fachindustrie und mit zusätzlicher Qualifikation eventuell den Wechsel zum Schuldienst als Fach- oder Werklehrer. Ebenso bieten sich im Bereich der Beschäftigungs- und Arbeitstherapie Ansatzmöglichkeiten.

Außerdem können REFA-Lehrgänge besucht werden, um als Arbeitsvorrichter oder Arbeitsstudienfachmann tätig zu werden.

Weber mit der Neigung zum Kunsthandwerk und Interesse an Kunstgeschichte werden vielleicht versuchen, sich zum Restaurator weiterzubilden. Der erfolgreiche Abschluß der Fachoberschule für Gestaltung berechtigt zu einem Studium in Fachrichtungen wie Textil-Design oder Textilingenieurwesen.

Zahntechniker/-in

Um die Zähne zeigen zu können!

Fehlende Zähne stören nicht nur beim Beißen und Essen, sondern sie beeinträchtigen auch ganz erheblich das Aussehen. Für viele Menschen bedeutet es deshalb sehr viel, für ihr Gebiß wirklichen, fast gleichwertigen Ersatz zu bekommen. Diesen herzustellen, ist Aufgabe der Zahntechnik.

Davor steht in der Regel ein mehr oder weniger unangenehmer Zahnarztbesuch, bei dem sich herausstellt, daß mit ärztlicher Kunst allein nichts mehr zu retten sein wird.

Die Aufgabe des Zahntechnikers ist es jetzt, die jeweils notwendigen Ersatzteile anzufertigen. Das kann ein einzelner Zahn sein, eine Zahnreihe (Brücke) oder auch ein komplettes Ersatzgebiß.

Hergestellt wird der Zahnersatz aus unterschiedlichen Materialien, von Kunststoff über Edelmetall (zum Beispiel Gold) und Metallegierungen bis hin zur Keramik.

Die Zahntechniker unterscheiden dabei zwischen herausnehmbarem (zum Beispiel Prothesen) und festsitzendem Zahnersatz (unter anderem Stiftzähne und Kronen).

Bei ihrer Arbeit können sie sich dabei kein eigenes Bild vom Zustand des Gebisses machen, sie erhalten als Arbeitsgrundlage einen Abdruck vom Gebiß des Patienten. Diesen Abdruck hat der Zahnarzt nach entsprechender Vorbereitung, zum Beispiel dem Abschleifen eines Zahnes, gemacht.

Danach fertigt der Zahntechniker eine naturgetreue Nachbildung des Gaumens bzw. Unterkiefers aus Kunststoffschablonen.

Da die Zähne, aber auch die Art, zu beißen und zu kauen, bei jedem Menschen unterschiedlich sind, benötigt der Zahntechniker auch noch eine sogenannte Bißschablone. Dazu trägt er auf die Nachbildungen Wachs auf. Diesen Wachsabdruck probiert der Zahnarzt beim Patienten an, nimmt eventuell notwendige Korrekturen vor und bestimmt das endgültige Material und die Farbe der Zähne.

Danach erhält der Zahntechniker die Modelle zurück und kann mit der Herstellung des Zahnersatzes beginnen.

Weil er den Patienten nicht vor sich hat, muß er zum Teil mit technischen Hilfsmitteln arbeiten. Die Modelle werden in ein Gestell eingegipst, das in einfacher Form einem Kiefer nachempfunden ist und mit dem Kaubewegungen nachgeahmt werden können.

Die Auswahl der Zähne richtet sich nun nach optischen Gesichtspunkten, also Größe, Form und Farbe, die dem Zahntechniker vom Zahnarzt benannt werden.

Bei totalem Zahnersatz werden die Zähne in einem Zahnlager bestellt, bei Brücken, Stiftzähnen, Kronen und Modellgußprothesen werden die Zähne von Hand in Wachs modelliert und in dem gewünschten Edelmetall gegossen.

Damit der Zahnersatz möglichst natürlich aussieht, werden dann

Zahntechniker/-in

die sichtbaren Flächen meist mit Kunststoff oder zahnkeramischen Massen in der Farbe der anderen Zähne verblendet.

Voraussetzungen für die Arbeit des Zahntechnikers sind einschlägige Kenntnisse und Fertigkeiten, wie zum Beispiel das Anfertigen und Lesen von Zahnschemata und auch gründliches Wissen auf dem Gebiet der Metallverarbeitung. Außerdem müssen Arten, Eigenschaften, Verwendung und Verarbeitung aller anderen Materialien gekannt und beherrscht werden. Daneben muß der Zahntechniker über eine große handwerkliche Geschicklichkeit verfügen. Zum handwerklichen Können gehören beispielsweise Polieren, Galvanisieren, Schmelzen, Gießen, Walzen, Prägen, Löten und Schleifen. Der Zahntechniker stellt aber nicht nur neuen Zahnersatz her, er repariert, ergänzt und ändert bestehende Zahnprothesen.

Die Erledigung dieser Aufgaben erfolgt oft unter sehr knappen Zeitvorgaben, denn niemand möchte länger als unbedingt nötig ohne Zähne herumlaufen. Das bedeutet, daß der Zahntechniker unter Zeitdruck sorgfältig arbeiten können muß. Außerdem fallen häufig Überstunden an.

Die Ausbildung zum Zahntechniker dauert dreieinhalb Jahre. Einen Ausbildungsplatz zu bekommen ist schwierig, da im Verhältnis zu den angebotenen Stellen die Zahl der Bewerber außerordentlich hoch ist.

Daher wird auch von den Ausbildungsbetrieben häufig mindestens der mittlere Bildungsabschluß, zum Teil auch das Abitur gefordert.

Wert gelegt wird bei der Auswahl der Bewerber zum einen auf eine gute Allgemeinbildung, zum anderen wird fast immer auch die handwerkliche Geschicklichkeit getestet. Während der Ausbildung wird der Schwerpunkt auf die Vermittlung der handwerklichen Fertigkeiten gelegt. Eine Verkürzung der Ausbildung ist wegen der hohen Anforderungen in diesem Bereich selten.

Die Ausbildung zum Zahntechniker ist nicht möglich, wenn eine Anfälligkeit für Allergien besteht oder Farbunsicherheit bzw. ein nicht korrigierbarer Sehfehler vorliegt.

Kunst, Design, Kunsthandwerk

Bildungsgang: *Betriebliche Ausbildung – 2–3½ Jahre – Kammerprüfung bzw. innerbetriebliche Prüfung*

Metall	Mineralien/Steine	Holz	Textilien/Leder	andere Bereiche
Goldschmied Graveur Gürtler und Metalldrücker Juwelengoldschmied Schmucksteinfasser Silberschmied	Hohlglasfeinschleifer Keramiker Kerammodelleur Steinmetz und Steinbildhauer	Drechsler (Elfenbeinschnitzer) Holzbildhauer Tischler	Bekleidungsschneider Damenschneider Herrenschneider Kürschner Modist Pelzwerker Sticker Textilmustergestalter Weber	Cutter Film- und Videolaborant Florist Fotograf Friseur Kerammaler Konditor Maler und Lackierer Raumausstatter Schauwerbegestalter Schilder- und Lichtreklamehersteller Schriftsetzer Zahntechniker

Fortbildung an Fachschulen – 1–4 Jahre

Metall	Mineralien/Steine	Holz	Textilien/Leder	andere Bereiche
Restaurator	Glastechniker Keramtechniker Steintechniker	Holztechniker Möbelrestaurator	Bekleidungstechniker Direktrice Restaurator Textiltechniker	Gestaltungstechniker Florist (staatl. geprüft) Techniker für Raumgestaltung und Innenausbau Techniker für Farbe, Raum, Werbung

Ausbildung an (Berufs)-Fachschulen

	Theater	Film und Fernsehen	Hörfunk
Holzbildhauer Technischer Assistent, Fachrichtung Gestaltung	Bühnenbildner Kostümbildner Maskenbildner Schauspieler	Bildtechniker Inspizient Kameramann für Realaufnahme Kameramann für Trickaufnahme	Tontechniker

Studium an Hochschulen, Gesamthochschulen, Fachhochschulen, Hochschulen für Bildende Künste, Kunstakademien

Freie Kunst	Produkt-Design	Visuelle Kommunikation	Theater, Film, Fernsehen, Hörfunk	Baugestaltung
Bildhauerei Freie Grafik Malerei Plastik Restaurierung Szenen-/Kostümkunst (Gewandmeister)	Industrie-Design Mode-Design Textil-Design	Film-Design Foto-Design Grafik-Design	Dramaturg Produktionsleiter Regisseur Toringenieur	Innenarchitekt Architekt

Entwurf und Zusammenstellung: **Renate Ibelgaufts**

Musik

Bildungsgang: *Betriebliche Ausbildung – 3–3½ Jahre – Kammerprüfung*

Allgemeine Musik	Musik-Pädagogik	Musikwissenschaft	Musik-Technik
Musikalienhändler			Holzblasinstrumentenmacher Klavier- und Cembalobauer Orgel- und Harmoniumbauer

Ausbildung an (Berufs-)Fachschulen

Allgemeine Musik	Musik-Pädagogik	Musikwissenschaft	Musik-Technik
Kirchenmusiker	Musiktherapeut		Klavier- und Cembalobauer Tontechniker

Studium an Hochschulen, Kunstakademien, Musikhochschulen, Hochschulen für Bildende Künste

Allgemeine Musik	Musik-Pädagogik	Musikwissenschaft	Musik-Technik
Dirigent Instrumentalmusiker Kirchenmusiker Komponist Sänger	Lehrer an Musikschulen Lehrer für rhythmisch-musikalische Erziehung Musikalisches Lehramt an öffentlichen Schulen Selbständiger Musiklehrer Sozialpädagoge, Fachrichtung Musiktherapie	Musikwissenschaftler	Toningenieur Tonmeister

Entwurf und Zusammenstellung: **Renate Ibelgaufts**

GESAMTINHALTSVERZEICHNIS

(Die Ziffern beziehen sich auf die Band-Nummern, in denen die Berufsbeschreibung zu finden ist.)

Agraringenieur 6
Agrartechniker → Landbautechniker 6
Altenpfleger 7
Altphilologe → Philologe, klassischer 8
Analytischer Kinder- und Jugendlichenpsychotherapeut 3/7
Angestellter in der Bundesanstalt für Arbeit 5
Anglist → Philologe, Neu- 8
Anthropologe 7/8
Apothekenhelfer 3
Apotheker 3
Arbeitsberater 7
Archäologe 8
Architekt 1/4
Archivar, mittlerer Dienst 5/8
Archivar, gehobener Dienst 5/8
Archivar, höherer Dienst 5/8
Arzt 3
Arzthelfer 3
Assistent an Bibliotheken 5/8
Atem-, Sprech- und Stimmlehrer 3/7
Attaché, Auswärtiger Dienst 5/8
Augenoptiker 2/3
Augenoptiker, staatlich geprüft 2/3
Ausbaufacharbeiter → Zimmerer 1
Automateneinrichter 1

Bäcker 6
Bandagist 2/3
Bankkaufmann 5
Bauingenieur 1
– Baubetrieb und Bauwirtschaft 1
– konstruktiver Ingenieurbau 1
– Verkehrswesen, Raum- und Städteplanung 1
– Wasserbau und Wasserwirtschaft 1
Bauschlosser 1
Baustoffprüfer 6
Bautechniker 1
Bauzeichner 1
Beamtenlaufbahnen 5
Bekleidungsfertiger 2
Bekleidungsnäher 2
Bekleidungsschneider 2/4
Bekleidungstechnik, Dipl.-Ing. für 2
Bekleidungstechniker 2/4
Bekleidungstechn. Assistent 2
Bergbau-Ingenieur 1/6
Berg- und Maschinenmann 1
Bergmechaniker 1
Bergvermessungstechniker 1/6
Berufsberater 7
Berufskraftfahrer 2/5
Berufsoffizier, Berufssoldat 5
Beschäftigungs- und Arbeitstherapeut 3/7
Betonstein- und Terrazzohersteller 1
Beton- und Stahlbetonbauer 1
Betonwerker 1
Betriebsschlosser 1
Betriebswirt, Diplom- 5/8
Betriebswirt, staatlich geprüft 5/8
Bibliothekar an öffentlichen Bibliotheken 5/8

Bibliothekar an wissenschaftlichen Bibliotheken 5/8
Bibliothekar, wissenschaftlicher 5/8
Bibliotheksassistent 5
Bildhauer 4
Bildtechniker 1/4
Binnenschiffer 2
Biochemiker 3/6
Biologe 6
Biologielaborant 6
Biologisch-technischer Assistent 6
Biomedizinische Technik, Dipl.-Ing. für 2/3/6
Biotechniker 3/6
Blechschlosser 1
Bohrwerkdreher 1
Bootsbauer 2
Brauer und Mälzer 6
Braumeister 6
Brennereitechniker 6
Buchbinder 2
Buchhändler 5/8
Büchsenmacher 2
Bühnenbildner 4
Bürogehilfe 5
Bürokaufmann 5
Büromaschinenmechaniker 1

Chemiebetriebsjungwerker 2
Chemiefacharb. → Chemikant 2/6
Chemie-Ingenieur 2/6
Chemielaborant 6
Chemielaborjungwerker 2/6
Chemietechnik, Dipl.-Ing. für 2/6
Chemikant 2/6
Chemiker 6
Chemisch-technischer Assistent 2/6

Chemische Technik, Dipl.-Ing. für 2/6
Chemotechniker 2/6
Chirurgiemechaniker 1/3
Cutter 4/8

Dachdecker 1
Damenschneider 2/4
Datenverarbeitungskaufmann 5/6
Dekorateur → Schauwerbegestalter 4/8
Diätassistent 3/6
Diakon 7
Dienstleistungskraft im Postbetrieb 5
Diplom-Handelslehrer → Handelslehrer, Dipl.- 5/7
Diplom-Kaufmann → Kaufmann, Dipl.- 5
Diplom-Pädagoge → Pädagoge Dipl.- 7
Diplom-Volkswirt → Volkswirt, Dipl.- 5
Direktrice 4
Dirigent 4
Dokumentar, Diplom-, gehobener Dienst 5/8
Dokumentar, wissensch. 5/8
Dokumentationsassistent 5/8
Dolmetscher 5/8
Dorfhelfer 6/7
Dramaturg 4/8
Drechsler (Elfenbeinschnitzer) 4
Dreher 1
Drogist 5
Druckberufe:
− Drucker 2/8
− Druckformhersteller 2/8
− Druckvorlagenhersteller 2/8

– Siebdrucker **2**
Druckerei-/Druckmaschinentechnik, Dipl.-Ing. für **2**
Drucktechniker **2**

Einzelhandelskaufmann **5**
Elektroanlageninstallateur **1**
Elektroassistent **1**
Elektrogerätemechaniker **1**
Elektroinstallateur **1**
Elektromaschinenbauer **1**
Elektromaschinenmonteur **1**
Elektromaschinenwickler **1**
Elektromechaniker **1**
Elektrotechnik, Dipl.-Ing. für **1**
– Energietechnik **1**
– Nachrichtentechnik **1**
– Technische Informatik **1**
Elektrotechniker **1**
Elfenbeinschnitzer → Drechsler
Energieanlagenelektroniker → Elektroanlageninstallateur **1**
Energiegeräteelektroniker → Elektrogerätemechaniker **1**
Entbindungspfleger **7**
Erzieher **7**
Estrichleger **1**
Ethnologe **7/8**

Fachgehilfe im Gastgewerbe **6**
Fachgehilfe in steuer- und wirtschaftsberatenden Berufen **5**
Fahrlehrer **7**
Fahrzeugpolsterer → Polsterer **2**
Familienpfleger **6/7**
Färber und Chemisch-Reiniger → Textilreiniger **2**
Feingeräteelektroniker → Nachrichtengerätemechaniker **1**
Feinmechaniker **1**
Feinoptiker **2**
Feintäschner **2**
Feinwerktechnik, Dipl.-Ing. für **1**
Feinwerktechniker **1**
Fernmeldeelektroniker → Fernmeldeinstallateur **1**
Fernmeldehandwerker **1**
Fernmeldeinstallateur **1**
Fernmeldemechaniker **1**
Fertigungstechnik, Dipl.-Ing. für **1/2**
Film-Designer **4**
Filmkopienfertiger **2**
Film- und Videolaborant **2/4**
Filmtricktechniker → Kameramann für Trickaufnahme **4**
Fischwirt **6**
Flachdrucker → Druckberufe **2**
Fleischer **6**
Fliesen-, Platten- und Mosaikleger **1**
Florist **4/6**
Florist, staatlich geprüft **4/6**
Flugbegleiter **5/8**
Flugingenieur **2**
Fluglotse → Beamter der Flugsicherung **5**
Flugtriebwerkmechaniker **1**
Flugzeugmechaniker **1**
Former **1**
Forstingenieur **6**
Forstwirt **6**
Forstwirt, Diplom- **6**
Foto-Designer **4**
Fotograf **4**
Fotolaborant **6**
Fräser → Universalfräser **1**
Fremdsprachenkorrespondent **5/8**
Fremdsprachensekretär **5/8**
Friseur **4**

Funkelektroniker → Nachrichtengerätemechaniker **1**

Gärtner **6**
Galvaniseur und Metallschleifer **2**
Galvanotechniker **2**
Gas- und Wasserinstallateur **1**
Gebäudereiniger **2**
Gemeindediakon **7**
Gemeindehelfer **7**
Gemeindepädagoge **7**
Gemeindereferent (kath.) **7**
Genetiker **3**
Geologe **6**
Geophysiker **6**
Gerber **2**
Germanist → Philologe, Neu- **8**
Geschirrkeramformer → Industriekeramiker **2**
Gestaltungstechniker **4**
Gewandmeister → Kostümbildner **4**
Gießereimechaniker **1**
Gießereitechnik, Dipl.-Ing. für **1**
Gießereitechniker **1**
Glaser **2**
Glastechniker **2/4**
Glaswerker **2**
Gleisbauer **1**
Goldschmied **4**
Grafik-Designer **4/8**
Grafiker, freier → Bildhauer **4**
Graveur **4**
Gürtler und Metalldrücker **4**
Gymnastiklehrer **7**

Handelsassistent **5**
Handelsfachpacker **5**
Handelslehrer, Diplom- **5/7**
Hauspfleger → Familienpfleger **6/7**
Hauswirtschafter **6**
Hauswirtschaftsleiter **6**
Hebamme **3/7**
Heilerziehungspflegehelfer **7**
Heilerziehungspfleger **7**
Heilpädagoge **7**
Heilpraktiker **3**
Heizungs-, Lüftungs- und Sanitärtechniker **1**
Herrenschneider → Damenschneider **2/4**
Historiker **8**
Hochbaufacharbeiter → Maurer **1**
Hochdruckrohrschlosser **1**
Hörgeräteakustiker **1/3**
Hohlglasfeinschleifer **4**
Holzbearbeitungsmechaniker **2**
Holzbildhauer **4**
Holzblasinstrumentenmacher **4**
Holzmechaniker **2**
Holztechnik, Dipl.-Ing. für **2**
Holztechniker **2/4**
Hotelfachmann **6**
Hotelkaufmann → Kaufmannsgehilfe im Hotel- und Gaststättengewerbe **5/8**
Hotel- und Gaststättengehilfe → Hotelfachmann **6**
Hüttenfacharbeiter → Verfahrensmechaniker **1**
Hüttentechniker **1**
Hüttenwesen, Dipl.-Ing. für **1**
Humanbiologe **3/6**
Humanmediziner → Arzt **3**

Industriedesigner **4**
Industriekaufmann **5**
Industriekeramiker **2**

Informatiker 6
Informationselektroniker →
 Nachrichtengeräte-
 mechaniker 1/6
Ingenieurassistent 1/6
Innenarchitekt 1/4
Inspizient → Produktionsleiter 4
Instrumentalmusiker 4
Isolierer 1
Isoliermonteur 1

Journalist 8
Jugendreferent 7
Jurist 5
Justizangestellter 5
Juwelengoldschmied 4

Kachelofen- und Luftheizungs-
 bauer 1
Kälteanlagenbauer 1
Kamera-Assistent 4
Kameramann 4
Kanalbauer 1
Kapitän 2
Karosseriebauer 1
Karosserie- und Fahrzeugbau-
 techniker 1
Kartograph 1/6
Kartographie/Landkartentechnik,
 Dipl.-Ing. für 1/6
Kaufmann, Diplom → Betriebs-
 wirt, Dipl. 5
Kaufmann im Eisenbahn- und
 Straßenverkehr 5
Kaufmann im Groß- und Außen-
 handel 5
Kaufmann in der Grundstücks-
 und Wohnungswirtschaft 5
Kaufmannsgehilfe im Hotel- und
 Gaststättengewerbe 5/8

Kellner → Restaurant-
 fachmann 6/8
Keramiker 4
Kerammaler 4
Kerammodelleur 4
Keramtechniker → Keramiker 4
Kerntechnik, Dipl.-Ing. für 1/2
Kessel- und Behälterbauer 1
Kinderdorfmutter 7
Kindergärtnerin → Erzieherin 7
Kinderkrankenpfleger/
 -schwester 3
Kinderpfleger 7
Kirchenmusiker 4
Kirchlicher Mitarbeiter (ev.) 7
Klavier- und Cembalobauer 4
Klempner 1
Koch 6
Kommunikationswissenschaftler
 → Publizistikwissenschaftler 8
Komponist 4
Konditor 4/6
Konserventechniker 6
Konsulatssekretär, Auswärtiger
 Dienst 5/8
Kosmetiker 3
Kostümbildner 4
Kraftfahrzeugelektriker 1
Kraftfahrzeugmechaniker 1
Kraftfahrzeugschlosser 1
Krankengymnast 3/7
Krankenhausbetriebstechnik,
 Dipl.-Ing. für →
 Biomedizinische Technik,
 Dipl.-Ing. für
 2/3/6
Krankenpflegehelfer 3
Krankenpfleger/-schwester 3
Kürschner 4
Kunsthistoriker 8

Kunststoff-Formgeber 2
Kunststoffschlosser 2
Kunststoff- und Schwergewebekonfektionär 2
Kunststofftechniker 2/6
Kunsttherapeut 3/7
Kupferschmied 1

Lackierer (Holz, Metall) 2
Lacklaborant 6
Landbautechniker 6
Landkartentechnik, Dipl.-Ing. für → Kartographie, Dipl.-Ing. für 1/6
Landmaschinenmechaniker 1
Landmaschinentechnik, Dipl.-Ing. für 1
Landwirt 6
Lebensmittelchemiker 6
Lebensmitteltechniker (Bäckerei-/Fleischtechnik) 6
Lebensmitteltechnologie, Dipl.-Ing. für 6
Ledertechniker 2/6
Lehrer 7
Lehrer an Musikschulen 4/7
Lehrer für rhythmisch-musikalische Erziehung 4/7
Linguist 8
Logopäde 3/7
Lokomotivführer 5

Maler und Lackierer 1/4
Maler → Bildhauer 4
Markscheidewesen, Dipl.-Ing. für 1
Maschinenbau, Dipl.-Ing. für 1
Maschinenbauer → Maschinenschlosser 1

Maschinenbautechniker 1
Maschinenglasmacher → Glaswerker 2
Maschinenschlosser 1
Maskenbildner 4
Masseur 3
Masseur und medizinischer Bademeister 3
Mathematiker 6
Mathematisch-technischer Assistent 6
Matrose → Binnenschiffer
Matrose in der Seeschiffahrt → Schiffsmechaniker 2
Maurer 1
Mechaniker 1
Medizininformatiker 3/6
Medizinischer Dokumentationsassistent 3/8
Medizinischer Sektions- und Präparationsassistent 3/6
Medizinisch-technischer Laboratoriumsassistent 3/6
Medizinisch-technischer Radiologieassistent 1/3
Medizintechniker 2/3
Meß- und Regelmechaniker 1/6
Meß- und Regeltechniker 1/6
Metallflugzeugbauer 1
Metallkunde, Dipl.-Ing. für 1
Metallveredlung und Werkstoffkunde, Dipl.-Ing. für → Werkstoffkunde, Dipl.-Ing. für 2/6
Meteorologe 6
Metzger → Fleischer 6
Milchwirtschaftlicher Laborant 6
Milchwirtschaftlich-technischer Assistent 6
Mineraloge 6
Möbelrestaurator →

Restaurator 4
Mode-Designer 4
Modellbauer 2
Modelleur → Direktrice 4
Modellschlosser 1
Modelltischler 2
Modist 4
Molkereifachmann 6
Müller 6
Müllereitechniker 6
Musikalienhändler 4/5
Musiklehrer an Musikschulen 4/7
Musiklehrer im freien Beruf 4/7
Musiklehrer: musikalisches Lehramt 4/7
Musiktherapeut 3/4/7
Musikwissenschaftler 4/8

Nachrichtengerätemechaniker 1
Nähmaschinen- und Zweiradmechaniker 1
Nautik, Dipl.-Ing. für 2
Neuphilologe → Philologe, Neu- 8
− Anglist
− Germanist
− Romanist
− -Slawist
Notargehilfe 5

Ökonom, Diplom- 5
Ökotrophologe, Diplom- 6
Offizier der Bundeswehr 5
Orchestermusiker → Instrumentalmusiker 4
„Orchideenfächer" 8
Orgel- und Harmoniumbauer 4
Orthopädiemechaniker 2/3
Orthopädieschuhmacher 2/3
Orthopädietechniker 3

Orthoptist 3
Ozeanograph 6

Pädagoge, Diplom- 7
Pädagogischer Assistent 7
Paläontologe → Geologe 6
Papiermacher 2
Papiertechnik, Dipl.-Ing. für 2
Papierverarbeitungstechniker 2
Parkettleger 2
Patentanwaltsgehilfe 5
Pelzwerker → Kürschner 4
Pferdewirt 6
Pharmakant 2/3
Pharmakologe 3
Pharmareferent 3
Pharmazeutisch-technischer Assistent 3/6
Philologe, klassischer/Neu- 8
Philosoph 8
Physikalische Technik, Dipl.-Ing. für 2/6
Physiker 6
Physiklaborant 6
Physiktechniker 6
Pilot → Verkehrsflugzeugführer 2
Politologe 7
Polsterer 2
Polster- und Dekorationsnäher 2
Post(jung)bote → Dienstleistungsfachkraft im Postbetrieb 5
Produktionsleiter 4
Produktionstechnik, Dipl.-Ing. für 2
Psychagoge → Analytischer Kinder- und Jugendlichenpsychotherapeut 3/7
Psychologe 3/7/8
Psychotherapeut 3/7

Publizistikwissenschaftler 8

Radio- und Fernsehtechniker 1
Raumausstatter 4
Raumplanung, Dipl.-Ing. für 1
Reaktortechnik, Dipl.-Ing. für 1/2
Rechtsanwaltsgehilfe 5
Rechtsbeistandsgehilfe 5
Rechtspfleger 5
Redakteur 8
REFA-Fachmann 2
REFA-Sachbearbeiter 2
REFA-Techniker 2
Regisseur 4/8
Reiseverkehrskaufmann 5/8
Religionspädagoge 7
Religionswissenschaftler 8
Reprograf 2
Restaurantfachmann 6/8
Restaurator 4
Revolverdreher 1
Richter 5
Röntgen-Assistent → Mediz.-
   techn. Radiologieassistent 1/3
Rohrinstallateur → Gas- und
   Wasserinstallateur 1
Rohrleitungsbauer 1
Rohrnetzbauer 1
Rolladen- und Jalousiebauer 2
Romanist → Philologe, Neu- 8

Sägewerker → Holzbearbeitungs-
   mechaniker 2
Sänger 4
Sattler 2
Schaufenstergestalter → Schau-
   werbegestalter 4/8
Schauspieler 4/8
Schauwerbegestalter 4/8
Schiffahrtskaufmann 5/8

Schiffbau, Dipl.-Ing. für 1
Schiffbauer 1
Schiffsbetriebstechnik, Dipl.-Ing.
   für 1
Schiffsbetriebstechniker 1
Schiffsmechaniker 2
Schiffsoffizier,
   nautischer 2
Schiffstechnik, Dipl.-Ing. für 1
Schilder- und Lichtreklameher-
   steller 4/8
Schleifer → Universalschleifer 1
Schlosser → Bauschlosser 1
Schmelzschweißer 1
Schmied 1
Schmucksteinfasser 4
Schornsteinfeger 2
Schreiner → Tischler 2/4
Schriftsetzer 2/4
Schuhfertiger 2
Schuhmacher 2
Schuh- und Lederwarenstepper 2
Schwimmeistergehilfe 5
Seegüterkontrolleur 5
Sekretär 5
Sicherheitstechnik, Dipl.-Ing.
   für 2
Siebdrucker 2
Silberschmied 4
Slawist → Philologe, Neu- 8
Sozialarbeiter 7
Sozialberater 7
Sozialmedizinischer Assistent 3/7
Sozialpädagoge 7
Sozialpädagoge, Studienrichtung
   Musiktherapie 4/7
Sozialversicherungsfach-
   angestellter 5
Sozialwissenschaftler 5/7/8
Soziologe 5/7/8

Sparkassenkaufmann → Bankkaufmann **5**
Speditionskaufmann **5/8**
Sportlehrer im freien Beruf **7**
Sportlehrer: Lehramt **7**
Sprachwissenschaftler → Linguist **8**
Staatsanwalt **5**
Stahlbauschlosser **1**
Stahlformenbauer **1**
Statistiker **5**
Steinbildhauer → Steinmetz **4**
Steinmetz und Steinbildhauer **4**
Steintechniker → Steinmetz **4**
Steuerberater **5**
Steward → Flugbegleiter **5/8**
Sticker **4**
Straßenbauer **1**
Straßenwärter **2**
Stukkateur **1**
Szenen-/Kostümkunst → Kostümbildner **4**

Täschner **2**
Tankwart **5**
Techniker für Farbe, Raum, Werbung → Gestaltungstechniker **4**
Techniker für Raumgestaltung und Innenausbau **1/4**
Techniker im Bergbau **1/6**
Techniker für Informatik **6**
Technischer Assistent an naturkundlichen Museen und Forschungsinstituten **6**
Technischer Assistent, Fachrichtung Gestaltung **4**
Technischer Assistent für Metallographie und Werkstoffkunde **1/2**
Technischer Assistent für Physik **2/6**
Technischer Übersetzer **2**
Technischer Zeichner **1**
Teilezurichter **1**
Teilzeichner **1**
Textil-Designer **4**
Textillaborant **6**
Textilmaschinenführer **2**
— Spinnerei **2**
— Weberei **2**
— Veredlung **2**
Textilmechaniker **2**
— Spinnerei **2**
— Weberei- **2**
— Strickerei **2**
Textilmustergestalter **4**
Textilreiniger **2**
Textiltechnik, Dipl.-Ing. für **2**
Textiltechniker **2/6**
Textiltechnischer Assistent **2/6**
Textilveredler **2**
Theaterwissenschaftler **8**
Theologe (kath. und ev.) **7**
Theoretischer Mediziner → Humanbiologe **3**
Tiefbaufacharbeiter → Gleisbauer **1**
Tierarzt **3**
Tierarzthelfer **3**
Tierpfleger **6**
Tierwirt **6**
Tischler **2/4**
Tonmeister **4**
Tontechnik, Dipl.-Ing. für **1/4**
Tontechniker → Bildtechniker **1/4**
Touristik → Betriebswirt, Dipl. **5**
Trockenbaumonteur **1**

Übersetzer **5/8**
Uhrmacher **1**

Umwelt- und Hygienetechnik, Dipl.-Ing. für → Biomedizinische Technik, Dipl.-Ing. für 2/3/6
Umweltschutz, technischer, Dipl.-Ing. für → Biomedizinische Technik, Dipl.-Ing. für 2/3/6
Umweltschutztechniker 2/6
Umwelttechnischer Assistent 2/6
Universalfräser 1
Universalschleifer 1
Unteroffizier der Bundeswehr 5
Unterrichtspfleger-/ -schwester 3

Verfahrensmechaniker in der Hütten- und Halbzeugindustrie 1
Verfahrenstechnik, Dipl.-Ing. für 2/6
Verfahrenstechniker 2/6
Verkäufer → Einzelhandelskaufmann 5
Verkäufer im Nahrungsmittelhandwerk 6
Verkehrsflugzeugführer 2
Verlagskaufmann 5/8
Vermessungstechnik, Dipl.-Ing. für 1/6
Vermessungstechniker 1/6
Vermessungswesen, Dipl.-Ing. für 1/6
Verpackungsmittelmechaniker 2
Versicherungskaufmann 5
Verwaltungsfachangestellter 5
Veterinärmedizinisch-technischer Assistent 3/6
Volkswirt, Diplom- 5
Vulkaniseur 2

Wärme-, Kälte- und Schallschutzisolierer 1

Wäscher und Plätter → Textilreiniger 2
Wasserbauwerker 1
Weber 4
Weinbautechniker 6
Weinküfer 6
Werbefachwirt 8
Werbetechniker → Schilder- und Lichtreklamehersteller 4/8
Werkstoffkunde, Dipl.-Ing. für 2/6
Werkstoffprüfer (Chemie) 6
Werkstoffprüfer (Physik) 6
Werkstofftechnik, Dipl.-Ing. für 2/6
Werkzeugmacher 1
Winzer 6
Wirtschafter 6
Wirtschaftsassistent 5
Wirtschaftsinformatiker 5/6
Wirtschaftsingenieur 5
Wirtschaftsjurist 5
Wirtschaftsmathematiker 5/6
Wirtschaftspädagoge → Handelslehrer, Dipl. 5/7
Wirtschaftsprüfer 5

Zahnarzt 3
Zahnarzthelfer 3
Zahnmedizinischer Fachhelfer 3
Zahntechniker 3/4
Zeltmacher → Kunststoff- und Schwergewebekonfektionär
Zentralheizungs- und Lüftungsbauer 1
Zimmerer 1
Zytologischer Assistent 3/6

Über 600 Berufe – einer davon für Sie!

Über 600 Berufe in 8 Taschenbüchern

Bd. 1 – 110 technische Berufe I:
Metall, Elektro, Bau, Bergbau
300 Seiten, Nr. 66062/DM 7,80

Bd. 2 – 90 technische Berufe II:
Holz, Textil, Chemie
220 Seiten, Nr. 60063/DM 6,80

Bd. 3 – 50 medizinische und
pflegerische Berufe
180 Seiten, Nr. 66064/DM 6,80

Bd. 4 – 80 künstlerische und
gestalterische Berufe
180 Seiten, Nr. 66065/DM 6,80

Bd. 5 – 120 Berufe in Wirtschaft
und Verwaltung
280 Seiten, Nr. 66066/DM 7,80

Bd. 6 – 100 mathematische und
naturwissenschaftliche Berufe
280 Seiten, Nr. 66067/DM 7,80

Bd. 7 – 40 pädagogische und
soziale Berufe
160 Seiten, Nr. 66068/DM 6,80

Bd. 8 – 50 Medien- und
Sprachberufe
160 Seiten, Nr. 66069/DM 6,80

BASTEI LÜBBE Taschenbücher

Ratgeber

Als Band mit der Bestellnummer 66 056 erschien:

Rolf G. Münsterberg

BEWERBUNG LEICHTGEMACHT

Eine erfolgreiche Stellungssuche hängt nicht nur von den fachlichen und menschlichen Qualifikationen für eine bestimmte Aufgabe ab, sondern auch von der Art und Weise, wie der Bewerber sich darstellt.

Dieser Leitfaden hilft, wesentliche Fehler bei der Bewerbung zu vermeiden. Die zahlreichen Beispiele und Tips wenden sich an alle Bewerber, unabhängig von ihrer Vorbildung und beruflichen Tätigkeit.

Der Autor ist langjähriger Personalchef eines großen deutschen Unternehmens. Sein Ratgeber ist das Ergebnis einer Reihe von Volkshochschulkursen über die erfolgreiche Stellungssuche.